Tanja Bogusz

Zur Aktualität von Luc Boltanski

# Aktuelle und klassische Sozial- und KulturwissenschaftlerInnen

Herausgegeben von
Stephan Moebius

Die von Stephan Moebius herausgegebene Reihe zu Kultur- und SozialwissenschaftlerInnen der Gegenwart ist für all jene verfasst, die sich über gegenwärtig diskutierte und herausragende Autorinnen und Autoren auf den Gebieten der Kultur- und Sozialwissenschaften kompetent informieren möchten. Die einzelnen Bände dienen der Einführung und besseren Orientierung in das aktuelle, sich rasch wandelnde und immer unübersichtlicher werdende Feld der Kultur- und Sozialwissenschaften. Verständlich geschrieben, übersichtlich gestaltet – für Leserinnen und Leser, die auf dem neusten Stand bleiben möchten.

Tanja Bogusz

# Zur Aktualität von Luc Boltanski

Einleitung in sein Werk

Bibliografische Information der Deutschen Nationalbibliothek
Die Deutsche Nationalbibliothek verzeichnet diese Publikation in der
Deutschen Nationalbibliografie; detaillierte bibliografische Daten sind im Internet über
<http://dnb.d-nb.de> abrufbar.

1. Auflage 2010

Alle Rechte vorbehalten
© VS Verlag für Sozialwissenschaften | Springer Fachmedien Wiesbaden GmbH 2010

Lektorat: Frank Engelhardt

VS Verlag für Sozialwissenschaften ist eine Marke von Springer Fachmedien.
Springer Fachmedien ist Teil der Fachverlagsgruppe Springer Science+Business Media.
www.vs-verlag.de

Das Werk einschließlich aller seiner Teile ist urheberrechtlich geschützt. Jede
Verwertung außerhalb der engen Grenzen des Urheberrechtsgesetzes ist
ohne Zustimmung des Verlags unzulässig und strafbar. Das gilt insbesondere
für Vervielfältigungen, Übersetzungen, Mikroverfilmungen und die Einspeicherung und Verarbeitung in elektronischen Systemen.

Die Wiedergabe von Gebrauchsnamen, Handelsnamen, Warenbezeichnungen usw. in diesem
Werk berechtigt auch ohne besondere Kennzeichnung nicht zu der Annahme, dass solche
Namen im Sinne der Warenzeichen- und Markenschutz-Gesetzgebung als frei zu betrachten
wären und daher von jedermann benutzt werden dürften.

Umschlaggestaltung: KünkelLopka Medienentwicklung, Heidelberg
Umschlagfoto: Gallimard
Gedruckt auf säurefreiem und chlorfrei gebleichtem Papier
Printed in Germany

ISBN 978-3-531-16425-0

# Inhalt

Einleitung ............................................................................................. 7

1 Gegen die Evidenzen der Wirklichkeit:
  Die Bourdieu-Maschine ............................................................... 13
2 Praktischer Sinn als Möglichkeitsraum:
  Die pragmatische Wende des GSPM ........................................... 33
3 Zwischen Differenztheorie und Pragmatismus:
  Boltanski und Latour .................................................................... 71
4 Die Einverleibung der Kritik in die Sozialtechnologien des
  Spätkapitalismus ........................................................................... 95
5 Von kritischer Soziologie zu einer Soziologie der Kritik und zurück? .... 127
6 Schlussbetrachtung: Unwahrscheinliche Ordnungen ..................... 151

Danksagung .......................................................................................... 159
Bibliographie ........................................................................................ 161
Sachregister .......................................................................................... 169
Zeittafel ................................................................................................ 171

# Einleitung

Die Aktualität der Soziologie Luc Boltanskis liegt in ihrer Unabgeschlossenheit. Boltanski ist Chronist und Analytiker einer okzidentalen Gesellschaft, deren zunehmende ökonomische Deregulierung und kulturelle Ausdifferenzierung sich gleichsam in seiner eigenen Theoriearchitektur widerspiegeln. Es handelt sich um eine Theorie der Verschiebungen von Handlungsregimes, doch diese Verschiebungen betreffen zugleich die Theorie selbst. In der Einleitung in sein Gesamtwerk hat es die Autorin deshalb eher mit der Rolle der Beobachterin als der der Werkexegetin zu tun. Oder, anders gesagt – verfiele sie in die Werkexegese, d.h. einer mehr oder minder chronologisch-systematischen Inhaltsangabe der Veröffentlichungen, so stolperte sie nur allzu schnell über die Unmöglichkeit, aus einer vielfältigen, thematisch und methodologisch heterogenenen sowie theoretisch unkonventionellen Assemblage ein abgeschlossenes soziologisches Konzept zu formulieren. Das bedeutet nicht, dass Boltanskis Soziologie inkohärent ist – im Gegenteil. Aber diese Kohärenz bietet sich nicht auf dem Tablett an, sie will herausgefunden, entdeckt werden.

Wie der Ethnographin, welche die Abfolge der Bewegungen ihres Sujets beobachtet und versucht, sie in einen plausiblen Zusammenhang zu bringen, stand mir die Aufgabe zu, Luc Boltanskis Denken als eines aufzunehmen, das sich seiner eigenen Infragestellung mit jedem neuen Projekt auf eine Weise aussetzt, die das bereits Erreichte manchmal so radikal unterläuft, dass die Verbindung zum Vorher und Nachher fast unmöglich scheint. Boltanski liefert sich aus, d.h. seine Soziologie – er verschiebt, übersetzt und transformiert sie beständig. Das von ihm Beobachtete erhält auf diese Weise einen herausgehobenen Eigenwert; es steht immer vor dem Erklärungsmodell. Dieses aber vervielfältigt sich, entfaltet immer neue Perspektiven, ohne neu erfinden zu wollen. Die Erklärungsinstrumentarien sind komplex und vielschichtig, doch sie bleiben verlässlich.

Luc Boltanski, der viele Jahre mit Pierre Bourdieu zusammengearbeitet hat, ist es als einem der wenigen ehemaligen Mitarbeiter und Schüler gelungen, ein inzwischen international bekanntes eigenes Programm zu entwickeln. Die Gründung des *Groupe de Sociologie Politique et Morale* (GSPM) zusammen mit Laurent Thévenot zu Beginn der 1980er Jahre an der Pariser *École de Hautes Études en Sciences Sociales* (EHESS) verhalf der von ihnen ausgerufenen pragmatischen „Soziologie der Kritik" zur Etablierung eines neuen Forschungsansatzes, der das kritische Alltagshandeln zum Ausgangspunkt der soziologischen Reflexion machte. Dieses Programm griff zum einen Bourdieus konstruktivistische Kritik an den soziologischen Klassifikationsstrukturen auf und übertrug zum anderen die von Bruno Latour, Steve Woolgar und Michel Callon zu diesem Zeitpunkt etablierte symmetrische Techniksoziologie auf ein Erklärungsmodell von Handlungsregimes, das sich von den normativen Grundlagen der kritischen Geistes- und Sozialwissenschaften verabschieden wollte.

Wenn es jedoch stimmt, dass sich die Normativität der französische Soziologie durch eine starke Orientierung an dem gesellschaftlichen Nutzen des Faches abbildet (vgl. Durkheim 1987: 111-136; Karsenti 2006), und dass sie darüber hinaus immer auch einen erkenntnistheoretischen Anspruch verfolgt – d.h. die kognitiven Strukturen des menschlichen Geistes zu erheben trachtet (vgl. Trom 2008: 120), dann ist die Soziologie Boltanskis eine sehr französische. Sie ist allerdings – und das macht sie unfranzösisch – weit entfernt von einem epistemologischen Zentralismus, der die von ihm entwickelte neopragmatische Perspektive auf einen einzigen Nenner bringen will. In Boltanskis Soziologie vereinen sich vielmehr strukturalistische und phänomenologische Hermeneutik, praxistheoretische Erkenntnistheorie, sozialanthropologischer Empirismus, deleuzianische Differenztheorie, methodologische Symmetrie und kritische Wissenschaft; Paradigmen also, die normalerweise – vor allem im französischen Diskursraum – als unvereinbar gelten. Diese bereits kaum zu meisternde Aufgabe der Kombination einander üblicherweise dichotom gegenüberstehender Analysemethoden und Perspektiven begegnet Boltanski mit einer irritierenden thematischen Breite seiner Untersuchungsgegenstände, die von den jeweiligen Experten dieser Felder (etwa aus den Wirtschaftswissenschaften, der Professionssoziologie, den Medienwissenschaften usw.) stets mit dem Interesse und dem Respekt gelesen und anerkannt werden, den das Ernstnehmen ihrer jeweiligen Partikularitäten erzeugt. Ob es um Fotografie, Comiczeichnungen, die humanitäre Moral, Gerechtigkeitsprinzipien, die französischen Führungskräfte, die Auswirkungen der Kritik auf die kapitalistische Ideologie, Protestbriefe von Lesern, das sonntägliche Telefongespräch, Elitehochschulen, die sozialanthropologischen Politiken der Abtreibung, die Praxis des Autofahrens, Rechtfertigungsformen am Arbeitsplatz, die Transformation des Handelsrechts oder des medizinischen Wissens handelt, Luc Boltanski begegnet diesen komplexen Themen immer auf eine zugleich experimentelle wie systematische Weise. Dass diese Verbindung so gut gelingt, zeugt von einem „nouvel esprit scientifique" nach der Ära Pierre Bourdieu, der sich, so die hier verfolgte These, auf drei Motive stützt:

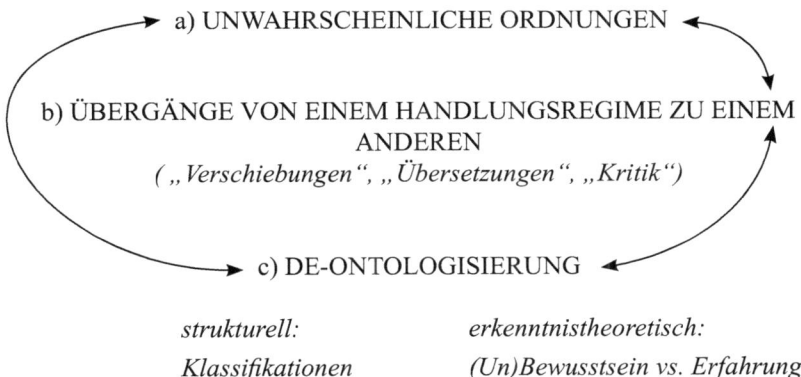

**DREI MOTIVE IN DER SOZIOLOGIE LUC BOLTANSKIS**

a) UNWAHRSCHEINLICHE ORDNUNGEN

b) ÜBERGÄNGE VON EINEM HANDLUNGSREGIME ZU EINEM ANDEREN
(*„Verschiebungen", „Übersetzungen", „Kritik"*)

c) DE-ONTOLOGISIERUNG

*strukturell:*            *erkenntnistheoretisch:*
*Klassifikationen*        *(Un)Bewusstsein vs. Erfahrung*

Das **erste**, epistemologische **Motiv** bildet zugleich die erkenntnistheoretische Grundannahme, die Boltanskis Perspektive von Beginn seines Schaffens an prägt: Er geht nicht von der Gegebenheit und damit der Evidenz sozialer Ordnungen aus, sondern von der Unwahrscheinlichkeit ihres Zustandekommens und ihrer Beständigkeit. Das führt zu einer prinzipiellen Begründungspflicht der beobachteten Phänomene, und zwar, darin liegt die Besonderheit, nicht ausgehend von einer ihr inhärenten Logik, die der Soziologe aufzuspüren hat, sondern ausgehend von der Zufälligkeit und Kontingenz ihres Daseins in der Welt. Ihre Existenz führt nicht zur empirischen Legitimation eines einmal entwickelten soziologischen Analyseverfahrens, sondern das Verfahren selbst ist es, das sich aus den empirischen Daten heraus erklären muss. In diesem Motiv findet sich zum einen das Erbe des frühen Bourdieu wieder, zum anderen radikalisiert Boltanski dessen konstruktivistischen Zugang, ohne dabei in einen postmodernen Relativismus zu verfallen. Die Phänomene erzeugen Bewegungen in der Alltagswelt wie in der soziologischen Reflexion und stellen beide auf die Probe. Davon ausgehend, gewinnt das zweite Motiv seine heuristische Funktion.

Das **zweite**, phänomenologische **Motiv** beschreibt zugleich den systematischen Beobachtungsfokus, auf den sich Boltanskis Studien bei aller gegenständlichen Vielfalt konzentrieren. Wenn Ordnungen das Unwahrscheinliche, das Zu-Erklärende sind, wie können Akteure dennoch übereinstimmend handeln, oder zumindest Handlungslogiken der Übereinstimmung entwickeln, die zu einem einigermaßen friedlichen Zusammenleben führen? Boltanskis Antwort darauf lautet: Sie müssen über spezifische Kompetenzen verfügen, die es ermöglichen, Übergänge zwischen verschiedenen Situationen herzustellen. In Anlehnung an die Wissenschafts- und Technikforschung Michel Callons und Bruno Latours beobachtet Boltanski also (insbesondere zusammen mit Laurent Thévenot) „Übersetzungen" im Sinne des Verschiebens von einem Handlungsregime zu einem anderen. In pluralisierten Lebenswelten springen wir ständig von einer Situation in eine andere und folgen an einem einzigen Tag sehr verschiedenen geistigen und körperlichen Mobilitätsanweisungen. Der Gang zur Bank, das zufällige Treffen eines alten Freundes auf der Straße, ein defekter Fahrkartenautomat, die professionelle Instandsetzung eines Automotors, die Fahrt zu einem Beratungszentrum etc. erfordern in ihrer Abfolge ein stetiges Verschieben von Praxisformen – die geschäftsmäßige Begrüßung in der Bank wirkt bei dem Wiedersehen mit dem alten Freund fehl am Platze. Darüber hinaus können sie – wie der defekte Automat oder die plötzliche Begegnung – produktive Irritationen hervorrufen, die zu einer Infragestellung bereits etablierter Handlungsregimes führt. Hier ist das Moment, in dem Boltanski die eminent wichtige Funktion der Kritik verortet. Die Kritik treibt die Verschiebungen voran, und sie bildet die Voraussetzung für das dritte Motiv in der Soziologie Luc Boltanskis.

Das **dritte**, strukturalistische **Motiv** bezeichnet zugleich das methodologische Vorgehen Boltanskis, welches das erkenntnistheoretische und das phänomenologische Motiv zu verifizieren sucht. Es handelt sich um die De-Ontologisierung vorgegebener Kategorien und Klassifikationen. Es mag manche Leser verwundern, dass dies hier als strukturalistisches Motiv geltend gemacht wird, wird doch der Strukturalismus häufig und meist oberflächlich mit einem Strukturdeterminismus gleichgesetzt, der Kategorien eher substanzialisiert, d.h. abschließt als öffnet. Doch entspricht die De-Ontologisierung, hier verstanden als die Infragestellung eines auf eine substanzielle Identität rückführbaren Daseinsgrund der beobachteten Phänomene dem ursprünglichen strukturalistischen Projekt, wie es durch Ferdinand de Saussure, Claude Lévi-Strauss und Michel Foucault prominent wurde. Die Kritik am Strukturalismus, insbesondere die differenztheoretische Philosophie Gilles Deleuzes erinnerte an diesen Ausgangspunkt, indem sie die strukturalistische De-Ontologisierung mit einer ontologischen, d.h. lebensphilosophischen Metaphysik konfrontierte. Boltanski verbindet beide, indem er die von ihm beobachteten

Verschiebungen nicht per se strukturtheoretisch denkt, sondern die in ihnen wirksamen Klassifikationen methodisch zerlegt und entlang der an ihnen wirksamen Praktiken rekonfiguriert. Weil er dies an den Praktiken tut und nicht an der Annahme einer „unbewussten Struktur", die den Akteuren nicht geläufig ist, ist sein Strukturalismus kein marxistisch-psychologischer wie bei Lévi-Strauss, Foucault und Bourdieu, d.h. ein Strukturalismus, der auf der Annahme beruht, dass soziale Strukturen entweder einen rein kognitiven Charakter haben (und daher jenseits des Bewusstseins wirken) oder verdeckt sind durch die Praktiken, die sie jedoch zugleich konstituieren (und damit ebenfalls der Sphäre des sozialen Unbewussten zugehörig). Luc Boltanski ersetzt die Kategorie des Unbewussten vielmehr durch die der Erfahrung und gesteht den Akteuren damit einen praktischen Sinn zu, der imstande ist, sich selbst zu reflektieren – was nicht bedeutet, dass die Akteure unabhängig sind von sozialen Ungleichheitsstrukturen. Diese Auffassung hat wiederum Auswirkungen auf Boltanskis Verständnis von Kritik und kritischer Wissenschaft, das sich sowohl von dem Bourdieus unterscheidet als auch von der kritischen Theorie, wie sie durch die Frankfurter Schule geläufig ist. Es erscheint daher konsequent, dass seine jüngsten Veröffentlichungen das Verhältnis zwischen Sozialwissenschaften und Gesellschaftskritik untersuchen, und dabei zugleich die erkenntnistheoretischen, phänomenologischen und strukturalistischen Zusammenhänge seines Programms aufgreifen, das in der kritischen Soziologie Pierre Bourdieus seinen Ausgang genommen hatte (vgl. Boltanski 2008a und 2008b; Boltanski 2009). *Unwahrscheinliche Ordnungen*, *Übergange zwischen Handlungsregimen* und methodologische *De-Ontologisierung* – auf diese drei Hauptmotive stützt sich die vorliegende Einleitung in das Werk Luc Boltanskis.

Das Buch ist folgendermaßen aufgebaut: Die fünf Kapitel teilen sich auf in vier thematische Teile und einen systematischen. Die thematischen Teile befinden sich in Kapitel 1-2 und 4-5. Sie erläutern den Werdegang und die wichtigsten Arbeiten Luc Boltanskis seit seiner Studentenzeit bis in die Gegenwart. Neben der Bedeutung Pierre Bourdieus ist auch der Einfluss Bruno Latours hervorzuheben, mit dem sich Boltanski in einer gleichfalls über viele Jahre und bis in die Gegenwart andauernden produktiven Auseinandersetzung befindet. Hier erschien es mir sinnvoll, dieser Beziehung ein eigenes systematisches Kapitel zu widmen, um ihre gemeinsamen und z.T. konkurrierenden Referenzen innerhalb des französischen Diskursraumes für ein deutsches Publikum nachvollziehbar zu machen. In der Schlussbetrachtung werden die vorangegangen Darstellungen zusammengefasst und in Hinblick auf zentrale Orientierungen des bislang vorliegenden Werkes zugespitzt.

Ich habe die größeren Arbeiten Luc Boltankis, auf die ich mich am häufigsten beziehe, in der Zitation mit Kürzeln versehen, die in der Bibliographie nachzuschlagen sind (z.B.: „FK" für „Die Führungskräfte", oder „NGK" für „Der neue Geist des Kapitalismus"). Die Zitationen habe ich aus den deutschen Ausgaben übernommen oder selbst aus dem Französischen übersetzt. Letzteres ist immer dann der Fall, wenn in der zur Zitation zugehörigen Quellenangabe zuerst der französische Ursprungstext angegeben ist.

Es sei schließlich hinzugefügt, dass das Gesamtwerk Luc Boltanskis auch eine ganze Reihe von Gedichtbänden umfasst.[1] In einem Interview erklärt Boltanski den lebenslangen Reiz, den die Poesie im Verhältnis zur Soziologie auf ihn ausübt: „In der Dichtung kennt die Interpretationsarbeit keine Grenzen. Sie verweigert sich damit genau der Arbeit, die sich als wissenschaftlich versteht."[2]

*Berlin, im Juni 2010*

---

[1] Darunter: „Le fusil" (1958), „Poème" (1993), zusammen mit seinem Bruder Christian Boltanski „À l'instant" (2003) und die Theaterstücke „Nuits" (2008). Zuletzt erschien die Gedichtsammlung „Lieder" (2009).

[2] Luc Boltanski am 20. Oktober 2009 in einem Interview mit Sylvain Bourmeau, siehe: http://www.dailymotion.com/video/xav5is_luc-boltanski-4-poesie-mediapart_news, Zugriff am 23.5.2010.

# 1 Gegen die Evidenzen der Wirklichkeit: Die Bourdieu-Maschine

> „Und schließlich kommt es mir fast sonderbar vor, wenn ich hier Pierre Bourdieu meinen Dank ausspreche und damit etwas sage, was eigentlich nicht gesagt werden muß, so sehr haben die Jahre der Zusammenarbeit mit ihm in dieser Arbeit ihre Spuren hinterlassen. Möge er die folgenden paar hundert Seiten als eine Art Hommage *in actu* nehmen oder – um wiederum einen Begriff von ihm aufzugreifen – als eine Hommage durch *Praxis*."
>
> (*Vorwort „Die Führungskräfte"*)

Luc Boltanski wird im Januar 1940 in Paris geboren. Ein Kriegskind, dessen Eltern sich aufgrund ihrer unterschiedlichen Herkunft – die Mutter Katholikin, der Vater Jude – während der deutschen Besatzung gezwungen sehen, sich offiziell scheiden zu lassen. Der Vater wird in einem Verschlag unter dem Fußboden des Arbeitszimmers im Haus versteckt gehalten; nur der ältere Bruder Jean-Elie weiß davon. Luc vermisst seinen Vater und glaubt sogar manchmal, ihn im Haus zu sehen, wird jedoch durch eine Gespenstermaskerade seines Bruders Elie und der Mutter von der gefährlichen Vermutung abgelenkt. Während der Vater, der die Besatzung glücklich überlebt, nach Kriegsende als Arzt im Hôpital Laennec im VII. Arrondissement arbeitet und kaum Kontakte zur jüdischen Gemeinde pflegt, verkehrt die Mutter in vornehmlich jüdisch-bürgerlichen Kreisen, die z.T. bohèmeartige Züge tragen. Sie sympathisiert mit dem Kommunismus und dem Anarchismus und schreibt Bücher – vornehmlich nachts. Ihre Weigerung, nach dem Krieg in die Hetzjagd gegen die Kollaborateure einzustimmen, erläutert Luc Boltanski in einem Gespräch anhand einer Anekdote: Ein Bekannter, ein ehemaliger Lehrer Jean-Elies, meldet sich kurz nach der Befreiung bei ihr und bittet sie um Hilfe. Er hat mit den deutschen Nazis kollaboriert und wird jetzt von den FFI[3] gesucht, ob sie ihm helfen könne? Sie überlegt nicht lang: Kurzerhand wird der Lehrer in dem gleichen Versteck einquartiert wie zuvor der Vater. „Das hat mich sehr geprägt." kommentiert Boltanski diese Begebenheit. „Eine eindimensionale Soziologie, die

---

3   Forces Françaises de l'Intérieur, kämpften 1944-1945 gegen die deutschen Besatzer.

einfache, glatte Wahrheiten postuliert, ist nicht möglich, wenn man so etwas erlebt hat. Ebenso wenig ist es möglich, eine Soziologie zu machen, die von der Ordnung ausgeht. Ordnung ist vielmehr das Unwahrscheinliche." (I09)

**Begegnung mit Bourdieu und Zusammenarbeit**

Diese frühen Prägungen prädestinieren Luc Boltanski wohl in mehrfacher Hinsicht für eine Grundhaltung, die den gegebenen Evidenzen der sozialen Wirklichkeit zunächst in kritischer, aber auch selbstironischer Distanz begegnet. Mit Anfang zwanzig sind seine Interessen breit gestreut: Er malt, schreibt Gedichte und engagiert sich für die algerische Opposition gegen die französische Kolonialmacht. Sein politisches Engagement führt ihn schließlich zur Soziologie: „Ich hatte wie viele Jugendliche Schwierigkeiten mit Wertvorstellungen, die in meinem Fall noch durch die zweifachen familiären Wurzeln – zumindest emotional – verstärkt wurden. Sie führten sowohl zum Katholizismus als auch zur jüdischen Identität; sowohl zur radikalen Linken als auch zu einem Respekt gegenüber Wertvorstellungen die, aus Sicht der Linken, traditionalistisch erscheinen konnten. Ich glaubte, gewissen Dilemmata entkommen zu können, indem ich diese Art von Distanz einnahm, die mir die Sozialwissenschaften zu verschaffen schienen." (Boltanski 2000) In dieser Suche wird das Zusammentreffen mit Pierre Bourdieu, der Anfang der 1960er Jahre aus dem Algerienkrieg nach Paris zurückkehrt, entscheidend für sein zukünftiges Denken – mit und gegen Bourdieu.

Die Bekanntschaft von Luc Boltanski mit dem zehn Jahre älteren Pierre Bourdieu wird möglich durch Boltanskis Bruder Jean-Elie, der Bourdieu im Algerienkrieg kennengelernt hatte. Jean-Elie, der den Militäreinsatz nicht verkraftet und nach zwei Jahren seine Entlassung aus dem Dienst erreicht, macht die beiden miteinander bekannt. Die französischen Geisteswissenschaften befinden sich in den frühen 1960er Jahren in einer fundamentalen Umbruchphase. Mit dem Erscheinen der „Strukturalen Anthropologie" 1958 läutet Claude Lévi-Strauss die bahnbrechende Epoche des Strukturalismus ein, die sich auf alle bedeutenden Disziplinen, insbesondere die Anthropologie und Ethnologie, sowie die Philosophie, die Literaturwissenschaften, die Geschichtswissenschaften und die Psychologie nachhaltig auswirken wird. Die Soziologie ist noch ein kleines Fach und ringt um ihre Anerkennung. Die Nachfolger Émile Durkheims und die nach ihm benannte Schule, die zunächst durch den Ersten Weltkrieg und dann durch das antisemitische Vichy-Regime nahezu vollständig eliminiert wurde, wird zwar durch Georges Gurvitch, Georges Balandier und Georges Friedmann fortgesetzt (vgl. Gurvitch 1958), doch genießt vergleichsweise wenig Prestige. Nicht zuletzt trägt Lévi-Strauss' demonstrative Distanzierung sowohl von Durkheim als auch von der Soziologie, der er neben der Ethnologie und den Geschichtswissenschaften höchstens den Status des Zaungastes zugesteht, zur Geringschätzung des Faches bei. Und doch ist es Claude Lévi-Strauss, der an die Soziologie und Ethnologie Durkheims und die Durkheim-Schule mittels der strukturalen Analysemethode anknüpft und damit auch den Boden für eine neue Soziologie bereitet. Während Lévi-Strauss der französischen Anthropologie innerhalb der Geisteswissenschaften zu einer bis dahin unerreichten gesellschaftlichen Annerkennung verhilft, erlebt die französische Philosophie eine Erneuerung der Lebensphilosophie Henri Bergsons durch die Existenzphilosophie Jean Paul Sartres und Simone de Beauvoirs. Auch die Phänomenologie erlebt eine Revision durch Sartre, Maurice Merleau-Ponty und Paul Ricœur. Michel Foucaults kritische Philosophie des Subjekts, die er in den Kontext struktureller historischer und sozialer Bedingungen stellt, gewinnt im Laufe der 1960er Jahre verstärkte öffentliche Aufmerksamkeit bis hin zu seiner Berufung an das *Collège de France* 1970.

Der Aufstieg der Soziologie im Nachkriegsfrankreich findet also in einem höchst dynamischen und reibungsvollen geistigen Klima statt, das nach dem Ende des Vichy-Regimes nach einem gesellschaftlichen Aufbruch strebt und in dem die Intellektuellen vielfach öffentlich Partei für die neuen sozialen Bewegungen ergreifen. Während die französische Soziologie nach dem Ende des Zweiten Weltkriegs eine marginalisierte Disziplin ist, folgt in den darauffolgenden Jahrzehnten eine beispiellose Institutionalisierung des Faches. Sie erfolgt mit massiver Unterstützung des Marshall-Plans, durch Investionen US-amerikanischer Stiftungen und bilaterale staatliche Kooperationen. Vorangetrieben wird sie von den wenigen verbleibenden Erben der Durkheim-Schule, ehemaligen Résistance-Kämpfern, Historikern und Ökonomen, sowie Angehörigen des *Centre National de la Recherche Scientifique* (CNRS), dem französischen Äquivalent zur Deutschen Forschungsgemeinschaft. Alain Chenu beschreibt die Stimmung dieser Zeit: „Diese Pioniergeneration, deren Ausbildung autodidaktisch erfolgte, entdeckt das empirische Arbeiten, das Aufnahmegerät, die Sortiermaschine, das $x^2$." (Chenu 2002: 46). Die Gründung des *Centre d'Études Sociologiques* erfolgt bereits 1946; im gleichen Jahr werden die *École Pratique des Hautes Études* und das nationale Statistikamt *Institut National de la Statistique et des Études Économiques* (INSEE) gegründet, zuvor bereits das *Institut National d'Études Démographiques* (INED) und 1953 das *Centre des Recherches pour l'Étude et l'Observation des Conditions de Vie* (CREDOC), weitere wichtige Einrichtungen der nationalen Statistik, auf deren Daten die soziologischen Studien von nun an Bezug nehmen. Innerhalb des CNRS verselbständigt sich das Fach 1950 durch eine eigene Sektion „Soziologie und Sozialpsychologie", die ab 1957 durch die Sektion „Soziologie und Demographie" abgelöst wird. Ähnlich wie in den USA, in denen die Soziologie als Hilfsdisziplin demokratischer Staatslenkung aufgefasst wird und in den 1930er Jahren durch zahlreiche Auftragsstudien einen beispiellosen Aufschwung erfährt, beginnt man auch im Frankreich der Vierten und Fünften Republik unter Charles de Gaulle zu erkennen, dass dieses Fach für die Neukonstituierung von Wirtschaft und Gesellschaft von Nutzen sein kann. Diese positivistische Ausrichtung der Soziologie erhöht zwar zunächst nicht unbedingt ihr Ansehen seitens der Philosophie und den Geisteswissenschaften, aber ihren materiellen Aktionsradius und damit auch die Möglichkeit für junge Wissenschaftler, die neue Disziplin zu stärken. Die Gründung von Zeitschriften wie den *Cahiers internationaux de sociologie* (1946) und dem *Année sociologique* (1949) verfestigen diese Institutionalisierung, die nicht zuletzt durch die von der UNESCO geförderte Gründung der *International Association of Sociology* (1948) landesübergreifende Unterstützung findet. Zwischen 1950 und 1957 verdoppelt sich die Anzahl der Soziologen innerhalb der Sektion des CNRS (vgl. Chenu 2002: 46). Die Zahl der Dozenten steigt noch rapider: von ca. 20 im Jahre 1958 auf ca. 100 1968 und 300 1978. 1958 gelingt es dem einflussreichen Wissenschaftsphilosophen und Soziologie-Professor Raymond Aron, die Einrichtung des Studiengangs Soziologie mit dem Abschluss „Licence" (entspricht dem deutschen Hauptstudienabschluss nach mindestens drei Jahren) an der Sorbonne durchzusetzen. 1960 unterstützt ihn die US-amerikanische Ford Foundation bei der Gründung des *Centre de Sociologie Europénne* (CSE), dessen Leitung Pierre Bourdieu 1964 übernehmen wird. Weitere Institutionalisierungen folgen: 1964 bezieht die *Fondation Maison des Sciences de l'Homme* (MSH) unter der Leitung der Ökonomen und Historiker Clemens Heller und Fernand Braudel das im Bauhaus-Stil neu errichtete Gebäude im Pariser Boulevard Raspail. Das MSH versammelt neben Historikern und anderen Geisteswissenschaftlern vor allem kleine interdisziplinäre Forschungszusammenhänge, die in weitgehender organisatorischer und politischer Unabhängigkeit arbeiten können. Das ist in Zeiten des Kalten Krieges eine Ausnahmesituation, die einen wohl einzigartigen geistigen Austausch zwischen kommunistischen Dissidenten, westeuropäischen Intellektuellen, lateinamerikanischen Diktaturflüchtigen und nordafrikanischen Kolonialgegnern ermöglicht. 1968 erhält die Soziologie innerhalb des nationalen Universitätssystems einen eigenen fachlichen Status und macht sich endgültig unabhängig von der Philosophie, der sie zuvor untergeordnet war (vgl. Chenu 2002: 49). Die innerhalb der *École Pratique des Hautes Études* (EPHE) entstandene sozialwissenschaftliche Sektion zieht 1975 als inzwischen berühmt gewordene *École des Hautes Études en Sciences Sociales* (EHESS) in das gleiche Gebäude ein. Pierre

Bourdieu und Luc Boltanski befinden sich am Anfang ihrer Karriere in diesem politisch, institutionell und intellektuell spannungsreichen Pariser Kontext in einem, wie Boltanski rückblickend feststellt, „magischen Moment, in dem etwas Unmögliches plötzlich möglich wird." (Boltanski 2008b: 20ff.)

1967 veröffentlicht Pierre Bourdieu zusammen mit Jean-Claude Passeron die Auftragsarbeit „Sociology in France since 1945. Death and Ressurection of a philosophy without Subject" in der US-amerikanischen Zeitschrift *Social Research*. Mit einem überraschenden Selbstbewusstsein geißeln die jungen französischen Soziologen den Neopositivismus der amerikanischen Soziologie ebenso wie die französische Subjektphilosophie. Sie fordern eine wissenschaftstheoretische Betrachtung der französischen Soziologiegeschichte, die auf ihrer komplexen Verbindung zur Philosophie bestehst: „Wenn die Soziologie in jeder Phase ihrer Entwicklung, ob sie es nun will oder nicht, ob sie sich dessen bewusst ist oder nicht, philosophische Überzeugungen ausdrückt, können dann die Beziehungen zwischen Soziologie und Philosophie nicht sehr verschiedene Formen annehmen?" (Bourdieu/Passeron 1981: 498) Diese Frage richtet sich sowohl an Sartre als auch an Lévi-Strauss, und sie impliziert zugleich die Rehabilitierung Durkheims, denn „es leben heute alle Wissenschaften vom Menschen im Hause Durkheims, auch wenn sie es nicht wissen, weil sie durch die Hintertür eingetreten sind." (Bourdieu/Passeron 1981: 501) Es ist deutlich: Nicht die Philosophie, nicht die Geschichte und nicht die Anthropologie sollen länger als Leitdisziplinen gelten; es ist die Soziologie, die diese Stellung nunmehr beansprucht.

Der Student Luc Boltanski wird schon im Eröffnungsjahr Mitarbeiter des *Centre de Sociologie Européenne* und wirkt an zahlreichen Studienprojekten Bourdieus mit. Zwischen 1965 und 1970 veröffentlicht er seine ersten Arbeiten über die Fotografie, die künstlerische Profession und Geschmacksdifferenzen. Sie alle fließen in Bourdieus spätere größere Werke über die Fotografie, das Feld der Kulturproduktion und klassenspezifische Werturteile ein. Im Bewegungsjahr 1968 schließt Boltanski sein Soziologiestudium an der Sorbonne unter der Leitung Raymond Arons mit einer bildungssoziologischen Arbeit ab: „Prime d'éducation et morale de classe". Nach der Veröffentlichung eines Gedichtbandes („Le fusil", 1958) und einer demographisch orientierten Kulturanalyse der Schweiz („Le bonheur suisse", 1965) legt Boltanski mit seiner Abschlussarbeit eine historiographisch orientierte Studie zur französischen Politik der Säuglings- und Kleinkinderpflege vor, in der er das Wechselverhältnis von medizinischen und staatlichen Erziehungs- und Reformbestrebungen seit dem Ende des 19. Jahrhunderts einerseits, und dem tatsächlichen Umgang sozialer Akteure (hier vor allem der Mütter) andererseits untersucht. Es geht hier um Wissenspraktiken und -transfers und um die Frage ihrer klassenspezifischen Rückkoppelung. Pflegen Mütter aus unteren sozialen Schichten einen anderen Umgang mit der medizinischen Versorgung ihrer Kinder und welche Wissensformen werden auf welche Weise von Politik und Medizin transferiert? Wie gestaltet sich das Verhältnis zum Körper? Sind ein Rücklauf spezifischen Körperwissens und Heilpraktiken von unten nach oben, als „bottom-up" zu verzeichnen, oder stellt die soziale Differenzierung die Matrix für eine Verfestigung der vertikalen Klassendifferenzen und Ungleichheiten dar? Boltanskis Studie vorangestellt ist ein Zitat des Physikers und Wissenschaftshistorikers Pierre Duhem, dessen empiristische Wissenschaftstheorie von Wiliam van Orman Quine aufgegriffen wurde und klassische erkenntnistheoretische Positionen des Pragmatismus zuspitzt: So sei der *common sense* Objekt stetiger Transformation, das der theoretischen Wissenschaft die Aufgabe zuteile, das Allgemeingut von „Wahrheiten" stetig zu erweitern (vgl. Boltanski 1977: 7). Eine pragmatische Perspektive wird hier angedeutet, die Boltanski später zur Grundlage seiner Kritik an seinem Lehrer Bourdieu machen wird.[4] In seiner Konklusion greift er hingegen den Klassenbegriff Bourdieus auf. Die aus den sozialen Dynamiken hervortretenden Praktiken konnte er am Beispiel der Säuglings- und Kinderpflege klassenspezifisch herleiten. Die Verteilung von Wissen vollzieht sich demnach zwar relativ eindeutig von oben nach unten, doch zugleich wird es stets entsprechend der Nähe und Ferne zu den herrschenden Klassen verhandelt, kritisiert oder gerechtfertigt. Daher müsste ein in diesem Sinne an moralischen Normen orientiertes sozial begründetes Ethos neu definiert werden (vgl. Boltanski 1977: 139). Anhand dieses „Ethos" manifestiert sich Boltanskis Interesse für die Kategorie der Moral, die in seinem Gesamtwerk keine normative Größe darstellt, sondern eine Orientierungsgröße, die es sozialen Akteuren ermöglicht, ihr Handeln zu begründen und zu rechtfertigen, und deren Definition nicht allein klassenspezifisch fundiert, sondern durch Praktiken des Aushandelns ständig modifiziert wird.

Als Mitglied des Forscherkreises um Bourdieu veröffentlicht Boltanski Ende der 1960er bis zu Beginn der 1970er Jahre zu den Gebrauchsweisen der Fotografie, insbesondere mit Jean-Claude Chamboderon („L'amour de l'art", an dem Boltanski mitgewirkt hatte, war bereits 1966 unter der Herausgeberschaft Pierre Bourdieus erschienen), zum Feld der Comic-Produktion, zu den Karriereverläufen von Wissenschaftlern, zum Bildungssystem und seine Reproduktionsmechanismen, dem ökonomischen Feld, zu den Gebrauchsweisen des Autofahrens und seine ersten Schriften zu den *Cadres*, den französischen Führungskräften.

---

4 Auch Bourdieu bezog sich auf Duhem, wenn er den relationistischen Charakter des systematischen In-Beziehung-Setzens verschiedener sozialer Faktoren betonte, die seine konstruktivistisch-strukturalistischen Perspektive begründete (vgl. Bourdieu 1980: 19).

In dieser Zeit kommt es zwischen Pierre Bourdieu und Raymond Aron zum Bruch: Bourdieus analytische Perspektive konzentriert sich nunmehr auf die Frage der unsichtbaren Wirkmächtigkeiten sozialer Ungleichheiten und hat eine Anhängerschaft unter den jungen Mitgliedern des *Centre de Sociologie Européenne* und den sozialwissenschaftlichen Sektionen der EHESS gefunden, zu denen Boltanski gehört. Der liberale Wissenschaftsphilosoph Aron, dessen Biographie durch Krieg und Totalitarismus gekennzeichnet ist, zeigt sich misstrauisch gegenüber der Neuinterpretation marxistischer Analyseinstrumente und lehnt jegliche erkenntnistheoretische Extreme ab. Doch die „Bourdieu-Maschine", wie ehemalige Mitarbeiter das damalige Forscherkollektiv nennen, ist bereits aktiviert und ihr kometenhafter Aufstieg in den 1970er Jahren innerhalb der französischen Geisteswissenschaften kaum noch aufzuhalten.

Pierre Bourdieu wird 1930 im südfranzösischen Béarn geboren. Er gilt neben Émile Durkheim als der bedeutendste französische Soziologe des zwanzigsten Jahrhunderts. Bourdieu ist in jeder Hinsicht ein Ausnahmetalent: Trotz seiner einfachen Herkunft gelingt es ihm, einen für französische Verhältnisse seltenen geistigen und sozialen Parcours zu absolvieren. Er wird zu Beginn der 1950er Jahre an der Pariser Sorbonne und an der Elitehochschule *École Nationale Supérieure* (ENA) für das Studium der Philosophie zugelassen und erhält 1954 die Agrégation mit Auszeichnung. Während des Krieges der französischen Kolonialmacht gegen das Unabhängigkeitsstreben der algerischen Bevölkerung wird Bourdieu 1957 in die Hauptstadt Algier versetzt, kann sich dem Militärdienst später jedoch entziehen, indem er sich beim staatlichen statistischen Amt (INSEE) für Bevölkerungsstudien verdingt und später als Philosophiedozent an der *Université d'Alger* tätig wird. Hier beginnt er seine Feldstudien in der nordalgerischen Kabylei. Stark geprägt durch die strukturale Anthropologie von Claude-Lévi-Strauss, wendet er hier erstmalig seine Feldtheorie an, entwickelt seine praxistheoretische Methodologie und legt schließlich mit dem „Entwurf einer Theorie der Praxis" 1972 das große Kompendium dieser Arbeiten vor, das ihn endgültig bekannt macht. Hatte er in den Jahren zuvor bereits breit veröffentlicht, so verdichtet sich im „Entwurf" das ganze Programm der Soziologie Bourdieus als fundamentale soziologische Kritik an den beiden Leitfiguren des progressiven Pariser Geisteslebens – Claude Lévi-Strauss und Jean-Paul Sartre. Der von ihm formulierte praxistheoretische Vorschlag zur Überwindung der klassischen Dichotomien von Subjektivismus und Objektivismus ist durch die Schule des Strukturalismus, der Phänomenologie und der Subjektphilosophie gegangen und bildet zugleich ein alternatives Forschungskonzept gegenüber dem in den linken akademischen Kreisen dominanten Marxismus

Louis Althussers. 1982 wird Bourdieu an das *Collège de France* berufen. Er erhält damit die höchste Weihe, die in einer französischen akademischen Laufbahn möglich ist. Es folgen zahlreiche weitere Arbeiten, Veröffentlichungen, internationale Auszeichnungen und Preise. Pierre Bourdieu stirbt im Januar 2002 in Paris.

Der Einfluss Bourdieus insbesondere auf die französischen Geistes- und Sozialwissenschaften speist sich natürlich nicht nur aus dieser Anhäufung von Daten und Fakten. Bourdieu hatte seit seiner Rückkehr aus Algerien einen immer größer werdenden Kreis von Mitarbeiterinnen und Mitarbeitern angezogen und Schule gemacht. Alle großen Werke sind das Ergebnis einer intensiven Zusammenarbeit mit jungen Soziologinnen und Soziologen aus dem Kreis des *Centre de Sociologie Européenne*, der *EHESS* und darüber hinaus. Zugleich trägt Bourdieu, zusammen mit einigen Kollegen, darunter dem INSEE-Statistiker Alain Darbel entscheidend zur Anerkennung der soziologischen Expertise seitens des Staates bei und damit zur Etablierung staatlich geförderter soziologischer Auftragsforschung (vgl. Chenu 2002: 50), wodurch die ideellen und materiellen Bedingungen für eine Schulenbildung gewährleistet werden. Neben der Verselbständigung der Disziplin in Forschung und Lehre und ihrer Ausbreitung bis in die Elitehochschulen zu Beginn der 1970er Jahre gewinnt das Fach gleichfalls Renommee durch die Verfeinerung und Verbreitung der soziologisch-ethnologischen Analysemethoden wie der statistischen Nomenklatur, des Tiefeninterviews, der Teilnehmenden Beobachtung usw. Die 1970er und der Beginn der 1980er Jahre markiert den Zenit der Bourdieu-Schule: Eine beeindruckende Vielzahl empirischer Studien wird in diesen Jahren durchgeführt und veröffentlicht. Sie weisen eine thematische Breite auf, die von einer ungewöhnlichen Methodenvielfalt begleitet ist. Die staatlich geförderten Evaluationen des Konsum- und Wahlverhaltens der Franzosen, die durch die konfliktreichen politischen Bewegungen Ende der 1960er Jahre skandalisiert werden, lenken die Aufmerksamkeit Bourdieus und seiner Mitarbeiter auf die Selbstverortung des neuen Mittelstandes, dieser hart umkämpften, von den Parteien und sozialen Bewegungen umgarnten und zugleich äußerst unzuverlässigen Größe in der Frage der politischen Steuerung. Die durch Bourdieu und seine Mitarbeiter institutionalisierte neue Soziologie gewinnt ihre Attraktivität für den Nachwuchs insbesondere durch die kongeniale Verbindung qualitativer Studien mit quantitativen Messungen. Sie verkörpert eine kritische Wissenschaft, die zwar marxistisch inspiriert ist, doch fern von den marxistischen Traditionen operiert, in denen das Ergebnis schon vor der Forschung festzustehen scheint. Sie zeichnet sich durch die Kombination von drei entscheidenden Elemente aus: empirisch-methodologische Redlichkeit, einem hohen erkenntnistheoretischen Anspruch und alltagskulturelle Greifbarkeit. Luc Boltanski ist ein Teil von ihr.

1973 veröffentlicht Boltanski den Aufsatz „L'espace positionnel. Multiplicité des positions institutionnelles et habitus de classes". Es handelt sich um eine korrespondenzanalytische Studie, die er unter der Leitung Bourdieus über die soziokulturelle Zusammensetzung und Mobilität der Professoren am *Institut d'Études Politiques* (IEP), einer Hochschule der politischen Elite Frankreichs, dem heutigen *Sciences Po* durchgeführt hat. Boltanski erhebt hier nicht nur die Herkunft der hohen Beamten, sondern auch ihr Selbstverständnis sowie ihre Wahrnehmung in der Öffentlichkeit – etwa hinsichtlich der Frage, ob ein Professor zugleich politischer Abgeordneter sein dürfe. Die klassenspezifische Ausdifferenzierung, die ein einseitiges Habitus-Konzept ausschließt, wird von Boltanski daran bemessen, dass die Auswahlkriterien für eine Professur am IEP gleichsam kulturelle und symbolische Anerkennungen einbeziehen, die über die fachliche Ausbildung weit hinausgehen. Diese werden von ihm entlang des Feldmodells Bourdieus in eine dynamische Wechselbeziehung zueinander gesetzt und anhand von Legitimitätswerten klassifiziert. Auch werden die Höhe des symbolischen Kapitals der Personen – ihres sozialen Prestiges und ihrer gesellschaftlichen Anerkennung – mit der Größe des sozialen Raums verbunden, um die Mobilität zu veranschaulichen, über die diese Akteure verfügen. Ausgehend von Bourdieus Analysen zum Verhältnis von kultureller und sozialer Reproduktion werden schließlich familiäre und verwandtschaftliche Beziehungen einberechnet. Dabei stellt Boltanski fest, dass die Anzahl der unterschiedlichen Positionen, die ein Professor am IEP im gesamten sozialen Raum akkumuliert, mit der Dichte der Macht korreliert, die er über andere Personen hat. Je mehr unterschiedliche Positionen ein Professor des IEP auch außerhalb seiner Lehrtätigkeit innehat, desto eher gelingt es ihm, sich von den jeweiligen Rollen, die er in diesen Positionen einnimmt, zu distanzieren, wie Boltanski anhand von Beobachtungen und bottom-up-Studien darlegt (vgl. Boltanski 1973: 15). Diese „Multipositionalität" erlaubt es der herrschenden Klasse Boltanski zufolge zum einen, den Überblick über die Zusammensetzung ihrer Ausbildungs- und Führungskräfte zu behalten, da das Ausmaß ihres Einflusses für die allgemeine Öffentlichkeit undurchschaubar bleibt. Zum anderen, und damit einhergehend, können auf diese Weise viele prestigereiche Positionen von wenigen Personen gehalten werden. (Boltanski 1973: 24ff.). Besonders aufschlussreich für die weitere Entwicklung der Soziologie Boltanskis ist der Schlusssatz dieser Studie – hier hebt er nicht nur die Beständigkeit der kulturellen und sozialen Reproduktion der herrschenden Elite Frankreichs hervor, sondern neben den spezifischen Netzwerken, die sie bilden, „die Anwesenheit von Individuen, die die Verfügungsgewalt über diese labyrinthartigen Räume haben und die Fähigkeit, sich auf sie zu beziehen und sie praktisch zu nutzen." (Boltanski 1973: 26)

## Provokation und Aufbruch: „Die Produktion der herrschenden Ideologie"

Die Öffentlichkeitswirkung der „Bourdieu-Maschine" lässt sich wohl am deutlichsten an der von Bourdieu 1975 gegründeten und geleiteten Zeitschrift *Actes de la Recherche en Sciences Sociales* (ARSS) festmachen. 1976 geben Pierre Bourdieu und Luc Boltanski die siebte Ausgabe mit dem Titel: „La Production de l'Idéologie dominante" heraus. Die 2000 starke erste Auflage verkauft sich innerhalb von zwei Wochen; die rasch vervielfältigte zweite Auflage fast ebenso schnell (vgl. Boltanski 2008b: 43). Mit ihr setzen die Mitarbeiter des *Centre* ein provozierendes Signal, das sich in jeder Hinsicht von den üblichen Fachzeitschriften abhebt. Schon die Aufmachung überrascht: Zahlreiche Bilder, Comics und Collagen wechseln sich mit detail- und inhaltsreichen Analysen ab.

Worum geht es? In „La production de l'idéologie dominante" nehmen Bourdieu und Boltanski eine Diskursanalyse vor. Sie untersuchen einen Herrschaftsdiskurs, der, wie sie schreiben, „seine Wirkung der Tatsache verdankt, dass er weder die Abweichung noch die Unstimmigkeit ausgrenzt." (Boltanski/Bourdieu 2008a: 10) Wie bereits Boltanskis Studie über die soziokulturelle Zusammensetzung der Professoren am IEP gezeigt hat, handelt es sich um eine Analyse der Reproduktion einer Ideologie, die sich von einem eindimensionalen Herrschaftskonzept verabschiedet hat und einen politischen, ökonomischen und kulturellen Pluralismus propagiert. Die von ihm verfolgte Grundannahme der Unwahrscheinlichkeit einer auf Dauer gestellten Gesellschaftsordnung findet in der Umbruchphase von der späten Nachkriegszeit hin zur neoliberalen Marktwirtschaft, die Ende der 1970er Jahre einsetzt, ihre systematische Bestätigung.

Zu Beginn der 1970er Jahre setzt der französische liberal-konservative Wohlfahrtsstaat unter Giscard d'Estaing auf die Idee einer modernen, aufgeschlossenen Industrienation, deren Vorbild USA eine politische Strategie der Befriedung sozialer Differenzen und der kulturellen Übereinkunft verfolgt. Es ist eine Ideologie des Übergangs, die nach dem Ende des Faschismus, der Befriedung des bipolaren Systemkonflikts zwischen kapitalistischen und kommunistischen Staatsmodellen, und dem Einzug des Wohlfahrtsstaates von einem wirtschaftlichen Aufschwung profitiert, der in Westdeutschland in den 1960er Jahren unter dem Begriff des „Wirtschaftswunders" bekannt wurde. Die Unterstützung US-amerikanischer Firmen und politischer Institutionen prägten die wieder an Selbstbewusstsein erstarkte französische Industrie und den Ausbau des Dienstleistungssektors. Ein wachsender Mittelstand, die *cadres*, die Luc Boltanski später zum Thema seiner Doktorarbeit machen wird, profitiert von dem Zugang zu höheren Bildungsabschlüssen und neuen Technologien. Er fordert aber auch zunehmend klassenspezifische Privilegien gegenüber der immer noch politisch starken Arbeiterbewegung, die in Frankreich durch den Einfluss insbesondere der kommunistischen Gewerkschaft CGT und der kommunistischen Partei (PC) dominiert ist. Innerhalb der strukturellen Vereinheitlichung des Mittelstandes ist zugleich eine starke kulturelle Ausdifferenzierung zu beobachten, die ihn in einer permanenten Anpassungs- und Abgrenzungsbewegung gegenüber den niedrigeren bzw. höheren Schichten hält. Die politische Steuerung dieser Klassifizierungen wird zunehmend professionalisiert und verwissenschaftlicht. Das „Ende der politischen Ideologien" (Boltanski/Bourdieu 2008a: 82ff.) wird ersetzt durch eine Rationalisierung dieser Steuerungsvorgänge – also – so Boltanski und Bourdieu – durch ihre Ent-Historisierung, was dazu führt, dass bis dato unvereinbare Positionen und Praktiken miteinander in Verbindung treten. Insbesondere die Regierung D'Estaings steht für die Zusammenführung post-keynesianischer, liberaler, sozialistischer und konservativer Leitprinzipien, die ein schwer durchschaubares, neues ideologisches Konglomerat bilden. Ähnlich wie in der Bundesrepublik gilt das US-amerikanische Vorbild, doch das Spezifikum Frankreichs zeichnet sich durch eine neue Allianz von politischen, wirtschaftlichen und religiösen Instanzen aus, die das Vichy-Regime in mehrfacher Hinsicht überlebt haben, indem sie „die Kontinuität der nationalrevolutionären Linken und der rechten Résistance gewährleiste[n]." (Boltanski/Bourdieu 2008a: 13)

Die drohende Entpolitisierung der gesellschaftlichen Widersprüche erfordert von der kritischen Soziologie, der sich Bourdieu und seine Mitarbeiter verschrieben haben, gleichfalls raffiniertere Methoden der Analyse. Boltanski leitet daraus im Rückblick zwei Reflexionsbewegungen ab: „Die kritische Soziologie der 1970er Jahre ist eine Gegenströmung, die zeigen will, dass die Klassendifferenzen weiter bestehen; sei es indem sie eine strukturale Perspektive einnimmt (der steigende Zugang unterschiedlicher sozialer Klassen zu unterschiedlichen Typen öffentlicher oder privater Güter, vor allem zur Schule, stellt die Stabilität der Klassenunterschiede nicht in Frage), sei es, indem sie die Verschiebung offensichtlicher Unterschiede betont, die anhand der Verfügbarkeit anderer Güter zu erkennen sind, vor allem kultureller Güter oder anhand anderer Relationsformen zu materiellen Gütern." (Boltanski 2008b: 67)

Weil sich die herrschende Ideologie Boltanski und Bourdieu zufolge über ihren sprachlich-performativen Ausdruck öffentliches Gehör verschafft und handlungsorientierend wirkt, haben sie insbesondere solche Publikationen untersucht, die sich an der Schnittstelle des intellektuellen und des politischen Feldes befinden. Dazu gehören die in dieser Zeit bedeutenden Zeitschriften, die auf das Neue Management und die höheren *cadres* der 1970er Jahre zugeschnitten sind: „Esprit", „L'Expansion", aber auch die Tageszeitungen „Le Monde" und „Le Figaro" und das Magazin „Paris Match". Die am *Centre de Sociologie Européenne* durchgeführten Studien über die Elitehochschulen *École Normale Supérieure* (ENA), *Institut d'Études Politiques* (IEP) und dem *Sciences Po* werden gleichfalls berücksichtigt. Schließlich haben die Autoren Leitliteratur aus dem Bereich Politik, Wirtschaft und Personalführung herangezogen, aus denen sich ihrer Ansicht nach jene herrschende Ideologie herausarbeiten lässt (vgl. Boltanski/Bourdieu 2008a: 20ff.). In ironischer Anlehnung an die Enzyklopädie Denis Diderots stellen sie eine „Enzyklopädie der Vorurteile und der Gemeinplätze, die an neutralen Orten verwendet werden" auf, die den provozierenden Kern der Studie bildet. Von „A" wie „Accélération" (Beschleunigung) bis „U" wie UdSSR findet der Leser zentrale Begrifflichkeiten der von Boltanski und Bourdieu untersuchten herrschenden Sozialphilosophie, die je anhand von Auszügen aus den genannten Quellen erläutert werden wie z.b. „Zukunft", „Glück", „Wandel", „Konvergenz", „Kooperation", „Kreativität", „Wachstum", „Disziplin", „Gleichheit", „Ästhetik", „Evolution", „Handicap", „Freizeit", „Produktivität", „Fortschritt", „Sauberkeit", „Realismus", „Revolution", „Transformation". Das Thema der semantischen Verschiebung einiger ehemals der Linken zugeschriebenen Topoi wie „Gleichheit" und „Revolution" hin zur symbolischen Rechtfertigung politisch machtvoller Sozialtechnologien wird Boltanski immer wieder aufgreifen. Hier kommt es in seiner noch mit Bourdieu zusammen entwickelten konstruktivistisch-strukturalistischen Lesart der Relationierung und De-Ontologisierung von Kategorien zum Ausdruck, die zugleich im Sinne einer kritischen Wissenschaft in Aktion tritt. Ausschnitte aus Fragebögen der statistischen Institute zum Verhältnis zu Sozialismus und Kapitalismus und Karikaturen aus Tageszeitungen und politischen Magazinen verweisen aus Sicht der Autoren auf das Herrschaftsinteresse an einer Entschärfung der politischen Konfliktlinien. „Der Fatalismus des Wahrscheinlichen", wie Boltanski und Bourdieu in einem Kapitel hervorheben, besteht darin, einen „rekonvertierten Konservatismus" zu etablieren, der auf einem optimistischen Evolutionismus beruht. Dabei wäre es falsch, diesen Konservatismus allein in Hinblick auf seine reaktionären Bestände hin zu betrachten: Den noch aus dem 19. Jahrhundert übernommene mitleidsvolle Blick der linken Bourgeoisie auf die Arbeiterklasse halten die Autoren für nicht minder konservativ, nur insofern gefährlicher, als dass er seinen Beitrag zu diesem neuen Konglomerat naiv übersehe (vgl. Boltanski/Bourdieu 2008a: 71).

Die Reaktion auf diese Ausgabe der ARSS war Boltanski zufolge zugleich überwältigend wie gespalten. Zum einen gewann die Gruppe große Aufmerksamkeit und weitere Mitglieder, Freunde und Anhänger. Zum anderen rief die scharfe Polemik der Ausgabe, die vor „den eigenen Leuten", d.h. der intellektuellen Linken nicht halt machte und zugleich von den soziologischen Analysemethoden eindeutig politischen Gebrauch machte, nicht nur den Hass der politischen Rechten hervor, sondern auch der gemäßigten Linken, die, so Boltanski im Rückblick, ihren Beitrag zur neuen herrschenden Ideologie eher negieren als sich mit ihm auseinandersetzen wollte (vgl. Boltanski 2008b: 104).

## Die Konstruktion einer neuen sozialen Kategorie: „Les cadres"

Unter der Leitung Bourdieus entwickelt Luc Boltanski ein breites Themenspektrum soziologischer Fragestellungen, die sich durch praxistheoretische und methodologische Komplexität auszeichnen: Feldstudien, statistische Analysen, Interviews und Historiographie laufen auf ein immer deutlicher hervortretendes Interesse für die Dekonstruktion von soziologisch-demographischen Klassifikationssystemen hinaus, die auf der kritischen Auseinandersetzung mit naturalisierten sozialen Kategorien beruhen. Die mit Bourdieu entwickelte methodische De-Ontologisierung struktureller Klassifikationen, d.h. eine Fragmentierung ihrer inneren Zusammensetzung und Genese kristallisiert sich zunehmend als ein zentrales Motiv seiner Arbeiten heraus. Die bereits in „La Production de l'Idéologie dominante" angewandte explorative Methode der Diskursanalyse unterschiedlicher Textgattungen und –Genres wie politik- und wirtschaftswissenschaftliche Quellen, Lexika, Managementliteratur und Zeitschriften und das Interesse an möglichst unterschiedlichem Analysematerial, das von wirtschaftsphilosophischen Analysetypen bis hin zum Zeitungsleserbrief, dem ironischen Comic-Strip oder dem Hörerradio reicht, wird ihn fortan begleiten.

In seinem 1982 erschienenen Werk „Les cadres" („Die Führungskräfte") wird dieses Vorgehen erstmalig systematisiert. Luc Boltanski untersucht in seiner Doktorarbeit die historischen, ökonomischen, kulturellen und strukturellen Bedingungen für die Herausbildung dieser sozialen Gruppe, die im Laufe der 1950er und 1960er Jahre zur zentralen Drehscheibe des französischen Arbeitsmarktes geworden war. Weit davon entfernt, lediglich eine Variante der in Deutschland in dieser Phase durch Helmut Schelsky prominent gewordenen „nivellierten Mittelschicht" zu repräsentieren, fokussiert Boltanski mit den statistischen, ethnographischen und reflexiven Werkzeugen des Soziologen auf die Spezifität der französischen Sozialdynamik und analysiert das kulturelle Selbstverständnis dieser durch extreme Heterogenität geprägten Gruppe materialreich und detailgetreu. Boltanski hat die Abgrenzungs- und Anpassungsdynamiken der *cadres* beobachtet und stellt ihre jeweiligen sozialen und kulturellen Erbschaften, ihre alltagskulturellen Praktiken, ihre Ambivalenzen, ihr Parvenu-Gebaren und ihre Frustrationen in ein spannungsreiches Gesamtbild. Diese Studie, veröffentlicht bei den prestigereichen *Éditions* *de Minuit*⁵, fand sowohl in der französischen Soziologie, als auch in den Wirtschafts- und Kulturwissenschaften ein breites Echo in einer Zeit, in der die Industriesoziologie in Frankreich einen Boom erlebte. Sie kann als Bestandsaufnahme der französischen Geschichte und Gegenwart der beginnenden zweiten Hälfte des zwanzigsten Jahrhunderts gelesen werden, in der Biltanski die Transformationen der kapitalistischen Gesellschaft thematisiert, die er später mit der Ökonomin Ève Chiapello in „Der neue Geist des Kapitalismus" (1999) weiter entwickeln wird. Mit den „Führungskräften" manifestiert sich aber auch Boltanskis Abkehr von der Bourdieu-Schule und von seinem ehemaligen Lehrer und Kollegen. Boltanski hat sich gänzlich für das in der Bourdieuschen Theorie zentrale Konzept des Habitus verabschiedet, dessen klassenspezifisch-generierende Anwendung aus seiner Sicht zu einer Re-Ontologisierung der sozialen Kategorien geführt hatte, die Bourdieu eigentlich überwinden wollte.⁶ Mit seiner Studie über die *cadres* markiert Boltanski seine Eigenständigkeit gegenüber den erlernten Analyseinstrumentarien am *Centre de Sociologie Européenne* und radikalisiert den konstruktivistischen Ansatz der strukturalistischen Vorgehensweise Bourdieus. Im Kontext der zeitgenössischen Professionssoziologie hebt Philippe Corcuff die Besonderheit der Perspektive Boltanskis hervor: „Das vorgeschlagene Vorgehen unterscheidet sich von den üblichen Problematisierungen sozialer Gruppen (der Art: Wie wird die Gruppe der ‚cadre' definiert? Wer ist ‚cadre'? Wieviele ‚cadres' gibt es? usw.), die zumeist von der Evidenz der existierenden Gruppe ausgehen, wie eine klar begrenzte und eingrenzbare Sache, die sich aus der wirtschaftlichen und/oder technischen Ordnung begründet." (Corcuff 1995: 85) Die „Entstehung" einer sozioprofessionellen Gruppe ist hier nicht genealogisch gemeint, sondern Ausdruck einer andauernden Produktions-, Definitions- und Repräsentationspraxis, die im öffentlichen und privaten Diskurs immer wieder neu verhandelt, verteidigt und diskutiert wird. Luc Boltanski stellt damit erstmals systematisch seinen Beobachtungsfokus in den Mittelpunkt, der sich auf die Übergänge von Handlungsregimes konzentriert, indem er die Wechselwirkungen historisch etablierter Handlungsorientierungen und den diese kritisierenden Praktiken untersucht.

Boltanski beschreibt den ideologischen Wandel der französischen Gesellschaft der Nachkriegszeit und kann sich dabei auf die zahlreichen Studien stützen, die er in den rund dreizehn Jahren der Zusammenarbeit mit Bourdieu und dessen

---

5 Die *Éditions de Minuit* wurden 1941 illegal von dem Zeichner Jean Bruller und dem Schriftsteller Pierre de Lescure unter deutscher Besatzung gegründet, um die Résistance zu unterstützen und widerständige Literatur zu veröffentlichen. Nach der Befreiung Frankreichs etablierte sich *Minuit* im Laufe der Nachkriegsjahre zu einem der wichtigsten Verlage Frankreichs für Literatur, Poesie sowie Geistes- und Gesellschaftswissenschaften.
6 Darauf wird im zweiten Kapitel ausführlicher eingegangen.

Team durchgeführt hat. Neu ist allerdings die systematische Integration der moralischen Leitbilder, die diesen Wandel ermöglichten und begünstigten. Demzufolge findet das französische Neue Management, das insbesondere durch die in den 1960er Jahren in den USA etablierte Sozialpsychologie Kurt Lewins beeinflusst ist, im Kontext der durch den Faschismus traumatisierten europäischen Gesellschaften, die nach demokratischen Neuorientierungen streben, einen hohen Grad an gesellschaftlicher Akzeptanz. Im Neuen Management verbinden sich utopistische Vorstellungen einer auf Gleichheit basierenden Gesellschaft mit ökonomischen Optimierungsstrategien international beschleunigter wirtschaftlicher Akkumulationsprozesse. „Akkumulation" und „Akkulturation" sind keine Gegensätze mehr, sondern finden zeitgleich, nicht zuletzt mit Hilfe des know-hows von Soziologen und Psychologen Einlass in ein neues Professionsethos, dessen depolitisierenden und enthistorisierenden Effekte Boltanski kritisiert. Die Kategorie der *cadres* führt ihm zufolge zu einer symbolischen Vereinheitlichung, die ihre interne Komplexität, d.h. die höchst unterschiedlichen schichtspezifischen Zugehörigkeiten, Chancen und Grenzen der zu dieser Kategorie gerechneten Personen verdeckt.

Im öffentlichen Diskurs steigen die Zahl und Auflagen einer Reihe von Publikationsreihen, welche die *cadres* zum neuen Zielpublikum ausrufen, und die Luc Boltanski bereits mit Bourdieu als Datenmaterial nutzte. Es handelt sich um Zeitschriften und Handbücher, die moderne Lebensführung und ein Ethos des ständigen Fortschritts in die öffentliche Diskussion tragen. Anhand dieser Dokumente, der Auswertung von Industrie-Ethnographien, sowie eigener teilnehmender Beobachtungen auf Empfängen und in Gesprächen mit unterschiedlichsten *cadres* aus dem Pariser Raum zeigt Boltanski, wie aus einem heterogenen Ensemble ein relevanter „Kollektivkörper" entsteht, dessen Innen- und Außendynamik in nahezu allen gesellschaftlichen Feldern ihre Spuren hinterlässt. Den Nachweis der inneren Heterogenität der *cadres* erbringt Boltanski zugleich mit dem Anspruch, seine Annahme von der Unwahrscheinlichkeit sozialer Ordnungen ausgerechnet anhand einer im französischen *common sense* als besonders homogen wahrgenommenen Kategorie zu entfalten – dem technokratischen Typus des aufsteigenden Ingenieurs aus gutbürgerlichem Hause.

Das Buch kann wohl als eine der besten französischen Professionsanalysen der 1970er Jahre bezeichnet werden, die auch heute noch verwandte und anknüpfende Diskussionen über die Transformationen der Arbeitswelt und der sozialen Kategorienbildung zu inspirieren vermag. Es beginnt mit der Selbstbeschreibung eines arbeitslosen *cadre*, der dem Autor die Höhen und Tiefen seines Karriereverlaufs anvertraut. Dieses Selbstzeugnis ist zugleich eine Selbstdarstellung, eine Interpretation der eigenen Geschichte, die sinnstiftend auftritt und zugleich widersprüchliche Positionierungen, Einstellungen und Handlungsoptionen exemplarisch widerspiegelt. „Der Zustand der Ungewißheit" (FK: 33ff.) wird hier als typisches und grundlegendes Merkmal der mittelständischen Profession deutlich und er bildet zugleich den Ausgangspunkt der Studie. Denn die begehrte soziale Identität des *cadre* ist eine fragile Größe; in dem Wechsel der sprachlichen Register wechselt sich auch virile Männlichkeit mit der Angst vor illegitimem Benehmen ab. Die firmenspezifischen Strategien zur Eingrenzung solcher Ressentiments variieren je nach Größe, Lage und Betrieb, doch ihnen ist gemein, dass sie die Modernität und damit Legitimität des Neuen Managements aus der Formel „Leistung statt Erbe" begründen, die sich folgendermaßen ausdrückt: „‚Hier', sagt M., um sein Unternehmen dem kleinen ‚patriarchalischen' Unternehmen gegenüberzustellen, in dem er seine Schlappen erlitten hat, ‚hier sind Leute im grauen Anzug anstelle von Leuten im Golfdress.' Gibt es eine bessere Art, um die vorbehaltlose Zustimmung zu einer Ideologie auszudrücken, die Leistung an die Stelle von Erbe setzt, auf Kompetenz und Erfolg gegründete Legitimität an die Stelle der auf Geld gegründeten, Führungsautorität an die Stelle von Eigentümermacht?" (FK: 38) Der „protestantische Geist" nach Max Weber wird hier sichtbar. Boltanski vermeidet allerdings den Weberschen Begriff des Professionsethos, ist er doch aus seiner Sicht zu vereinheitlichend, wo es ihm darum geht, die innere Differenziertheit und Komplexität der *cadres* herauszuarbeiten, sowie die Fähigkeit dieser Kategorie, soziale Widersprüche unsichtbar zu machen.

In diesem Sinne gilt es aus Sicht der Großunternehmen der Nachkriegszeit, einen „esprit comme il faut" zu kreieren, der auf „maximale Kompetenzen" (FK: 39) setzt, die den Unternehmen den Vorzug einer Doppelstrategie erlauben: Einerseits investieren sie in die kulturelle Kompetenz und Anpassungssteigerung der *cadres*, und de-investieren, d.h. sie ziehen ihre Förderungsmechanismen punktuell zurück, um allzu ausufernde Karriereansprüche einzudämmen. Dadurch verfeinern die Unternehmen interne arbeitsorganisatorische Differenzen und versuchen zugleich, diese unter Kontrolle zu halten. Nach Boltanski wird diese recht erfolgreiche Strategie ökonomisch durch systematische Auslagerungen in die so genannten Dritte-Welt-Staaten und in die ehemaligen Kolonien begünstigt. Die Deregulierung der Arbeit an den fernen Standorten ermöglicht eine Profitsteigerung innerhalb der Industrienationen, so dass die prosperierende Wirtschaft der 1960er Jahre mit einer bis dahin ungekannten Verbesserung der Sozialleistungen und kulturellen Annehmlichkeiten verbunden ist, die dem amerikanischen Traum des „Jeder-kann-es-schaffen" eine nahezu ungefragte Autorität in den aufsteigenden *cadre*-Kreisen verleiht. Diese Ideologie, so Boltanski, geht mit einem dem französischen Militär entlehnten technokratischen Corpsgeist einher, in dem Nationalismus und Multinationalismus wie Antagonismen der Selbstverortung fungieren, die je für veraltete oder moderne Professionsprinzipien geltend gemacht werden: „[I]m Weltmaßstab auf der einen Seite Frankreich, wo durch die Schuld eines absurden und ungerechten ‚Systems', ‚keiner mehr arbeiten will' und auf der anderen Seite die Vereinigten Staaten, Japan (wo ‚das Unternehmen ein Teil von einem selbst ist') und vor allem Westdeutschland, wo der geordnete und komfortable Raum des Unternehmens auf das ganze Land übertragen und ausgedehnt wird." (FK: 41)

## Dekonstruktion und Rekonstruktion einer sozialen Kategorie

Boltanski fragt nach dem Stellenwert und der Funktion der soziologischen Analyse, die er seiner empirischen Untersuchung selbstreflexiv voranstellt. Das besondere Merkmal des Gegenstandes liegt Boltanski zufolge in dem Rätsel der sozialen Zuordnung, das die Nominalkategorie des *cadres* sowohl den Akteuren selbst als auch den Soziologen aufgibt (vgl. FK: 43). Seine eigene, konstruktivistische Auffassung einer solche Zuordnung betont er in seiner Kritik an substanzialistischen Auffassungen von sozialen Gruppen, die ihre eigene Konstruktion positivistisch rechtfertigen, ohne ihre empirische Komplexität zu berücksichtigen, „was darauf hinausläuft, wie Wittgenstein sagt, ‚nach einem Ding [zu] suchen, das [dem Substantiv] entspricht." (FK: 45) Gerade aber weil die Heterogenität der *cadres* eine solche Substanzialisierung nicht zulässt, erweist sich ihre Vergegenständlichung als probates Gegenmittel (vgl FK: 46). Aus diesem Grund legt Boltanski seinen Beobachtungsfokus plausibel auf die Neudefinitions- und Repräsentationsarbeit, die seit der Herausbildung dieser Gruppe geleistet wird und sie damit zu einem sozialen Tatbestand gemacht hat – in der Gesellschaft, in ihrer Selbstsicht und damit auch für die Soziologie. Scheint hier der Geist Durkheims zu sprechen, so schließt Boltanski sogleich mit der bereits von Bourdieu formulierten Kritik am französischen Begründer der soziologischen Disziplin an: Dieser habe die Frage des inneren Zusammenhalts, der Kohäsion von Kollektivkörpern vernachlässigt. Boltanski setzt dagegen auf eine erkenntnistheoretische Strategie der Dekonstruktion und der Rekonstruktion, „um die Gruppe nicht als eine ‚Sache', sondern als das objektivierte Produkt einer Praxis zu behandeln [...]." (FK: 49) Es handelt sich um „das Auftreten einer neuen sozialen Gruppe[, die] das Ergebnis einer langfristigen Strukturverschiebung ist, die sich gleichzeitig auf die objektiven Eigenschaften und auf die Vorstellungen auswirkt." (FK: 50ff.) Damit formuliert Boltanski seine Kernthese und zugleich das Interesse seiner Perspektive – die Beobachtung struktureller Verschiebungen.

Boltanski geht folgendermaßen vor: Zunächst „dekonstruiert" er die Kategorie der *cadres*, d.h. er zerlegt sie hinsichtlich ihrer historischen, politischen, strukturellen und kulturellen Vielgestaltigkeit. Er beginnt mit der historischen Entstehung der Gruppe, die er auf die Phase zwischen den beiden Weltkriegen des zwanzigsten Jahrhunderts zurückdatiert und beschreibt ihre Genese innerhalb des sozialen, politischen und kulturellen französischen Raumes bis zum Ende der 1960er Jahre. Im Folgenden widmet er sich der spezifischen Faszination, die der US-amerikanische Import des „New Managements", insbesondere die modernen psychologischen Arbeitstechnologien, auf die französischen Führungseliten ausübte und wie diese zur Transformation des Arbeitsmarktes beitrugen. Im Anschluss daran „rekonstruiert" er die *cadres* als eine „fertige soziale Gruppe" und analysiert ihre innere Ausdifferenziertheit anhand zweier Pole: einem symbolischen – dem „Feld der Repräsentationen" im Sinne der komplizierten Selbstverortung und einem institutionellen – „Universitäten und Unternehmen". Die Repräsentationen und die Institutionen der *cadres* befinden sich im Zuge der studentischen und sozialen Bewegungen 1968 unter hohem politischen Druck, weil sie mit einer Kritik konfrontiert sind, die alte Sozialordnungen einerseits radikal hinterfragt, andererseits aber auch soziale Differenzen potenziert. Die von den Bewegungen in die Öffentlichkeit getragene Ablehnung traditioneller hierarchischer Herrschaftskonzepte führt zu einer erhöhten Akzeptanz deregulierter Organisationsformen in diesen Schichten. Schließlich beleuchtet Boltanski die Karriereverläufe der *cadres* im Anschluss an diese Dynamiken in Hinblick auf ihre strukturellen Unsicherheiten. Er fasst diese drei Aspekte als „Kohäsion eines unscharfen Ensembles" zusammen, womit er die These vertritt, dass alle Aufstiegs- und Abstiegstendenzen der Gesamtheit der Werktätigen in Relation zu den *cadres* interpretiert werden können. Ausnahmen bestätigen die Regel. Im Epilog kehrt Boltanski noch einmal zu dem eingangs eingeführten entlassenen *cadre* zurück, der sich, nunmehr endgültig desillusioniert von den Erfolgsversprechen des Marktes, in die so genannte Provinz zurückgezogen hat und, sich in Ressentiments über seine Vorgesetzten und Kollegen ergehend, im Landleben seine Erfüllung sucht. Boltanski betont, dass die von ihm erhobenen Repräsentationen aus der Kombination quantitativer (statistischer), politischer und qualitativer Quellen Idealtypen entsprechen, die in der gesellschaftlichen Wirklichkeit weitaus komplexer sind. Er referiert auf Durkheims Prämisse, derzufolge das Soziale nur mit dem Sozialen zu erklären sei, die er in der vorgelegten Studie bestätigt sieht. Auf der Suche nach den Prinzipien, die das „Kollektivsubjekt" zusammen halten, stellte sich heraus, dass die Desorganisation des sozialen Raumes durch die neuen Sozialtechnologien zu einer erhöhten Bindungskraft dieses Kollektivsubjektes beigetragen hatte – Desorganisation meint hier: die Ausdifferenzierung, Deregulierung und Neukonfigurierung der Berufe. In diesem Sinne versteht Boltanski die soziale Kohäsion – die durchaus auch hätte scheitern können, wenn man die Vielzahl der verschiedenen Interessenlagen der „hohen" und der „niedrigen" *cadres* bedenkt – als ein Produkt der Binnenfraktionierung des Feldes, die von symbolischer Bedeutung ist: „Es gibt unzählige [...] Redeweisen oder andere symbolische Praktiken, mit denen sich die *cadres* taxieren und messen, erniedrigen und erhöhen [...] als wollten sie sich den Spielraum freihalten – aber im wesentlichen subjektiv und gewissermaßen fantasmatisch –, den sie brauchen, um ‚was zu tun', ‚was einzufädeln', [...] ‚sich bemerkbar zu machen' oder Pläne zu ersinnen, deren Realitätsbezug so vage ist, dass sie den Namen ‚Strategien' kaum verdienen." (FK: 311) Auch der Zynismus – gängiges Ausdrucksmittel von Ohnmacht der beherrschten Herrschenden – ist ein Indiz für allgegenwärtige Statusunsicherheiten: „[G]erade indem sie sich ‚illusionslos' oder ‚zynisch' geben, liefern die *cadres*, die in den Unternehmen die Macht ausüben oder auszuüben glauben, den stärksten Beweis ihrer unbedingten Besonderheit, ihres Privilegs, all dessen, weswegen ihre Zugehörigkeit zur Berufsgruppe eine Selbstverständlichkeit ist und keiner Erwähnung bedarf, ihrer Authentizität." (FK: 313)

Auch die schwächeren „Aggregate" dieses unscharfen Ensembles – wie z.B. die Gewerkschaften – stricken an seiner symbolischen Repräsentation mit, indem sie das zentrale Bezugsgut – den Titel „*cadre*" – zum Dreh- und Angelpunkt ihrer politischen und sozialen Interventionen machen (vgl. FK: 315). So fasst Boltanski die soziale Schlüsselstellung dieser Gruppe prägnant zusammen: „Denn in Wirklichkeit hat die Gruppe der *cadres* schon durch ihre Existenz, indem sie nämlich versprengte und in mancher Hinsicht konfligierende Fraktionen in einer einzigen symbolischen Einheit vereinte, am wirkungsvollsten zum Erhalt der Gesellschaftsordnung beigetragen." (FK: 316) Gegen die klassisch marxistische Kritik konnte Boltanski zeigen, dass die Stellung innerhalb des Produktionsprozesses allein nicht ausreicht, um die Komplexität der Antriebsstrukturen und Legitimationsmechanismen zu erklären, die den sozialen Raum bestimmen. Und anstatt per se von „Ordnungen" auszugehen – die doch recht abstrakte Größen sind – gelte es vielmehr, von deren Unwahrscheinlichkeit auszugehen und ihre Existenz, Dauer und Verstetigung überhaupt zu erklären – diese seien alles andere als selbstverständlich (vgl. FK: 320ff.). Die gelungene Institutionalisierung der *cadres* als zentrales und zentrierendes Berufsbild in der französischen Gesellschaft der 1970er und 1980er Jahre fasst er abschließend zusammen: „Nur unter der Voraussetzung, daß sie [die Kategorie der *cadres*, T.B.] sich explizit und kollektiv über das für sie Typische konstruiert, d.h. über etwas, das spezifisch und universell zugleich ist, kann die Besonderheit aus der Ordnung des Nicht-Formulierbaren, Privaten, Nicht-Signifikanten oder, besser gesagt, der lokalen Eigenart heraustreten. Was aber damit errungen ist, ist für andere unwiederbringlich verloren: erlangt eine neue soziale Gruppe Zutritt zur Ordnung der Repräsentation, ist die Voraussetzung dafür die Verdrängung anderer, mit ihr konkurrierender potentieller Formen sozialer Gruppenbildung." (FK: 321)

Mit seiner Studie über die französischen Führungskräfte hat Luc Boltanski Ende der 1970er Jahre eine Zäsur seines Schaffens eingeleitet, die in den darauf folgenden Jahren zu einer immer profilierteren Entwicklung eines eigenen soziologischen Programmes führt. Die eingangs genannten drei Motive im Werk Luc Boltanskis – die erkenntnistheoretische Grundannahme der Unwahrscheinlichkeit sozialer Ordnungen, der auf Phänomene des Übersetzens von Handlungsregimes gelegte Beobachtungsfokus und schließlich die methodologische De-Ontologisierung von Strukturen, Kategorien und Klassifikationen durchziehen Boltanskis frühe Arbeiten bis zu Beginn der 1980er Jahre. Sie sind durch die Bourdieu-Maschine gegangen, und haben von dessen schöpferischer Analysemethode profitiert. Doch ist Boltanski mit ihnen auch an Grenzen gestoßen, welche die Weiterentwicklung dieser drei Motive zu verhindern schienen. Für die Radikalisierung seiner Methode war der Pragmatismus zu diesem Zeitpunkt eine naheliegende und, wie zu sehen sein wird, gewinnbringende Option.

## 2 Praktischer Sinn als Möglichkeitsraum: Die pragmatische Wende des GSPM

### Das schwierige Erbe des Strukturalismus: Kritik am „patron"

Die „Hommage durch Praxis" an Pierre Bourdieu, die Luc Boltanski 1982 der Veröffentlichung seiner Dissertation über die französischen Führungskräfte vorangestellt hatte, vollzieht sich nicht mehr aus einem Schüler-Lehrer, bzw. Angestellten-Vorgesetzten-Verhältnis, sondern auf Augenhöhe. Boltanski hatte sich Ende der 1970er Jahre aus der Gruppe um Bourdieu zurückgezogen, um sich unabhängig von seinem „patron" zu machen. Er wählt nicht Bourdieu, sondern den Sorbonne-Professor Pierre Ansart zum Betreuer seiner Doktorarbeit. Ansart hat sich durch seine Arbeiten über den Anarchisten Pierre Joseph Proudhon einen Namen gemacht. Der letzte gemeinsame Aufsatz von Luc Boltanski und Pierre Bourdieu, „Changes in social structure and changes in the demand for education" erscheint 1978. Damit währte die Zusammenarbeit, die zwischen 1970 und 1976 fast täglich stattfand, rund sechzehn Jahre. Nach dem Tode Bourdieus im Januar 2002 berichtet Boltanski, dass der zunehmende Positivismus insbesondere des Habitus-Konzeptes für ihn zu einem Erkenntnishindernis wurde, dem er sich zu entziehen suchte (vgl. Boltanski 2002). Das Verhältnis Boltanskis zu Bourdieu blieb im Laufe der Jahrzehnte jedoch alles andere als eindeutig. In den letzten Jahren, d.h. seit 2006 lässt sich zweifellos eine Wiederannäherung an die Positionen Bourdieus verzeichnen, die sich insbesondere durch die Neuauflage der „Réproduction de l'idéologie dominante" ausdrückt, die Luc Boltanski mit einem kommentierenden Begleitbuch 2008 in der von Pierre Bourdieu gründeten Edition „Raisons d'agir" veröffentlicht.

Über die Jahrzehnte gesehen zeigt sich die Haltung Boltanskis gegenüber Bourdieu gespalten. Er verfolgt an spezifischen Punkten andere Ziele als sein Lehrer und benötigt dazu die Kritik an diesem ebenso, wie Bourdieu die Kritik an Claude Lévi-Strauss brauchte, um seine Praxistheorie zu entwickeln; in wesentlichen methodologischen Grundzügen jedoch stets am Strukturalismus festhielt. Es ist insbesondere die strukturalistische Perspektive, die Boltanski in eine Reihe mit seinen Vorgängern stellt und die den häufig als programmatisch dargestellten

„Bruch" mit Bourdieu in der Gesamtschau seines Werkes nur teilweise plausibel macht. Und es ist andererseits auch die durch Boltanski mit formulierte Kritik am Strukturalismus, die diesem Paradigma im französischsprachigen Raum noch immer eine Virulenz verleiht, die im deutschsprachigen Raum kaum denkbar wäre. Dies hängt nicht nur mit der spezifischen Deutungskraft der strukturalen Methode zusammen, die bereits auf höchst schöpferische und plausible Weise in Frage gestellt wurde. Es reicht, dass nach dem Strukturalismus noch kein anderes Erkenntnisverfahren eine solche Vielzahl an sowohl fachlich als auch inhaltlich bahnbrechenden Strömungen, interdisziplinären Neuerungen und Revisionen innerhalb der französischen Geisteswissenschaften hervorgebracht hat. Die französische Soziologie ist ohne ihren Bezug auf den Strukturalismus nicht zu verstehen. Der französische Strukturalismus speist sich heute sicher, anders als in den 1960er Jahren, weniger aus seinen Anhängern als aus seinen Kritikern, aber sie sind es auch, die ihm durch ihre Angriffe immer wieder den Status eines würdigen Gegners verleihen – hier ist Bruno Latour das wohl beste Beispiel.

Nicht zufällig war es auch Latour, der Boltanskis Abkehr von Bourdieu schon deshalb bestärken konnte, weil Latours Anti-Strukturalismus den wohl ambitioniertesten Anspruch auf einen Paradigmenwechsel nach Bourdieu einfordert. Selten wurde Boltanskis va-et-vient in Bezug auf Bourdieu besser auf den Punkt gebracht, als in dieser Fußnote Bruno Latours in „Eine neue Soziologie für eine neue Gesellschaft": „Boltanskis Soziologie ist halb eine Kantianische Philosophie und halb eine neue Aufmerksamkeit für versammelnde und zirkulierende Aussagen. Es macht keine Schwierigkeit, die zweite zu verlagern und die erste loszuwerden." (Latour 2007: 399) In der Linie der kantianisch-rationalistischen Durkheim-Schule und dem aus ihr hervorgegangenen Strukturalismus bildet Boltanskis Soziologie in der Tat die Fortsetzung einer für die französische Soziologie typischen epistemologischen Kontinuität (vgl. Trom 2008: 120). Diese Denktradition wurde schon zu Lebzeiten Émile Durkheims durch Jean-Marie Guyau, Gabriel Tarde, Henri Bergson und später Gilles Deleuze durch eine prestigereiche anti-kantianische Sozialphilosophie in Frage gestellt, in deren Genealogie sich Latour heute einreiht. Sie macht das radikal-empiristische Misstrauen gegenüber dem Vorrang des Geistigen als Ursprung von Erkenntnis zum Ausgangspunkt aller Reflexion. Die Gegensatzspannung zwischen diesen beiden Strömungen hat in der Geschichte der französischen Soziologie, in der Wissenschaftsgeschichte, Epistemologie und empirische Forschung systematisch zusammen reflektiert werden, zu einer hochproduktiven Auseinandersetzung um das Verhältnis von Theorie und Praxis geführt. Sie erklärt den Erfolg der Praxistheorie Bourdieus, aber auch die Vehemenz ihrer Infragestellung. Denn anders als beispielsweise im angelsächsischen Raum konnten sich auch die radikalen Kritiker von empiriefernen Großtheorien nie mit einer rein mikrosoziologischen Perspektive zufriedengeben. Zur radikal-empiristischen Position gesellte sich zumindest der Anspruch auf eine solide Wissenschaftstheorie[7] – und sei es, wenn sie im Fall von Latour in jüngster Zeit als „Theorie der Sozialtheorie" auftritt. Die Aufmerksamkeit Boltanskis für „versammelnde und zirkulierende Aussagen" stellt den inneren Gegenpol zu seiner weiterhin präsenten strukturalistischen Analysestrategie dar. Kontingente, widersprüchliche, nicht-lineare Praktiken und Phänomene treffen in beweglichen Netzwerken aufeinander, die weiterhin strukturierende Eigenschaften haben, doch zugleich offensichtlicher und vielfältiger sind als dies im „klassischen" Strukturalismus der Fall war. Diese Praktiken und Phänomene müssen also anders erfasst werden, was eine fundamentale Verschiebung der Position des Soziologen selbst mit sich bringt: Er hört auf, Diagnostiker und Analytiker zu sein, der das „Unbewusste" der Akteure durch die Übersetzung ihrer Handlungen in eine allgemeine soziale Grammatik herausarbeitet. Stattdessen greift er ihr spezifisches Wissen und ihren genuinen praktischen Sinn auf, macht sie zu Spezialisten ihres eigenen Sozialraumes und integriert dieses Wissen in die soziologischen Deutungsinstrumente. Der Anspruch, strukturelle Analyse mit einer Netzwerkanalyse zu verbinden, kündigt sich bei Boltanski schon sehr früh an: In dem bereits erwähnten Aufsatz „L'espace positionnel. Multiplicités des positions institutionnelles et habitus de classe" von 1973 wird dies schon im Titel deutlich – werden doch „Multiziplität" – (im Sinne netzwerkartiger Positionsverschiebungen) und „Habitus" (als Kreuzpunkt von Sozialstruktur und Praxis) üblicherweise als unvereinbare Kategorien aufgefasst. Ähnlich wie er später am Beispiel der *cadres* zeigen kann, benötigen die Angehörigen der herrschenden sozioprofessionellen Kategorien zur Ausübung ihrer gesellschaftlichen Macht zwar eine definitorische Vereinheitlichung ihrer eigenen Existenz, weshalb sie dazu tendieren, ihre internen Spannungen und Widersprüche zu verdecken. Doch lässt sich diese Praxis nicht allein aus einer strukturellen Logik heraus erklären. Es ist vielmehr die Praxis der Bezugnahme und der konkreten Übersetzung in spezifische Handlungsformen, auf die sich Boltanski fortan spezialisieren wird, indem er die innere Vielfalt spezifisch klassengebundener Habitusformen wie unter einem Vergrößerungsglas hoch dimensioniert, den Habitus selbst einer strengen Prüfung unterwirft und diesen letztlich für obsolet erklärt.

Boltanskis Zweifel an der klassifikatorischen Reproduktionsmacht des Habitus nährte sich Ende der 1970er Jahre und zu Beginn der 1980er Jahre durch die

---

7 Dies mag u.a. mit der Schlüsselstellung Gaston Bachelards zusammenhängen, der sowohl den für das Denken Latours einflussreichen Michel Serres zutiefst prägte als auch die Epistemologien Foucaults und Bourdieus.

Auseinandersetzung mit so unterschiedlichen Autoren wie Ludwig Wittgenstein, Paul Ricœur, Jeanne Favret, Bruno Latour und der Ethnomethodologie. Als besonders einschneidend bezeichnet er die Begegnung mit dem Werk Paul Ricœurs im Sommer 1981 zum Zeitpunkt der Fertigstellung seiner Doktorarbeit über die *cadres*. Ricœurs hermeneutische Philosophie des Selbst, die später insbesondere in Boltanskis Arbeit über die „condition foetale" (vgl. Boltanski 2007) eine zentrale Rolle spielen wird, rückte Boltanskis Aufmerksamkeit auf die Fragen der Interpretationstechniken, des Körpers, der Erfahrung und der Sprache (vgl. Boltanski 2006: 50ff.). Eine mit Alain Desrosières und Laurent Thévenot am INSEE durchgeführte Studie über statistische Nomenklaturen und über den Streit, den die untersuchten Akteure über Klassifikationssysteme führen, ermöglichten ihm, Ricœurs Philosophie praktisch zu reflektieren: „Ricœur half mir auch, die Intuition Durkheims aufzugreifen, derzufolge sich die moralische Sorge im Zentrum der Diskussionen und dem Streit zwischen menschlichen Existenzen in der Gesellschaft befindet. [...] Das meinten wir, als wir sagten, wir wollen die Philosophen wie die Grammatiker der sozialen Verhältnisse benutzen, denn sie haben die ursprünglichen Rechtfertigungsgrammatiken formalisiert." (Boltanski 2006: 52) Er bemerkt an anderer Stelle: „Diese unterschiedlichen Arbeiten, die einerseits philosophischer Natur waren und sich andererseits auf empirische Studien bezogen, verdeutlichten mir, dass ein blinder Fleck in der Art und Weise der Dekonstruktion blieb, die Bourdieu umsetzte, d.h. in der ‚Wissenschaft', die eine sowohl beschreibende als auch normative Stellungnahme zugrunde legen sollte, von der ausgehend die Dekonstruktion der anderen Positionen möglich war. Aber der richtige Wandel zeichnete sich ab, als ich meine Arbeit zu Beginn der 1980er Jahre auf die Frage der ‚Affären' konzentriert habe. Das erste Ergebnis dieses Wandels war meine Arbeit über ‚Die Anklage' [vgl. Boltanski 1990, T.B.], die zugleich meine letzte Veröffentlichung in den *Actes* wurde und dort nur schwer akzeptiert wurde. In diesem Aufsatz findet sich bereits ein Großteil des Programms, das wir anschließend entwickelten. Es handelte sich gewissermaßen um ein relativistisches Programm, in dem der Relativismus sehr viel weiter getrieben wurde, als Bourdieu es getan hatte, der letztlich immer auf eine soziologische Erklärung zurück fiel, welche die Gründe der einen und der anderen zusammenfasste und auf diese Weise die Wahrheit dessen begründete, was sich abgespielt hatte. Aber diese Wende hat schnell Spannungen mit Bourdieu hervorgerufen, der befürchtete, dass diese Position die Robustheit der ‚Wissenschaft' ablösen könnte, an der er sehr festhielt – was bei ihm hieß: ‚nicht an dem Ast sägen, auf dem man sitzt.'" (Boltanski: I09) Boltanskis Ansatz entfernt sich von dem Bourdieus durch eine neuartige Technik der Verallgemeinerung von Koordinationsprinzipien, die pluralistisch argumentiert und stärker auf die innere Kontingenz von Verbindungen setzt als auf ihre ordnende Wirkung – ausgehend von seiner erkenntnistheoretischen Voraussetzung der Unwahrscheinlichkeit von Ordnungen. 1984 gründet Boltanski zusammen mit Laurent Thévenot und einer Reihe anderer Kollegen an der EHESS Paris den bis heute bestehenden *Groupe de sociologie politique et morale* (GSPM) und schafft damit den institutionellen Rahmen für die von ihm von nun an verfolgte „pragmatische Soziologie der Kritik".

## In mehreren Welten handeln: Der GSPM

Der GSPM umfasst heute ca. 60 Mitglieder, die Hälfte davon Studiendirektoren, wissenschaftliche Mitarbeiter und Dozenten, die andere Hälfte Doktoranden. Der Großteil wurde im Fach Soziologie ausgebildet, forscht und lehrt in diesem Bereich; weiterhin sind die Philosophie, die Geschichtswissenschaften, die Ethnologie und die Politikwissenschaften vertreten. Gegenwärtig wird der GSPM von dem Philosophen und Sorbonne-Professor Bruno Karsenti geleitet, der sich als Durkheim-Spezialist, aber auch durch seine Arbeiten über Auguste Comte, Marcel Mauss und Pierre Bourdieu einen Namen gemacht hat. An seiner Figur spiegelt sich auch die heutige Position des GSPM zum Erbe Durkheims und Bourdieus wider – es wird kritisch reflektiert und einer erkenntnistheoretischen Revision unterzogen und nicht mehr verdammt wie noch in der Gründungsphase. Kritik und Nähe sowohl zu Bourdieu als auch zu Bruno Latour gestalten sich innerhalb der Gruppe sehr unterschiedlich, z.T. strittig und insgesamt produktiv. Ihre besondere Stellung innerhalb der zeitgenössischen französischen Soziologie verdankt sie sicherlich dieser Heterogenität, die zugleich durch ein eigenständiges Programm zusammen gehalten wird. Der GSPM ist die prominenteste Gruppe innerhalb einer gegenwärtig wieder erstarkten Formation ehemaliger Bourdieu-Schüler, die sich weder mit einer kritiklosen Wiederholung noch der puren Abgrenzung zufrieden geben will. Sie hat sich 2006 zu dem gemeinsamen Forschungsverbund *Institut Marcel Mauss*, ebenfalls unter der Leitung Karsentis, zusammengeschlossen. Dem *Institut Marcel Mauss* gehören weiterhin das *Centre d'Etude des Mouvements Sociaux*, (CEMS), das *Centre d'étude des normes juridiques* (CENJ) und das *Centre Linguistique Anthropologique et Sociolinguistique* (LIAS) an. Sie alle werden durch den CNRS (*Centre Nationale de la Recherche Scientifique*), dem französischen Äquivalent zur Deutschen Forschungsgemeinschaft (DFG) unterstützt und sind an der EHESS Paris ansässig.

Luc Boltanski berichtet zur Entstehungsgeschichte des GSPM: „Zu Beginn setzte sich der GSPM aus Leuten zusammen, die ich aus der Bourdieu-Gruppe gekannt hatte und mit denen ich seither schon eine Weile zusammenarbeitete: Alain Desrosières, Laurent Thévenot, Fanny Colonna, Nathalie Heinich, Jean-Louis Derouet, Nicolas Dodier, Elisabeth Claverie. Zu diesem Anfangskern schlossen sich einige DEA-Studenten und Doktoranden an, die uns eine echte Bereicherung wurden: Claudette Lafaye, Francis Chateauraynaud, Philippe Corcuff, Cyril Lemieux [...]. Dank der kollektiven Seminare und Untersuchungen, aber auch der freundschaftlichen Beziehungen, die uns verbanden, hatte die Gruppe ein sehr intensives intellektuelles und kollektives Eigenleben. So wurde z.B. die Entwicklung des Analyserahmens, den wir in ‚Über die Rechtfertigung' präsentierten, sofort mit einer Reihe empirischer Studien verknüpft, an denen viele Gruppenmitglieder mitwirkten. [...] Die Gründung dieser Gruppe ist für mich sehr wichtig gewesen; auf gewisse Weise wichtiger als meine eigenen Arbeiten. Ich glaube, dort ist tatsächlich etwas intellektuell sehr aufregendes, erneuerndes und sehr produktives passiert, trotz der materiellen Schwierigkeiten." (Boltanski 2000).

Die pragmatistische Soziologie der GSPM speiste sich in den 1980er Jahren aus der Kritik an der etablierten Soziologie – und damit insbesondere an Bourdieu – als Ausdruck einer Abwehr gegen eine „Theoriemaschine", welche die Akteure zu stark auf ihre sozialstrukturellen Bedingungen fokusiert und ihre Gestaltungsspielräume weitgehend ausblendet. Diese Kritik thematisiert zum einen konzeptuelle Leerstellen der Bourdieuschen Soziologie und speist sich zum anderen aus der konkreten Zusammenarbeit mit ihm im Rahmen verschiedener Großprojekte. Sie ist auch ein Indiz dafür, dass Bourdieus Wissenschaftspraxis offenbar, zumindest in den Augen einer Reihe seiner ehemaligen Kollegen, ab Mitte der 1970er Jahre eine gesellschaftskritische Zuspitzung erfahren hatte, die seiner dynamischen und originellen Methodologie möglicherweise eher geschadet als genützt hat. Sie setzt dabei an zwei für die praxistheoretische Konzeption der Bourdieuschen Soziologie zugleich konstitutiven wie von Bourdieu vehement kritisierten Strömungen an, die maßgeblich in der US-amerikanischen Soziologie prominent waren: die Ethnomethodologie und die pragmatistische Handlungstheorie. Benötigte Bourdieu die Ethnomethodologie, um insbesondere das Problem des Epiphänomenalismus in der strukturalen Anthropologie Claude Lévi-Strauss' zu beheben, so nahm er im Hinblick auf seine eigene Theoriearchitektur eine zugleich integrative wie abgrenzende Haltung zu ihr ein. Der Zusammenhang ethnomethodologischer und pragmatistischer Perspektivierungen wurde vom GSPM zu Beginn der 1990er Jahre aufgegriffen, zu einem Zeitpunkt also, in dem der so genannte ‚pragmatic turn' in den internationalen Geisteswissenschaften von sich reden machte. Er basierte auf der Kritik an instrumentellen Deutungskategorien und -methoden und erklärte die konkrete Praxis und ihre empirische Beobachtung zum Ausgangspunkt der

Analyse. Die Beobachtung pluraler Handlungsräume erfuhr damit gegenüber ihrer strukturellen Konzeptualisierung an Deutungsgewinn. Von ihr ausgehend kann kein vereinheitlichtes Weltbild mehr vorausgesetzt werden; vielmehr handelt der Mensch in seinen kognitiven, sprachlichen und praktischen Äußerungen immer in „mehreren Welten" (Dodier 1991). Boltanski und der GSPM greifen diese Kritik auf und verbinden sie mit ihrer Kritik an der Sozialtheorie Bourdieus. Die Radikalität der Abgrenzung von Bourdieu wird jedoch aus erkenntnistheoretischer Perspektive dadurch minimiert, als dass das soziologische Projekt Bourdieus in seinen Ursprüngen zwar nicht identisch, doch auf das engste mit der Philosophie des Pragmatismus, insbesondere der John Deweys verwandt ist. Gemeinsam ist ihnen die Hervorhebung der Praktiken und des Handelns als zentrales Datum wissenschaftlicher wie alltäglicher Wissensproduktion, die Verknüpfung anthropologischer Grundannahmen mit der empirischen Studie spezifischer Handlungsformen, die phänomenologisch-konstruktivistische Auseinandersetzung mit kontingenten Praxisformen sowie die Kritik am erkenntnistheoretischen Determinismus. Diese Übereinstimmungen harren jedoch noch eines systematischen Vergleichs (vgl. Bogusz 2010b und 2010c).

Im GSPM wurde der pragmatische Ansatz zu Beginn der 1980er Jahre maßgeblich entlang seiner Unterschiede zu dem Bourdieus rezipiert, d.h. entlang des Pluralismus und der Akteurskompetenz, die gestalterisch in den Sozialraum hineinwirkt. Zumindest in ihren Anfängen bezeichnet die pragmatische Soziologie des GSPM allerdings eher eine Haltung, ein „air de famille" als eine konkrete Bezugnahme auf die US-amerikanische Philosophie des Pragmatismus. Wie in den meisten westeuropäischen Ländern war sie zu diesem Zeitpunkt auch in Frankreich wenig bekannt (vgl. Joas 1992). So berichten Luc Boltanski und Nicolas Dodier in Gesprächen, dass die Philosophie des Pragmatismus selbst im GSPM zwar durch die Vorlesungen Émile Durkheims zu William James' Pragmatismus und radikalen Empirismus überliefert war (vgl. Durkheim 1993), doch wenig gelesen wurde – dies geschah erst ab 2003, maßgeblich durch die Arbeiten Bruno Karsentis und die Auseinandersetzung mit Bruno Latour um das Erbe Durkheims und dessen Antipoden Gabriel Tarde.[8] Als Bezüge galten Mitte und Ende der 1980er Jahre vielmehr die Weiterführungen des pragmatistischen Denkens insbesondere in der US-amerikanischen Ethnomethodologie, dem symbolischen Interaktionismus, der *Grounded Theory* und den *Science Studies*, was zu einer variantenreichen Attribuierung dieser neuen französischen Soziologie führte: „Pragmatische Wende", „Mikro-Soziologie", „Soziologie der Handlungsregime", „analytische Soziologie", „verstehende Soziologie" usw. (vgl. Dodier 2005: 7). Das frühe Interesse Boltans-

---

8   Ich gehe darauf ausführlich im 3. Kapitel ein.

kis für diese Strömungen wurde übrigens durch Bourdieu selbst geweckt, der die Arbeiten Erving Goffmans übersetzen ließ und durch ihre Veröffentlichung in der von ihm herausgegebenen Reihe „Le sens commun" bei den *Éditions de Minuit* in Frankreich bekannt machte: Bereits 1973 veröffentlichte Boltanski einen Aufsatz über Goffman mit dem Titel „Erving Goffman et le temps du soupçon".

Boltanski sah eine Problematik der Verengung des Habitus-Konzeptes und in seiner daran anknüpfenden Suche nach pluralistischen Methodologien boten der US-amerikanische symbolische Interaktionismus und die Ethnomethodologie neue Orientierungen. Ihre Protagonisten hatten insbesondere den Strukturfunktionalismus Talcott Parsons abgelehnt, demzufolge das soziale Handeln maßgeblich auf dem unidirektionalen Verhältnis von Struktur/Akteur(en) beruhte. Ihrer Kritik zufolge hatte Parsons' Ansatz das erkenntnistheoretische Problem der Spaltung von Individuum und Kollektiv nicht lösen können, sondern eher verfestigt. Angesichts der Komplexität und der inneren Widersprüchlichkeiten pluralistischer Gesellschaften wie den USA gingen die Ethnomethodologen und Interaktionisten hingegen von einem Werte- und Handlungspluralismus aus, der sich nicht nur anhand spezifischer sozialer Gruppen und Milieus, sondern auch innerhalb dieser Gruppen, sogar innerhalb einer einzigen Handlung bzw. Interaktion beobachten ließ (vgl. Dodier 1993). Dies hatte bereits John Dewey in seiner Schrift über „Die Öffentlichkeit und ihre Probleme" (1927) festgestellt: „[...] Gruppen können einander gegenübergestellt werden und Individuen können einander gegenübergestellt werden; und ein Individuum als ein Mitglied verschiedener Gruppen kann in sich selbst geteilt sein und im wahrsten Sinne widerstreitende Ichs besitzen oder ein vergleichsweise desintegriertes Individuum sein." (Dewey 1996: 161)

Diese Grundidee, die später in Schriften von ehemaligen Bourdieu-Schülern und -Kritikern wie Bernard Lahire („L'homme pluriel", 2001) oder Laurent Thévenot („L'action au pluriel", 2006) weiterentwickelt wird, übersetzten die US-amerikanischen Interaktionisten in eine innerhalb des modernen Menschen angesiedelte Mehrgestaltigkeit, die seinem Handeln unterschiedliche Referenzprinzipien zuweist. Boltanskis Offenheit für diese Perspektive erscheint aus seinen differentiellen Analysen der Elitehochschulen und der *cadres* plausibel. Hatte er die strukturelle Rahmung zwar nicht aufgegeben, so galt schon dort sein besonderes Augenmerk der Beobachtung der Interaktionen in ihrer spezifischen Art und Weise, Sozialkategorien zu formatieren und der Frage, wie diese Kategorien permanent *in actu* gehalten werden. Dabei kam Boltanski zu der Vermutung, dass Akteure mit Hilfe dieser Aushandlungsprozesse das Ziel verfolgen, Äquivalenzen herzustellen, analoge Einigungsprinzipien, auf die sie sich verständigen können, um die Interaktion zu einem Ziel zu führen, wie er in einem Vortrag an der Cornell University bemerkt: „One has, for instance, to connect stories and details sampled from the past in order to display the pertinent characteristics they share." (Boltanski 1996: 5) Hier fanden Boltanski und Thévenot, beeinflusst durch die Arbeiten Alain Desrosières, eine Parallele zur Kategorienentwicklung in der Statistik: „This operation, consisting in bringing together heterogeneous elements, is formally similar to the codification of statistics." (ebda.)

Die Zusammenarbeit von Luc Boltanski und dem Statistiker und Ökonomen Laurent Thévenot beginnt Anfang der 1980er Jahre. Ihr erster gemeinsamer Aufsatz „Finding one's Way in Social Space: a study based on games" erscheint 1983. Auch Thévenot ist ein ehemaliger Bourdieu-Schüler, der bereits früh seine eigenen Wege gegangen ist (vgl. Thévenot 2008). Wie Boltanski ist er durch die Analysen Alain Desrosières zur Kategorienbildung insbesondere in der Statistik und Demographie sowie durch die Wissenschaftsstudien Bruno Latours und Michel Callons beeinflusst, die im *Centre de l'Innovation* (CSI) in der *École des Mines* in den 1980er Jahren durch ihre sozial- und medizinanthropologischen Laborstudien international Furore machen. Latour und Callons Arbeiten sind deutlich durch Herbert Blumer, Anselm Strauss, Howard Becker, Harold Garfinkel sowie durch die britischen *Science Studies* beeinflusst. Aus dieser einzigartigen Kombination forschungspraktischer Lokalität (der CSI und das Büro des GSPM liegen beide unweit des Jardin du Luxembourg im Paris des 6. Arrondissement, fast in Laufnähe zueinander) und internationaler Verankerung schöpften die Soziologen des GSPM Impulse für ihre handlungstheoretischen Studien, die sich in den 1980er und 1990er Jahren deutlich von den zeitgenössischen französischen Großtheorien etwa Raymond Boudons und Michel Croziers, aber eben auch von der Bourdieu-Schule abheben.

Der aus der Philosophie des Pragmatismus abgeleitete Pluralismus des GSPM bezieht sich entsprechend nicht nur auf die Fragen der Perspektivierung der Akteure und auf die Untersuchungsstrategien. Er dehnt sich gleichfalls auf die Ebene der Wissenschaftstheorie aus, die sich als eine pluralistische Epistemologie akzentuiert. Was ist damit gemeint? Zunächst einmal betonen die Forscher, dass weder eine einzige spezifische Handlungsphilosophie noch Methodologie zugrunde gelegt wird. Vielmehr gilt es, zunächst anhand kurzer alltäglicher Handlungssequenzen – beispielsweise einem Konflikt in einem Betrieb, ein Streit um einen Sitzplatz in der Bahn o.ä. – durch teilnehmende Beobachtung herauszudestillieren, welche Begründungszusammenhänge und Rechtfertigungsprinzipien die Akteure aufrufen, um ihre Position zu artikulieren, zu stärken oder zu verteidigen. Diese Begründungszusammenhänge können sehr unterschiedlicher Natur sein. Sie lassen sich, so die These Boltanskis und Thévenots, vor allem nicht in erster Linie aus ihrer sozialen oder soziokulturellen Klassenlage ableiten. Vielmehr verweist die Praxis der Verbindung der eigenen, konkreten Situation mit allgemeinen moralischen Prinzipien, kulturellen Geltungen und anerkannten Referenzgrößen auf einen praktischen Sinn der Akteure, der nicht wie bei Bourdieu auf die den Handlungen strukturell vorausgehenden sozialen Dispositionen zurückzuführen ist, sondern auf ihre Kritikfähigkeit. Während Marx (und übereinstimmend Bourdieu) davon ausging, dass die Menschen zwar ihre eigene Geschichte machen, aber sie nicht aus selbstgewählten, sondern aus gegebenen Bedingungen machen, (vgl. Marx 1987: 115), aktivieren Boltanski und Thévenot das Beziehungsnetz, das sich zwischen Akteuren und Strukturen aufspannt, indem sie untersuchen, *wie* Akteure auf diese gegebenen Strukturen Bezug nehmen. Ihr Handeln ist kein zwingend absehbarer Ausdruck ihrer Klassenlage, sondern Träger einer spezifischen Situation, eines spezifischen sozialen Settings, innerhalb dessen die soziale Position eine Rolle spielen kann, aber nicht muss. Die soziale Position, die in der tradierten Soziologie als zugleich ordnungsstiftendes und generalisierendes Prinzip geltend gemacht wird, wird hier zu einem sekundären Deutungsmuster, demgegenüber die Unwahrscheinlichkeit von Ordnungen eine prominente Position gewinnt. Die Analyse begibt sich so dicht als möglich an die Praktiken selbst, und versucht anhand dessen zu rekonstruieren, *worauf* sie Bezug nehmen und *wie* sie es tun. In der Zusammenarbeit mit Laurent Thévenot und den Mitgliedern des GSPM wird der Beobachtungsfokus Luc Boltanskis auf Übergangspraktiken zwischen verschiedenene Handlungsregime durch ein dezidiertes Analyseprogramm endgültig systematisiert.

Mit dieser Methode der Relationierung – oder in Anlehnung an den Terminus Michel Callons – der „Übersetzung" erhoffen sich Boltanski und die Mitarbeiter des GSPM zunächst von dem alten soziologischen Problem der Voreingenommenheit, oder, wie Max Weber es forderte, der Werturteile befreien zu können. Während die meisten soziologischen Handlungstheorien von einer quasi metaphysischen Handlungsorientierung ausgehen, deren Mobilisierungsressourcen aus dem gesellschaftlichen Unbewussten durch die soziologische Analyse (ähnlich der Freudschen Psychoanalyse) auf die Ebene der Bewusstheit – in diesem Falle – der wissenschaftlichen Erkenntnis gezogen werden muss, steht diese Handlungsorientierung selbst zur Disposition. Wenn es sie überhaupt gibt, so lässt sie sich demzufolge nicht anhand sozialer Porträts der Akteure oder Kollektive extrahieren, sondern anhand der diskursiven und materiellen Bezüge, die in den Praktiken selbst zu finden sind. Die ontologische Spaltung von Bewusstsein und Unbewusstsein, die sich aus den Untersuchungen zur gesellschaftlichen Arbeitsteilung der klassischen und insbesondere der marxistischen Soziologie durch viele Jahrzehnte aufrechterhalten hat, ist aus Sicht Boltanskis und Thévenots in der spätkapitalistischen Informations- und Wissensgesellschaft wenig hilfreich, um die Referenzsysteme fassen zu können, die heutige Praxisformen kennzeichnen. Zugleich entzaubert diese Perspektive das „soziologische Auge", das von der Gesellschaft womöglich gebraucht wird, um ihre eigenen Ontologien zu begreifen. Entsprechend der aufgerufenen Referenzsysteme werden auch soziologische und philosophische Paradigmen sowohl von Akteuren als auch Wissenschaftlern aktiviert, um ihr Dasein in der Welt sinnhaft zu strukturieren. Wie Nicolas Dodier betont, handelt es sich in der Soziologie Boltanskis und Thévenots also nicht um ein postmodernes und empiriefernes „anything goes" (vgl. Dodier 1991: 441). Vielmehr geht es um die Systematisierung eines Kompetenzmodells, wie auch Jörg Potthast feststellt: „Die Erklärungsleistung besteht nicht darin, die epistemische Instabilität von Situationen der Rechtfertigung aufzulösen, sondern eine Pluralität von Äquivalenzkriterien sichtbar zu machen und zu zeigen, wie Handlungskoordination trotzdem funktioniert." (Potthast 2001: 554)

Wo Bourdieu zwischen der Subjektphilosophie Jean-Paul Sartres und der strukturalen Anthropologie Claude Lévi-Strauss' zur empirisch-reflexiven Konkretion sozialer Fremd- und Selbstpositionierungen gelangte und damit einen gangbaren Mittelweg von Struktur-Reproduktion und Eigensinn aufzeigte, blieb er skeptisch hinsichtlich kultureller und sozialstruktureller Optionalitäten, die schwer prognostizierbare Handlungsräume eröffnen. Die Ursachen dafür sind sowohl historisch als auch politisch begründet. Zum einen galt es aus Bourdieus Perspektive immer noch, die Soziologie als eine positive wissenschaftliche Disziplin zu etablieren, deren gesellschaftliche Relevanz durch Deskription und kritische Intervention noch gesichert werden musste. Der Verdienst seiner Soziologie war es, dies nicht zuletzt deshalb erreicht zu haben, weil wohl kaum ein anderes soziologisches Programm des 20. Jahrhunderts mit solcher Klarheit auf die symbolischen und kulturellen Reproduktionsmechanismen sozialer Ungleichheiten aufmerksam gemacht hat. Den Ausschlag für den Erfolg dieser Soziologie gab jedoch die Stringenz der empirischen Strukturanalyse, die einen hohen erkenntnistheoretischen Anspruch verfolgte. Dabei ist zu beachten, dass die Frage der Äquivalenzbildung aus der Perspektive des soziologischen Strukturalismus Bourdieus gleichfalls auf der Grundannahme einer Relationalität, d.h. der wechselseitigen Bezüge von sozialen Praktiken, strukturellen Dispositionen und symbolischen Orientierungen untersucht wurde und nicht, wie in manch vereinfachten Darstellungen angenommen, auf einer unidirektionalen Beziehung von Struktur und Praxis (vgl Bourdieu 1970: 18ff., Bourdieu 1980: 24ff.) Entlang dieses korrespondenzanalytischen Modells erscheint es konsequent, dass diese Soziologie an einem gewissen Punkt positivistische Züge annahm. Bourdieu überschätzte die Stabilität der Reproduktionsmechanismen und sah in einer möglichen pluralistischen Erweiterung seines Habituskonzeptes nur die Gefahren eines modischen Relativismus oder politischen Voluntarismus – nicht ganz zu unrecht, wie das Beispiel vieler Intellektueller seiner Generation gezeigt hatte.

Für seine jüngeren Mitarbeiter und Schüler und vor allem für Luc Boltanski hingegen stellten sich diese Fragen nicht mehr in dieser wissenschaftspolitischen Schärfe. Im Gegenteil: Die Soziologie der 1980er Jahre ist eine etablierte, nicht mehr aus den französischen Geisteswissenschaften wegzudenkende Disziplin geworden und hat sich in eine Vielzahl von speziellen Soziologien verwandelt, die allumfassenden Erklärungsansätzen zunehmend skeptisch gegenüberstehen. Nach dem „writing turn" und dem „linguistic turn" folgte zu Beginn der 1990er Jahre der so genannte „pragmatic turn", der nach dem Prestigegewinn des Faches durch Bourdieu zu einer weiteren Entzauberung wissenschaftlicher bzw. theoriegeleiteter Objektivität führte. In diesem Kontext erschien die Sozialtheorie Bourdieus zwar als der avancierteste Ansatz zur Integration struktureller und performativer Phänomene in einem einzigen Analysemodell. Doch demgegenüber optierte die Nachfolgegeneration auf die Ausarbeitung der Kontingenzen und der Dynamiken von Übereinstimmung und Nicht-Übereinstimmung von Akteuren untereinander – den „unwahrscheinlichen Ordnungen". Sie tat dies aus einer mikrosoziologischen Perspektive mit makrosoziologischem Deutungsanspruch. Die Primordialität der Sozialstruktur, auf der letztlich soziologische Erkenntnis aufbaut, sollte von Grund auf in Frage gestellt werden und dem Prinzip des „follow the actors" weichen. Schließlich wurde dieser Perspektivenwechsel auch mit einem Demokratisierungsgewinn der erkennenden Tätigkeit selbst verbunden: Nicht mehr die soziologische Erkenntnis sollte den Ausgangspunkt der Gesellschaftskritik bilden, und damit die stets mit der Soziologie problematisierte Verbindung deskriptiver und normativer Wissenschaft fortsetzen. Vielmehr sollte das kritische Handeln aus der alltäglich praktizierten Kritik der Akteure abgeleitet und verallgemeinert werden. Die soziale Distanz zwischen Forschern und Beforschten erschien aus diesem Ansatz stark verringert in der Hoffnung, nicht nur „die Akteure selbst sprechen zu lassen", sondern zugleich einen Beitrag zur Enthierarchisierung der Forschungssituation zu leisten.[9]

Luc Boltanski hat seit seiner Trennung von Bourdieu und mit der Gründung des GSPM bis zu Beginn der 1990er Jahre eine Reihe von Schriften veröffentlicht,

---

9   Bourdieu hatte zu einer solchen Enthierarchisierung selbst am radikalsten in seinem Nachwort zu „Das Elend der Welt", in dem Kapitel „Verstehen" Stellung bezogen, das in Frankreich sehr kritisch rezipiert wurde (vgl. zur Kritik Karsenti 1995).

die bereits ab 1975 in zahlreiche andere Sprachen übersetzt wurden. Wie in der Zeit des Centre de Sociologie Européenne blieb sein Themenspektrum weiterhin breit gestreut, wobei sich eine zunehmende Konzentration auf die Themenfelder von Wirtschaft und der Managementstrukturen, der Professionssoziologie, der medialen Verarbeitung von Kritik, Bezichtigung und Urteilsbildung, sowie der Problematik der Relationierung von Mikro- und Makroperspektive abzeichnete. Die Zusammenarbeit mit Laurent Thévenot führte zu mehreren gemeinsamen Publikationen. Bekannt wurden vor allem „Les économies de la grandeur" (1988) und „Justesse et Justice dans le travail" (1989). Mit „De la justification" (1991) gelang ihnen schließlich der Durchbruch zur Etablierung ihres Analysemodells in Frankreich.

## „Über die Rechtfertigung"

In dem 1991 erscheinenem Werk „De la Justification" (dt.: „Über die Rechtfertigung. Eine Soziologie der kritischen Urteilskraft") legt Luc Boltanski zusammen mit Laurent Thévenot erstmalig ein systematisches Kompendium der Arbeiten vor, die er mit Thévenot und in reger Auseinandersetzung mit den Forschern des GSPM und dem CSI ab Mitte der 1980er Jahre durchgeführt hat. In der Einleitung kritisieren die Autoren die „kritische Soziologie", da sie ihre eigenen Determinismen nicht freilege: „Die kritische Soziologie verbaut sich dadurch selbst die Möglichkeit, die notwendigerweise normativen Dimensionen in den Griff zu bekommen, die in ihrem Beitrag zur Anprangerung sozialer Ungerechtigkeiten vorhanden sind. Letztlich führt das dazu, dass sie fälschlicherweise Neutralität für sich reklamiert, um ihre Praxis zu legitimieren." (ÜR: 26) Boltanskis Motiv der De-Ontologisierung greift hier an die Grundfesten der kritischen Soziologie selbst. Das von ihm und Thévenot beschriebene Problem bildet den heuristischen Anstoß zur Klärung einiger soziologischer Grundsatzfragen, die durch ein neues Analysemodell beantwortet werden sollen:

1. Was charakterisiert den postindustriellen, demokratisch verfassten Wohlfahrtsstaat maßgeblich? Sind es die sozialen Ungleichheiten, die von den gesellschaftlichen Akteuren mehr oder minder erduldet, erlitten und reproduziert werden? Oder beruht er, schon aufgrund der dem Kapitalismus inhärenten Notwendigkeit stetiger Innovation, nicht mindestens ebenso auf dem Tatbestand einer kritischen Gesellschaft in dem Sinne, als dass sämtliche Interaktionen von der Möglichkeit und der Kompetenz zur Kritik, d.h. zur alltäglichen Infragestellung, Aushandlung und Legitimierung des Sozialebens Gebrauch machen?

2. Wenn Zweiteres stimmt, welchen Stellenwert hat dann die von der kritischen und der verstehenden Soziologie bislang übernommene Aufgabe der Explifizierung des „sozialen Unbewussten"? Welcher Erkenntnisgewinn ist von dieser Perspektive in einer pluralistischen Gesellschaft zu erwarten, in der Akteure nicht mehr allein gemäß ihrer sozioökonomischen Klassenlage handeln, lieben und streiten, sondern deren Charakteristikum darin besteht, Referenzgrößen aufzurufen, deren Verfügbarkeit komplexere Handlungsdimensionen voraussetzt, als die klassische Soziologie anzubieten hatte?
3. Wie also arrangieren sich soziale Akteure mit den ihnen zur Verfügung stehenden Referenzgrößen im Sinne einer sozialen, kulturellen und politischen Selbstpositionierung, welche Referenzen rufen sie zu welchem Zwecke auf und welche Aufschlüsse kann das über die innere Verfasstheit einer Gesellschaft geben?

Die Frage nach sozialer Gerechtigkeit, welche die kritische Soziologie und die politische Theorie formuliert hatten, halten Boltanski und Thévenot grundsätzlich nicht für überholt. Doch die Art, wie sie bislang gestellt und empirisch untersucht wurde, schließt das Erkennen möglicher emanzipatorischer Potenziale tendenziell aus. Die kritische Soziologie bestätigt ihre eigene Grundannahme von der sozialen Ungerechtigkeit. Damit werden – quasi wissenschaftlich – die sozialen Akteure selbst jeglicher Handlungsspielräume beraubt, bzw. das, was Optionalitäten eröffnen könnte, fremdbestimmten Herrschaftsprinzipien zugeordnet, die von den Akteuren nicht durchschaut werden. Optionalitäten treten hier nur unter dem trügerischen Gewand einer gouvernementalen Befriedungsstrategie auf. Aber ist es wirklich so, dass die Akteure ihre eigene Lage und Position so wenig durchschauen? Und reicht es aus, den *sens pratique* letztlich in ein strukturgenerierendes Habituskonzept münden zu lassen, in dem das offene Eingeständnis einer Benachteiligung, die sich in Ressentiments gegen die Gegner oder die Konkurrenz und in der überhöhten Eigendarstellung ausdrückt, nur als „amor fati" verstanden werden kann, als „Liebe zum Schicksal", die letztlich darin besteht, die Benachteiligung zu akzeptieren?

Die empirische Wirklichkeit, so Boltanski und Thévenot, sieht anders aus. Und deshalb muss die Gerechtigkeitsfrage anders und neu gestellt werden. Weil die Möglichkeiten, Gerechtigkeit einzuklagen in den pluralistischen Gesellschaften nicht nur objektiv gegeben sind, sondern auf der Alltagsebene permanent aktiviert werden, müsste zunächst einmal ein Inventar erstellt werden, das diese Praktiken des Aufrufens spezifischer Kategorien und Größen umfasst (Größen im doppelten Sinne: als gesellschaftlich anerkannte, symbolisch oder materiell verfolgbare Werturteile gebende Einheiten, die eine allgemeine Bedeutung für das Selbstverständnis einer demokratisch-pluralistischen Gesellschaft haben). Ausgehend von diesem Inventar, das, um der Verallgemeinerbarkeit willen auf eine bestimmte Anzahl beschränkt wird, können dann konkrete Aushandlungssituationen beobachtet und erhoben werden. Um die Frage zu klären, wie Akteure Gerechtigkeitsprinzipien zur Sprache bringen, ist es zunächst zweitrangig, welche soziale Stellung sie einnehmen. Prinzipiell gehen die Autoren davon aus, dass sämtliche Akteure, egal wo sie sich befinden, Referenzgrößen aufrufen können, die sowohl innerhalb als auch außerhalb des sozialen Raumes zu verorten sind, in der die Aushandlung stattfindet. Weil Konfliktsituationen besonders extreme, oder zumindest sehr explizite Referenzgrößen beanspruchen, messen Boltanski und Thévenot ihnen einen spezifischen Erkenntniswert bei. Zugleich bieten diese Situationen eine eindeutige Perspektivierung von Gerechtigkeitsfragen, die dazu beiträgt, „die Probleme des Kulturrelativismus zu vermeiden, die eine Öffnung in Richtung auf mehr Diversität notwendigerweise mit sich bringt." (ÜR: 31)

Indem sie die Idée der *cités*[10] als allgemeinste Referenzmodelle etablieren, schlagen Boltanski und Thévenot den Bogen von Orientierungsmustern einer „gemeinsamen Welt" (*monde commun*) und konkreter Handlung. Nicolas Dodier kommentiert dieses Vorgehen: „Die Idee der gemeinsamen Welt verbindet die Reflexionsebene der politischen Philosophie mit der pragmatischen Handlungsebene." (Dodier 1991: 431) Die gemeinsame Welt ist die der unsicheren Ordnungen, die auf der pragmatischen Handlungsebene durch permanente Verschiebungen gekennzeichnet sind. In konkreten Situationen, und besonders in Situationen der Herausforderung, der Prüfung[11] oder des Konflikts zeigt sich die spezifische Ak-

---

10  In der deutschen Übersetzung „Polis". Ich bleibe jedoch in dieser Einführung in das Gesamtwerk bei dem in den französischen Originalen benutzten Begriff der *cité*, da „Polis" m.E. zu stark mit eines in sich abgeschlossenen politischen Gemeinwesens identifizierbar ist, die auf eine spezifische Hierarchie verweist, die sich als wenig kompatibel mit Boltanskis methodologischer De-Ontologisierung erweist. Zu einer anderen, dynamischen Interpretation zum Begriff der Polis kommt der Übersetzer des „Neuen Geist des Kapitalismus", Michael Tillmann nach Rücksprache mit Luc Boltanski (vgl. NGK: 710ff.). Ich sehe hier eher eine ungelöste Spannung zwischen Boltanskis Grundmotiv der De-Ontologisierung von Ordnungen und der „deskriptiven Metaphysik", die mit den Rechtfertigungsregimes letztlich idealtypische Ontologien entwirft. Es erscheint mir methodologisch redlicher, diese Spannung im Begriff zu lassen, statt sie terminologisch zugunsten einer Seite aufzulösen. Ich ersetze den Begriff der *cité* zuweilen durch das deutsche Kompositum der „Rechtfertigungsordnung", der zwar „Ordnung" beinhaltet, sie aber mit einer spezifischen, aus Sicht der Autoren zentralen und klar identifizierbaren Praxis verbindet, die stets angreifbar bleibt, bzw. sich anhand von konkreten Praktiken manifestiert, die beschrieben werden müssen. Dies scheint mir zugleich der am wenigsten abstrakte und eingängigste Terminus zu sein.

11  Den Begriff der „Prüfung" haben Boltanski und Thévenot nach Aussage von Boltanski insbesondere der Studie Bruno Latours über Louis Pasteur entnommen, im Sinne vom englischen „trial" und dem französischen „épreuve", gemeint als eine ereignishafte und außeralltägliche Situati-

teurskompetenz darin, die Situation durch diskursive und performative Handlungen zu definieren. In „Über die Rechtfertigung" interessieren sich Boltanski und Thévenot besonders für den Streit um Gerechtigkeitsfragen. Sie definieren sechs Rechtfertigungsordnungen, auf die in solchen Situationen rekurriert wird: Die inspirierte *cité*, die häusliche *cité*, die *cité* der (öffentlichen) Meinung, die zivilgesellschaftliche *cité*, die *cité* des Marktes und die *cité* der Industrie. Die Auswahl dieser Rekurswelten begründen sie aus der Häufigkeit ihrer impliziten oder expliziten Anrufung im Streitfall.

Das Buch ist in fünf Teile gegliedert. In der Auseinandersetzung mit dem „Rechtfertigungsimperativ" stellen die Autoren im ersten Teil die Frage, inwiefern die von der Soziologie vorausgesetzte Kollektivität – in Frankreich prominent durch Durkheims Konzept vom „kollektiven Bewusstsein" als Signum der Moderne – nicht ebenso metaphysisch ist wie die Vorstellung des freischwebenden Individuums, wie es die Ökonomie seit ihrer Wirkungsgeschichte betont. Beide politischen Metaphysiken, so die Autoren, wurden von den Sozialwissenschaften in die Dichotomie „Individuum/Kollektiv" bzw. „Markt/Gesellschaft" überführt, die sie zusammen mit der politischen Theorie gegen die Philosophie setzte, aus der sie gleichwohl hervorgegangen sind (vgl. ÜR: 49ff.). Aus dieser Perspektive scheint es aus ihrer Sicht angebracht, die Ökonomie als eine Variante der sozialwissenschaftlichen Disziplin zu betrachten. Problematisch sei nun, dass weder die kollektiven Instanzen noch der Markt je allein für die gesellschaftlichen Aushandlungsprozesse verantwortlich zeichnen können, woraus sich folgende Frage ergibt: „Wie ist es möglich, dass sowohl Ökonomie als auch Soziologie ein metaphysisches Prinzip in ein positives Gesetz verwandeln, wo sie sich doch einer Definition der Wirklichkeit verpflichtet fühlen, die sich jeglicher Form von Metaphysik widersetzt? Unsere Antwort lautet: Sie können sich nicht mit ihrem eigentlichen Anliegen, dem zwischenmenschlichen Umgang, befassen, ohne dabei die von den Menschen geschaffenen Einigungsformen in Betracht zu ziehen." (ÜR: 54)

Diese Einigungsformen, Rechtfertigungen und Relationierungen wollen Boltanski und Thévenot anhand spezifischer Beurteilungssphären bzw. Rechtfertigungsordnungen untersuchen, den sogenannten *cités*. Deren Stabilität ist nicht gegeben, sondern muss immer wieder neu hergestellt werden: „Genau dieses Spannungsverhältnis zwischen der Konstitution einer Ordnung und dem Akt ihrer kritischen Infragestellung bildet den Kern unserer Untersuchung." (ÜR: 63) Komplexe Gesellschaften zeichnen sich durch die von ihnen prinzipiell offerierten möglichen

---

on, in der die Wissensproduktion plötzlich zu einer Revision tradierter Praktiken herausgefordert, ja gezwungen wird (vgl. Latour 1988: 158ff.).

Rückgriffe auf mehrere Einigungsprinzipien aus. Dazu gehört auch im Anschluss an Bruno Latour und Michel Callon das aktive Einbeziehen von Dingen und die Verbindung von Menschen, Dingen und Technologien, das nicht mehr allein den Technikwissenschaften vorbehalten sei: „Wir gehen davon aus, dass der Einbezug von Dingen im Verlauf von Prüfungen zur Regelung von Streitfällen notwendig ist. [...] Voraussetzung ist, dass diese Prinzipien mit Objekten verknüpft werden, anhand derer sich die Personen miteinander messen können." (ÜR: 65)

Die Rechtfertigungsordnungen, die *cités*, auf die noch zu sprechen sein wird, sollen nicht, wie in der klassischen Soziologie, mit realen sozialen Milieus gleichgesetzt werden. Vielmehr stellen sie – trotz des Einbezugs von Dingen[12] – maßgeblich idealtypische Referenzpunkte dar, auf welche Akteure im Streitfall Bezug nehmen. Wenn sie dies nun aber nicht mehr auf der Basis ihres ökonomischen und kulturellen Kapitals innerhalb eines spezifischen Feldes im Bourdieuschen Sinne tun, wie stellen Akteure dann die Relationen zu diesen symbolischen Referenzpunkten her? Boltanski und Thévenot meinen, dass sie dies auf der Grundlage allgemeiner moralischer Ordnungsmodelle tun, die angesichts von Streit- und Konfliktsituationen sowohl den so genannten „gesunden Menschenverstand" anleiten wie komplexe Reflexionen.

Am Beispiel des Gemeinwesens des Marktes erläutern die Autoren das von ihnen kritisierte Paradoxon individualisierter vs. kollektiver Handlungsmaxime in der Soziologie und den Wirtschaftswissenschaften, das sich in den nationalökonomischen Studien ebenso antreffen lässt wie in den philosophischen Gerechtigkeitstheorien. Sie erachten die Auseinandersetzung mit den Grundlegungen der politischen Philosophie deshalb als notwendig, weil sie erste anthropologische Anhaltspunkte für die nationalökonomische Genese von Aushandlungsprinzipien bieten. „Die Arbeiten von Hume und Smith stellen einen Beitrag zur Bildung eines Gemeinwesens dar, der eine menschliche Natur entspricht, die auf bestimmten affektiven Einstellungen gegenüber Mitmenschen und Dingen beruht, nicht aber auf einer Fähigkeit zum rationalen Kalkül. Darin unterscheiden sie sich grundlegend von späteren Formulierungen, die im Zuge der sich autonomisierenden Wirtschaftswissenschaften die etwa von Joseph A. Schumpeter beschriebene Antinomie von ‚subjektiv' und ‚objektiv' verfestigen." (ÜR: 80) Als „Theorie der ethischen Gefühle" (nach Adam Smith) spricht die frühe Ökonomie bereits die Bedeutung sympathetischen Interaktionswillens an, der heute in den so genannten „Neuroeconomics" wieder aufgegriffen wird. Die Ökonomie des frühen zwanzigsten Jahr-

---

12 Die konstitutive Funktion von Dingen im Sinne nichtmenschlicher Akteure wird von den Autoren nicht systematisch untersucht. Sie tragen lediglich zur Bildung von Äquivalenzen bei und sind somit Teil der Rechtfertigungsordnungen.

hunderts differenziert sich weiter aus in die Bereiche Industrie, Handel, Staatsbürgerlichkeit und öffentliche Meinung.

Im zweiten Teil widmen sich Boltanski und Thévenot den Gemeinwesen im Sinne politischer Ordnungen. Hier nähern sie sich der Ausformulierung ihrer Methodologie, die auf folgender Frage beruht: „Uns interessiert, wie die Koordinierungsbemühungen in Alltagssituationen mit der Konstruktion eines Ordnungsprinzips und eines Gemeinwohls zusammenhängen. Dabei wollen wir zeigen, dass die an zwischenmenschliche Ordnungskonstruktionen gestellten Anforderungen für die politischen Philosophen ebenso gelten wie für Personen, die in ihrer konkreten Praxis um Einigung bemüht sind, und dass die abstrakten und systematischen Lösungen Ersterer eine Entsprechung in den Alltagslösungen Letzterer haben." (ÜR: 95) Es handelt sich in den vorgestellten politischen Philosophien des Gemeinwohls demnach um „Grammatiken des politischen Bandes" (ÜR: 97), die den Bezugnahmen zugrunde liegen und die ihrerseits Grammatiken der Rechtfertigung produzieren. Paul Ricœur stand Pate für diese Annahme, deren innere Topik zugleich auf spezifische Relationierungstechniken verweist (vgl. Boltanski 2006: 47). Im Modell der Rechtfertigungsordnung wird die Grundannahme eines allgemeinen Menschheitsprinzips aus den politischen Philosophien Aristoteles', Augustinus', Hobbes', Smiths, Bossuets, Montesquieus, Rousseaus und Saint-Simons entwickelt. Die Auswahl erfolgt anhand der Kriterien Praxisbezogenheit, Anspruch auf Systematisierung des Gemeinwohls und die Übersetzung in konkrete politische Technologien, d.h. ihrem Vorkommen in Managerhandbüchern. Als „politische Formen der Größe" bezeichnen die Autoren das „Gemeinwesen der (göttlichen) Inspiration", „das häusliche Gemeinwesen", das „Gemeinwesen der (öffentlichen) Meinung" sowie das „staatsbürgerliche" und das „industrielle Gemeinwesen". Die öffentliche Meinung konstituiert das symbolische Machtgefüge. So betont Hobbes, dass Macht in der Anerkennung und Sichtbarkeit durch viele besteht und verweist damit bereits auf die Bedeutung der Relationierung von Anerkennung und Rechtfertigung. In Rousseaus „Gesellschaftsvertrag" mündet diese Erkenntnis schließlich in einer vernunftgeleiteten Begründung einer höheren Totalität – dem staatsbürgerlichen Gemeinwesen (vgl. ÜR: 153). Von besonderer Bedeutung erscheint den Autoren der Vorgang des Übersetzens persönlich-individueller in allgemeine Gestaltungsprinzipien, der mit der Staatenbildung einsetzt: „Von nun an muss jeder, der imstande ist, an der Ausübung der Souveränität mitzuwirken oder nur er selbst zu sein, damit rechnen, seine aufs Private oder Allgemeine gerichteten egoistischen oder altruistischen Absichten und Handlungen öffentlich rechtfertigen zu müssen." Über die politische Theorie hinaus konzedieren Boltanski und Thévenot in dieser Einsicht eine weitere Komponente: „Damit ist gesagt, dass der ‚Gesellschaftsvertrag' nicht nur eine Politik, sondern ebenso sehr auch eine Anthropologie, ja gar Psychologie enthält." (ÜR: 164) Die Merkmale des industriellen Gemeinwesens arbeiten die Autoren anhand der Sozialphysiologie Saint-Simons heraus, dessen Einfluss auf Marx und auf Durkheim bekannt ist.

Im dritten Teil stellen Boltanski und Thévenot nun ihr auf den genannten politischen Philosophien beruhendes Modell der Rechtfertigungsordnungen vor, das von den bereits angedeuteten sechs Beurteilungssphären, den *cités* ausgeht: „Aus der Tatsache, dass die Menschen auf eine ganze Palette von Möglichkeiten, [...] Äquivalenzen herzustellen, zurückgreifen können, ergibt sich die in den nachfolgenden Kapiteln zu behandelnde Frage, in welchem Verhältnis diese Möglichkeiten zueinander stehen und wie Menschen mit einer derartigen Komplexität zurecht kommen. Wir haben jedoch bereits das Argument vorgebracht, dass jede der Rechtfertigungsordnungen eine Reduktion von Komplexität möglich macht [...]." (ÜR: 179) Diese Komplexitätsreduktion der Akteure wird insbesondere im Fall des „situativen Urteilens" deutlich, in denen die Pluralität von Bezügen offensichtlich wird, indem „Personen und Dinge" ihre „wechselseitige Unterstützung" anbieten (ÜR: 184) Die Kernfrage lautet also: Wie ist kohärentes Handeln möglich?

Weil die Autoren sich von der Untersuchung von Prüfungssituationen besonders tragfähige Antworten auf diese Frage versprechen, definieren sie zunächst, was sie unter einer „Prüfung" verstehen. Die Prüfung stört das Nebeneinander einer kontingenten Welt, ihre „stumme Selbstverständlichkeit" und stellt sie auf die Probe. Von der Prüfung wird erwartet, „dass sie die Uneinigkeit beendet, indem sie wieder eine richtige Anordnung von Personen und Objekten vornimmt." (ÜR: 191) Die Prüfung stellt in den alltäglichen Interaktionen zwischen Mensch, Technik, Dingen und Wissen das Einigungsprinzip par excellence dar.

Um dem Begriff der „Werte" zu entkommen, sprechen Thévenot und Boltanski von „Größen", d.h. von Adaptionen und Anpassungsformen, welche Individuen und Kollektive anwenden, um sich in einer Weise einzubringen, die sie symbolisch wachsen lässt: „Wir sagen also, dass die Personen auf einem Markt *moralische Existenzen* sind, im Sinne dass sie in der Lage sind, von ihrer Besonderheit zu abstrahieren, um sich auf Außengüter auszudehnen, deren Umfang und Definition universal sind." (Zitiert nach Thévenot, AJ: 75) Der Situationsbezug steht dabei vor dem Gruppenbezug, d.h. bevor die soziale Stellung befragt wird, wird die Situation als sinnstiftendes und handlungskonstituierendes Moment aufgegriffen, was auf eine hohe Anschlussfähigkeit mit heutigen sozialanthropologischen Untersuchungen verweist, in denen vorrangig Praxisformen und -konzepte untersucht werden, die in Anlehnung an die *Sciences and Technology Studies* gleichfalls situativ argumentieren. Prüfungen im allgemeinsten Sinne (*épreuves*) stellen dabei Herausforderungen an die Wirklichkeitskonstitution dar. An der Prüfung offenbart sich also ein moralischer und natürlicher Gemeinsinn, und sie bezeichnet zugleich eine kritische Kompetenz.

Das im Folgenden vorgestellte Analysemodell ist wie folgt aufgebaut: Die gesellschaftliche Dynamik basiert im Wesentlichen auf *Rechtfertigungsordnungen* (*cités*), die sich in ständiger Aushandlung befinden. Dies geschieht entweder durch den *Streit*, in dem sich mindestens zwei Parteien auf eine gemeinsame *cité* beziehen, oder durch den *Konflikt*, in dem verschiedene Rechtfertigungsregime ins Spiel kommen. In der *Prüfung* stellt sich dann heraus, welche *cité* als Äquivalenzprinzip geltend gemacht werden kann. Im Gegensatz zum Streit kann der Konflikt dann zu einer Verschiebung oder Transformation bestehender *cités* führen.

Ein zentraler Ort, an dem sich die Beziehung von Handlungsprinzipien und ihrer Umsetzung beobachten lässt, stellt aus Sicht Boltanskis und Thévenots das wirtschaftliche Unternehmen dar. In ihm fusionieren sämtliche von ihnen dargestellte Welten, es bildet in dem Sinne eine Art Quintessenz möglicher Aushandlungsformen, in denen Gerechtigkeitsfragen permanent thematisiert werden. Zudem bietet das Unternehmen den Vorteil, dass es den Rahmen sowohl für empirisch-teilnehmende Beobachtung, als auch für die diskursiv-explorative Analyse bietet. Die Autoren haben sich auf die zweite Methode konzentriert, indem sie Beraterliteratur und Handbücher für Führungskräfte und allgemeiner für die Unternehmensführung (inklusive Gewerkschafter-Literatur) herangezogen haben. Anhand dieser Quellen wurden von ihnen sechs konkrete Rechtfertigungsordnungen herausgearbeitet, die auf die bereits beschriebenen *cités* rekurrieren. Das Interesse für dieses Feld wurde bereits in Boltanskis Studie über die *cadres* deutlich. In einer an die Arbeiten Latours angelehnten Forscherhaltung wird das Unternehmen als Labor aufgefasst, das gleich einer Monade ganze Konzepte in sich versammelt. Dazu gehören neben den konkreten Organisationsstrukturen etwa psychologisch-pädagogische Leitlinien, kulturelles Wissen und technologische Übersetzungen maschineller und sozialer Natur, die von den Autoren stichprobenartig erhoben werden. Das Material bilden Ratgeber aus der „Welt der Inspiration" (Handbuch für Unternehmen von Kreativitätsberatern), der „Welt des Hauses" (Human Relations), der „Meinung" (Public Relations), der „staatsbürgerlichen Welt" (die erstaunlicherweise nicht anhand ihrer politisch-verwalterischen Institutionen, sondern durch die diese kritisierende Instanz, den Gewerkschaften, hier: die linkspolitisch gemäßigte CFDT erhoben wird), der „Welt des Marktes" (Management) und der „Welt der Industrie" (Empfehlungen zur Verbindung von Produktivität und Mitbestimmung).

Im anschließenden Kapitel werden diese Quellen ausgewertet. Es ist der herausragende Abschnitt des Buches, in dem Boltanski und Thévenot in bemerkenswertem Facettenreichtum darlegen, wie sich diese Welten in der Beraterliteratur präsentieren und wechselseitig durchdringen. Absichtlich haben sie keine Kommentare oder Analysen in die Sammlung der Indizien eingestreut, so dass sie sich der Leserin naturalisiert darstellen – so wie es in der „realen Welt" auch zumeist der Fall ist. Dies erinnert methodisch an die Technik der enzyklopädischen Kategoriensammlung, die Luc Boltanski zusammen mit Pierre Bourdieu zum Zwecke der Analyse der Herrschaftsideologie in den 1970er Jahren angewandt hatte. Im Folgenden soll dieses Verfahren exemplarisch resümiert werden.

- *Die inspirierte Welt*: Sie ist die am wenigsten stabile unter den Welten, schon weil die Deutungen dessen, was als inspiriert gilt, im Wesentlichen temporär gebunden sind. Sie ist gekennzeichnet durch das Schöpferische, das Unsagbare, das Ästhetische, das Unberechenbare, das Hervorsprudelnde, die Leidenschaft, das Individuum, die Künstlernatur, die Egozentrik, das Unbewusste, die Droge, das Risiko, den Geniekult, die Einzigartigkeit, dem Autonomiestreben und das Imaginäre. Bürokratie, Gewohnheit und Routine sind Feinde der inspirierten Welt. Das kapitalistische Unternehmen ist auf diese Welt angewiesen, weil es durch die Prinzipien der permanenten Neuerung und der „schöpferischen Zerstörung" (nach Joseph A. Schumpeter) strukturiert ist.

- Die *häusliche Welt* dehnt sich auf nahezu alle gesellschaftlichen Wirkungsbereiche aus und ist aufgrund ihres institutionellen Charakters besonders präsent innerhalb von Unternehmen. Sie ist gekennzeichnet durch den Rekurs auf Tradition, Verbindlichkeit, Treue, Hierarchie, Takt- und Ehrgefühl, Diskretion, Gewohnheit, Natürlichkeit, die Unterscheidung von Höherstehenden und Untergebenen, gute Manieren, Freundschaftsdienste, Respekt, Verantwortungsgefühl, Vertrauen, Vertrautheit, Anstandsregeln, Ehrgefühl, Scham, gute Erziehung, Reproduktion, Erbe, Erinnerung, Konventionen, Konversation. Im Negativen zeichnet sich die häusliche Welt durch Klatsch und Indiskretion aus, das Vorurteil, die Unhöflichkeit, den Neid, den Verrat; durch zuviel Zwanglosigkeit, Intimität, Gerüchte, Schwätzertum.

- In der *Welt der (öffentlichen) Meinung* wird wenig Wert auf die Erinnerung gelegt, sie ist von zeitlich begrenztem Charakter. Als bedeutende Größen gelten hier der Ruf und der Erfolg, die Anerkennung und das Berühmt-Sein, die Persönlichkeit, Medien und Presse, die Meldung, die Atmosphäre, die Wertschätzung, die Eigenliebe, die Egozentrik, die Identifikation, das Publikum, der Einfluss, die „Anderen", das Image, die Positionierung, die Darstellung, die Überzeugungskraft, das Charisma, die Mode, die Wirkung.

Ihre Feinde sind die Gleichgültigkeit und Indifferenz, die Alltäglichkeit und Banalität, das Verblassen und das Vergessen.

- Die *staatsbürgerliche Welt* wird von Boltanski und Thévenot durch den Bezug auf das Selbstverständnis der Gewerkschaften beschrieben, als Ausdruck demokratisch verfasster Gesellschaften, in denen kollektive Einigungsprozesse praktische Staatsbürgerlichkeit konstituieren. Das Kollektiv steht entsprechend über dem Individuum, hier scheint der Abstraktionsgrad in Anlehnung an die politischen Staatsphilosophien und an soziologische Gesellschaftstheorien vergleichsweise am höchsten. Als zentrale Kollektivwesen stehen Arbeitnehmer und Arbeitgeber einander gegenüber. Wichtige Größen sind hier die Instrumentarien des kollektiven Gemeinwillens, der Kampf gegen Partikularinteressen, die Gemeinschaft, die Repräsentation, die Autorität (vermittelt durch eine starke Organisation), die Teilhabe und Mitbestimmung an bürgerlichen Rechten, die Betriebsgruppe, die Delegation, die gesetzlichen Formen als Aktanten, das Programm, die Geschäftsstelle, die Positionen und Ziele, die Versammlung, die demokratische Republik, die Basis, das Recht und die Gerechtigkeit, die Abstimmung, die Mobilisierung, das Gesetz. Ihre Feinde sind die Spaltung, der Individualismus, die Isolation, die Abweichung und die Willkür.

- Die *Welt des Marktes*: Boltanski und Thévenot trennen scharf zwischen der Welt des Marktes und der industriellen Welt, wie sie ihrer Ansicht nach in der Soziologie und Ökonomie fälschlicherweise häufig in eins gesetzt werden (vgl. ÜR: 264). Die Welt des Marktes beruht auf der Grundannahme des Individualismus. Ausgehend von der Idee Adam Smiths, dass die Individuen ähnliche oder gleiche Dinge begehren, entsteht Konkurrenz. Hohe Anerkennung genießen hingegen diejenigen, die diese Begehrlichkeiten bündeln und ihren Preis festlegen. Reichtum, Egoismus, Interesse, Besitz, Kaufen, Verkaufen, Gewinn, Wettbewerb und Rivalität konstituieren eine Welt, in der „lokale Transaktionen auf eine gewisse Form von Allgemeinheit abzielen." (ÜR: 266). Opportunismus, Freiheit, Offenheit, Anpassungsfähigkeit, Sympathie und Empathie für die Einen, Gleichgültigkeit und Distanz gegenüber den Anderen, das Nutzen von Gelegenheiten, das Risiko gelten als wichtige Größen der Sozialtechnologie der Subjektivierung des Ökonomischen, innerhalb derer der Nutzen der marktförmigen Objekte zweitrangig ist.

- Die *industrielle Welt*: Die Autoren betonen, dass technische wissenschaftliche Objekte nicht auf die industrielle Welt beschränkt sind, doch sie spielen hier eine besonders herausragende Rolle. Methode, Effizienz und Funktionalität gehören zu den prominentesten Größen dieser Welt. Leistung, Zuverlässigkeit, Einsatzfähigkeit, Operationalisierbarkeit, Arbeit, Energie bilden wichtige Größen, innerhalb derer die Würde des Menschen im postfordistischen Zeitalter als Quelle eines Optimierungs- und Aktivierungsdiskurses aufgefasst wird. Diese Größe gerät in Gefahr, wenn das instrumentelle Handeln Überhand nimmt, der Mensch den Maschinen untergeordnet oder wie ein Ding behandelt wird. Definitionen, Pläne, Ziele, Grafiken, Kriterien, Dimensionen, Umwelt, Raum, Variable, Durchschnitt, Schema, Norm, Leitlinien, Fortschritt, Investition, Dynamik, Kalkül, Organisation, Kontrolle, Stabilität, Analyse, Standard, System, Messung, Test sind wichtige Größen.

Im vierten Teil widmen sich Boltanski und Thévenot dem Kern ihres Forschungsinteresses, nämlich der Frage, wie die verschiedenen Formen der Kritik, des Konfliktes und der Prüfung zum Ausdruck kommen. Wie finden die Übergänge von einer Rechtfertigungsordnung zu einer anderen statt, was wird verschoben, wie wird übertragen? Sie gehen dabei auf der Basis der idealtypisch dargestellten Welten systematisch vor: Jede der Welten wird mit spezifischen Kriterien der anderen Welten konfrontiert. Dieses recht aufwendig und stellenweise etwas umständlich erscheinende Verfahren hat den Vorteil, zum einen die Abgeschlossenheit der beschriebenen Welten zu durchkreuzen und ihnen eine höhere empirische Validität zu geben. Anhand konkreter Konfliktlinien lassen sich Kritikformen herausarbeiten, die sich nicht auf die klassische Konfrontation zwischen den sozialen Klassen beschränken, sondern ein plurales Panorama abbilden, anhand derer die Autoren ihre idealtypischen Rechtfertigungsordnungen profilieren. In der Tat bemerken sie, dass die Homogenität der Welten eine empirische Ausnahme ist, daher folgern sie: „Welten dürfen nicht mit Gruppen in Verbindung gebracht werden, sondern nur mit Arrangements von Objekten. Diese Arrangements charakterisieren die verschiedenen Situationen, in denen Personen handeln und dabei diese Objekte ins Spiel bringen. In einer differenzierten Gesellschaft trifft eine Person zwangsläufig jeden Tag auf Situationen, die zu ganz klar voneinander geschiedenen Welten angehören. [...] Da die Gerechtigkeitsprinzipien nicht unmittelbar miteinander kompatibel sind, führt ihr Zusammentreffen in ein und demselben Raum unweigerlich zu Spannungen, die nach einer Auflösung verlangen. Ansonsten könnte keine Handlung normal weiterlaufen. Ein noch so inspirierter Künstler kann sich nicht in jeder Situation von der Inspiration des Augenblicks leiten lassen; wenn er nicht für verrückt erklärt werden will, muss er sich beim Postamt wie ein normaler Kunde benehmen." (ÜR: 290) Mit diesem Vorgehen grenzen sich Boltanski und Thévenot erneut von der klassischen Soziologie ab, der sie vorwerfen, die essenzialistische Idee vom Subjekt doch nie ganz aufgegeben zu haben: „Unser Untersuchungsrahmen unterscheidet sich hierin von solchen Paradigmen, die eine Steuerung durch ein zuvor im Innern der Einzelpersonen verankertes Programm annehmen. Woher auch immer dieses Programm kommen und wie auch immer seine Verankerung in der Person vonstatten gehen mag, seine Funktion besteht jedenfalls darin, die Identität des Subjekts aufrechtzuerhalten." Gegen einen solchen Automatismus setzen sie auf die Evidenz der Optionalität: „Unser Ansatz zielt dagegen darauf, im Hinblick auf das Handeln der Personen ein Moment von Unsicherheit zu bewahren, dem unserer Auffassung nach unbedingt ein Platz in einem Modell zukommen sollte, das menschliches Verhalten erklären will. [...] Es schließt damit die Möglichkeit der Kritik ein, die in deterministischen Theoriekonstruktion keine Berücksichtigung findet." (ÜR: 291)

Unter *Kritik* verstehen die Autoren den Beitrag zur Konstitution der genannten Welten durch ihre Infragestellung. Sie ist damit unmittelbare Motivation für eine Verschiebung von Rechtfertigungsordnungen. Indem sie Äquivalenzen einfordert, trägt sie außerdem zur Komplexitätsreduktion bei, die der „Monstrosität von hybriden Settings" entgegenwirkt, Situationen der Überforderung also. Den humanen und demokratischen Charakter dieser Äquivalenzbildung sehen Boltanski und Thévenot in der pragmatischen Grundannahme, derzufolge das Einfügen anderer Größen in eine gegebene Situation oder in ein gegebenes Arrangement von Objekten und Personen, Ausdruck des Rechtes darauf ist, auf diese Größen und Welten zuzugreifen: „Indem sie diese Möglichkeiten ins Spiel bringen, verleihen die Menschen ihrer Würde Ausdruck." (ÜR: 312) Dies schließt des Weiteren die Fähigkeit und das Recht darauf ein, in gegebenen Situationen, „die Augen zu schließen oder offen zu halten" (ÜR: 313ff.), womit die Möglichkeit des sich Einlassens und der Konzentration gemeint ist, die sämtlichen Ablenkungen widersteht (Augen schließen) bzw. die Möglichkeit des Aufgreifens und Erkennens anderer Bezugsysteme und Referenzgrößen durch Entzug aus der Situation (Augen öffnen).

Was passiert also, wenn die Akteure von einer Rekurswelt zu einer anderen wechseln? Hier wird die Kompetenz, d.h. das Wissen um und das Umgehen mit verschiedenen Rekurswelten an der Fähigkeit zur Antizipation offensichtlich (vgl. ÜR: 315). Boltanski kann auf seine frühen professionssoziologischen Studien zurückgreifen, etwa auf die soziokulturelle Zusammensetzung der Angehörigen der Elitehochschulen, deren Eigenheit nicht nur in ihrer Klassenstellung begründet ist, sondern in ihrer Fähigkeit, in verschiedenen Welten „zuhause" zu sein und zwischen ihnen zu wechseln (vgl. Boltanski 1973). Die bereits erwähnte Kritik an der ontologischen Aufspaltung von bewusstem und unbewusstem Handeln wird insbesondere in der Beobachtung kurzer Handlungssequenzen deutlich, in denen Akteure auf unterschiedliche Welten Bezug nehmen. Hier offenbart sich den Autoren zufolge ein „Rechtfertigungsimperativ", der alle an der Situation beteiligten

Akteure und Objekte dazu bringt, sich auf ein bestimmtes Vorgehen oder Verfahren zu einigen. Dabei nehmen sie in der wechselseitigen Kritik zunächst Bezug auf verschiedene und häufig kontingente Bezugswelten. Boltanski und Thévenot illustrieren diese Ereignisse nun im vierten und fünften Teil des Buches anhand einer Kreuzung der Formen der Kritik der Welten aneinander (Teil vier) sowie Praktiken der Kompromissbildung, innerhalb derer diese Welten jeweils andere Welten aktivieren (Teil fünf). Abschließend beschreiben sie Formen der Relativierung jener Kompromissbildungen, welche entweder dazu beitragen, sich dem Kompromiss zu entziehen oder dazu, weitere Instanzen aufzurufen (etwa die positive Wissenschaft, denkbar wäre aber auch eine religiöse Größe), um die gesamte Situation zu „entlarven".

Im abschließenden Nachwort begründen die Autoren, warum sie ihre Soziologie unter die Kategorie der pragmatistischen Sozialtheorien einreihen: Sie wollen mit dem Modell der Rechtfertigungsordnungen „Schritte auf dem Weg zu einer Pragmatik der Reflexion" einleiten (ÜR: 464ff.), die auf der Prämisse beruht, den Akteuren im Moment ihrer reflexiven Auseinandersetzung in einer gegebenen Situation zu folgen. Es wird also nicht die Handlungsphilosophie des Pragmatismus aufgerufen, sondern vielmehr die in Hinblick auf die Bildung von Rechtfertigungsordnungen bedeutende akteurszentrierte Begründung für das Untersuchungsverfahren geliefert, wie Laurent Thévenot rückblickend bemerkt: „[D]ie gleichen Personen werden dazu gebracht, Erfahrungen mit einer Pluralität von Möglichkeiten zu machen, ein Verhalten zu bewerten und es zu prüfen. Diese Pluralität führt weniger zu einem Unterschied zwischen den Rollen, der sozialen Welten oder gar ausgesuchter Identitäten, als zu einem Umschwenken von Wirklichkeitsprüfungen, welche die Person ebenso wie die ganze Gemeinschaft kritischen Spannungen aussetzt." (Thévenot 2006: 6) Dieses Umschwenken führt zwangsläufig zu einer Denaturalisierung strukturell gegebener Phänomene, sie verlieren ihren „natürlichen", selbstverständlichen Charakter.

„Über die Rechtfertigung" wurde insbesondere in Frankreich intensiv rezipiert, aufgegriffen und verschiedenen Kritiken ausgesetzt, die Luc Boltanski dazu veranlassten, das entwickelte Analysemodell zu modifizieren. Zum einen wurde verschiedentlich die Auswahl und die Begrenzung der Rechtfertigungsregime bemängelt: Reicht es aus, auf die genannten sechs *cités* zu rekurrieren und gäbe es nicht auch solche, die weder dem Streit, noch dem Konflikt und damit auch keinen Prüfungen im genannten Sinne unterlägen? Zum anderen wurde die empirische Validität des Analysemodells in Frage gestellt: Wie stellten Akteure konkret „Grammatiken der Einigung" zwischen den *cités* und ihren Handlungen her? Und schließlich wurde kritisiert, dass Boltanski und Thévenot letztlich eine mikrosoziologische Perspektive beibehielten, obgleich sie doch auf allgemeine, d.h. auch normative Ordnungen rekurrierten, wobei sie sich „von historischen Kontingenzen haben fehlleiten lassen." (vgl. Wagner 2004: 442) Demnach haben sie zugunsten der symmetrischen Perspektive die historische Situiertheit ebenso wenig erfasst wie die Konfliktgeladenheit der untersuchten Handlungsregime. Da die französische Soziologie durch die Bedeutung der dominanten strukturalistischen Strömungen durch eine holistische Perspektive geprägt war, vermuteten manche Kritiker überdies, dass die radikale Abkehr Boltanskis und Thévenots von generalisierenden Aussagen zugleich einen Anspruch auf eine neue Gesellschaftstheorie signalisierte, was beide Autoren jedoch mehrfach abstritten. Vielmehr stellt ihr Analysemodell den Versuch dar, die Aufteilung von Mikro- und Makrosoziologie durch eine symmetrische Methodologie aufzuheben. In seinen Arbeiten „Amour et Justice comme compétences" (1990) und „La souffrance à distance" (1993) unterzog Luc Boltanski das Modell der Rechtfertigungsordnungen einer eingehenden Prüfung, indem er es einerseits auf konkrete Themenfelder bezog und andererseits in Hinblick auf seine erkenntnistheoretischen Dimensionen vertiefte. Hier werden die Einflüsse Paul Ricœurs, Gilles Deleuzes und Bruno Latours auf sein Werk besonders deutlich.

### Äquivalenz ohne Rechtfertigung und die Moral des Mitleids

Die Essaysammlung „Amour et Justice comme compétences. Trois essais de sociologie de l'action" (1990) wurde bislang noch nicht ins Deutsche übersetzt. Zusammenfassend geht es Boltanski darum, neben den genannten Praktiken der Rechtfertigung, die aus der Prüfung hervorgehen, das soziologische Augenmerk auf allgemeine Prinzipien der Koordination zu beleuchten, die er „Handlungsregime" nennt. Das Modell der Rechtfertigungsordnungen, wie er es zusammen mit Laurent Thévenot entwickelt hat, wird dabei zu einer Unterabteilung eines spezifischen Handlungsregimes, d.h. hier: dem der Gerechtigkeit, dem weitere Handlungsregime zugeordnet werden. Damit reagiert Boltanski auf den Vorwurf, dass das in „Über die Rechtfertigung" entwickelte Modell nur auf eine von mehreren möglichen Orientierungen verweise. Das Handlungsregime der „Gerechtigkeit" ist eines, das Äquivalenzbildungen ermöglicht. Das Gleiche gilt für das Handlungsregime der „Richtigkeit" (justesse), das insbesondere in der industriellen *cité* von Bedeutung ist (vgl. Boltanski/Thévenot 1989). Diesen beiden stellt Boltanski nun zwei weitere Handlungsregime an die Seite, die das soziale, kulturelle und politische Leben ebenso kennzeichnen, jedoch ohne Äquivalenzprinzipien im Sinne der bereits untersuchten Rechtfertigungsordnungen auskommen: Es handelt sich um die „Liebe" und um die „Gewalt", die er sowohl als Handlungsregimes wie auch als Zustände bezeichnet. Aus den vier Regimes „Gerechtigkeit", „Richtigkeit", „Liebe" und „Gewalt" wählt Boltanski zwei aus, die entsprechend seines symmetrischen Modells einander entgegengesetzte Koordinationsformen des Handelns kennzeichnen: Die „Liebe" (gekennzeichnet durch die Abwesenheit von Äquivalenzprinzipien) und die „Gerechtigkeit" (Anwesenheit von Äquivalenzprinzipien). Genauer: Boltanski untersucht die Übersetzungleistungen, die Akteure praktizieren, um von einem Handlungsregime zu einem anderen zu gelangen – ein Hauptmotiv seiner Soziologie – und dabei plausible Realitäten produzieren. Er fasst diese Übersetzungen als Praktiken der Handlungskoordination auf. In drei Essays verbindet er Perspektiven, die (1) vom Streit oder Konflikt abweichende Kompetenzmodelle von Soziabilität aufzeigen, in denen (2) „Liebe" und „Gerechtigkeit" als deren emotiv-moralische Orientierungsmuster exemplarisch untersucht und die er schließlich (3) anhand einer korrespondenzanalytischen Fallstudie von Leserbriefen an die Tageszeitung „Le Monde" in Hinblick auf Empfindungen von Ungerechtigkeit mit Mitarbeitern des GSPM auswertet.

Der programmatische Titel des ersten Essays, der auch als fröhliche Widerrede zur kritischen Theorie und Soziologie gelesen werden kann, lautet: „Wozu die Leute fähig sind". Boltanski interessiert sich für die Frage, wie Handlungen trotz divergierender Einstellungen und Interessenlagen koordiniert werden und erstellt ein symmetrisches Modell zur Beendigung von Konflikten. Für die forschungspraktische Umsetzung dieses Vorhabens erweitert Boltanski das situative Analysemodell aus „Über die Rechtfertigung" zu einer symmetrischen Soziologie der Übersetzung von Kompetenzen.

Luc Boltanski schlägt mit dem Modell der vier Handlungsregime Aktivierungsprinzipien vor, welche die Menschen antreiben, bestimmte Dinge zu tun – etwa, Kritik zu üben, aber auch: ihr Handeln in Übereinstimmung zu bringen, und durch Verfahren der Äquivalenzbildung Zustände des Friedens und der Einigung herzustellen. In einem ausführlichen Rückblick auf die vergangenen Arbeiten mit Thévenot, Chateauraynaud und anderen rekapituliert Boltanski die vom GSPM durchgeführten Untersuchungen der vergangenen zehn Jahre, die sich auf das Sammeln und Klassifizieren solcher Aktivierungsprinzipien konzentriert hatten. Die methodische Nähe zur analytischen Philosophie beschreibt er als „deskriptive Metaphysik" (AJ: 60), die jedoch nicht idealistisch argumentiert (im Sinne etwa der Habermasschen Kommunikationstheorie), sondern vielmehr die Gegenwärtigkeit allgemeiner Referenzen herausfiltert, die soziale Äquivalenzbildungen ermöglichen. Das „Kompetenzmodell der Urteilskraft", das Boltanski dabei zu ermitteln trachtet, basiert auf einer empirischen Untersuchungsstrategie, welche das „agencement de la situation", die situative Aktivierung oder auch Selbst-Aktivierung in den Blick nimmt. Das macht Boltanskis Programm – lange vor dem „Neuen Geist des Kapitalismus" – anschlussfähig an die gegenwärtigen zeitdiagnostischen Ökonomisierungs- und Subjektivierungsstudien in der Folge Michel Foucaults (vgl. Bröckling 2007).

Boltanski definiert daran anknüpfend vier Handlungsregimes, die zugleich Schwellen oder Übergänge zwischen verschiedenen Äquivalenzprinzipien markieren sollen – was in der Alltagspraxis häufiger vorkomme als die pure Anwendung eines einzigen Handlungsregimes. Er stellt dazu je zwei Gegensatzpaare auf, die insbesondere für die Studie von öffentlichen Beschwerden, Anklagen und Streitfällen als Sonderformen der Kritik nutzbar gemacht werden sollen, in denen spezifische Kompetenzen sichtbar werden. Es sind die Regime „Streit vs. Frieden" sowie „Äquivalenz vs. Abwesenheit von Äquivalenz".

Im zweiten Essay „Agapè – Eine Einführung in Zustände des Friedens" konzentriert sich Boltanski auf das Handlungsregime der „Liebe", das zwei für den Zustand des Friedens konstitutive Koordinationsprinzipien beinhaltet: Die Liebe in der *Agapè* und die Freundschaft. Er greift das Konzept der *Agapè* auf, das, zunächst in der christlichen Theologie definiert als Liebe von und zu Gott, von ihm soziologisch übersetzt wird in die Liebe zu den Menschen im allgemeinsten und umfassendsten Sinn. Es handelt sich dabei um einen dem Handlungsregime der „Liebe" angehörigen, idealtypischen Zustand. Boltanski vergleicht den Friedenszustand im Gegensatz zu sämtlichen sonstigen Zuständen im Sinne des zweiten Gegensatzpaares: „Der Frieden wird durch die Abwesenheit von Äquivalenzen manifest. Wenn die Personen im Zustand des Friedens sind, ist der Bezug auf die Äquivalenz nutzlos." (AJ: 141) Am Beispiel der Studien Michel Callons und Bruno Latours stellt Boltanski fest, dass auch nicht-menschliche Akteure, also Objekte dazu angetan sind, diesen Friedenszustand herzustellen, weil sie als solche nicht angezweifelt werden können. Wenn z.B. jemand vom Bahnhof abgeholt wird, wird kaum ein Streit darüber entbrennen, zu welcher Uhrzeit dies geschieht, da diese bereits durch den Fahrplan festgelegt ist. Es ist also nicht notwendig, eine Äquivalenz etwa zu anderen Faktoren herzustellen, die zur Einigung auf eine bestimmte Uhrzeit führen (vgl. Boltanski in Basaure 2008: 5). Im Sinne der von der pragmatischen Soziologie Boltanskis verfolgten „expérimentation sociologique" (Dodier 1001: 448) lässt sich somit eine symmetrische Beziehung zwischen so unterschiedlichen Phänomenen wie dem Fahrplan und der Freundschaft herstellen, weil sie „Übersetzungen" ermöglichen, d.h. sie stellen Beziehungen zwischen bestimmten Phänomenen her. Daher sind Objekte ebenso wie die Freundschaft Bestandteil einer Sozialanthropologie, die zugleich eine politische Dimension hat, wie Boltanski anhand der antiken Philosophie rekonstruiert. So siedelte Aristoteles die Freundschaft, die der *Agapè* sehr nahe kommt, noch vor der Gerechtigkeit als wichtigen Übersetzungsmodus in die unterschiedlichen *cités* an – also den Gerechtigkeitsordnungen. Eben darin liege die eminent politische Dimension der Freundschaft. Die durch sie hergestellten Beziehungen erweisen sich in der anthropologischen Forschung als evidenzbasierte Schleife – vergleichbar dem genannten Beispiel des Fahrplans. „Die Arbeit des Anthropologen kann damit als die Gesamtheit von Klärungsoperationen definiert werden, die sich im Inneren dieser Schleife einschreiben." (AJ: 149). Dabei geht Boltanski auf Grundlage des allgemeinen kulturellen Wissens davon aus, dass rekursive Referenzverfahren Orientierungen bereitstellen, deren innere Systematik nicht auf universellen Ideen beruht, sondern das Handlungsregime der „Liebe" sowohl aktivieren als auch modifizieren (vgl. AJ: 151). Die *Agapè* bildet dabei einen bestimmten Zustand dieses Handlungsregimes. In der theologischen Tradition ist die *Agapè* eindeutig auf die Liebe Gottes zum Menschen zugeschnitten, die sich maßgeblich innerhalb der religiösen Praktiken ausdrückt. Hier ist der Zusammenhang zwischen praktischem Wissen und (religiöser) Praxis besonders eng. In Kritik an Jürgen Habermas stellt Boltanski fest, dass es sich hierbei nicht primär um diskursive Argumente handelt.

Die Liebe in der *Agapè* beschreibt Boltanski in ihrem Verhältnis zu zwei anderen Formen der Liebe: Philia und Eros. Für ein umfassendes Verständnis des Gerechtigkeitssinnes und seines emanzipatorischen Potenzials hält Boltanski es für notwendig, sie auf die gleiche Stufe zu stellen wie das Regime der Gerechtigkeit. Sie bildet sozusagen ihr notwendiges Pendant, will man das Gefühl von Ungerechtigkeit nachvollziehen, dass z.B. durch die Abwesenheit von Äquivalenzprinzipien ausgelöst wird. Zudem greift Boltanski, in Anlehnung an die Philosophie Paul Ricœurs auch einen biographischen Strang seiner Soziologie wieder auf, der in der Integration religiöser Handlungsmotive in die soziologische Analyse besteht (Boltanski 2006: 50). Ohne ihnen den Stempel der „Spiritualität" aufzudrücken, geschweige denn einer Religionssoziologie das Wort zu reden, versucht Boltanski, diesen Aspekt in die pragmatistische Soziologie einzubauen. Es geht ihm dabei insbesondere um traditionelle Formen der sozialen Bindung, die auf der Grundlage der Liebe aktiviert werden. So wird in der „Philia" die Liebe zur Freundschaft, zur Gegenseitigkeit und zur Anerkennung gepriesen. Vor allem die wechselseitige Anerkennung ist nur unter bestimmten zeitlichen und räumlichen Bedingungen möglich: „Die Umsetzung der Philia hat die Kopräsenz in einem gleichen Raum zur Bedingung." (AJ: 161) Der Eros, die egozentrische Liebe, unterscheidet sich von der Philia jedoch nicht unbedingt durch den Gegensatz von physischer und transzendenter Liebe. Doch seine Position – als unbewusstes Verlangen – ist in der Psychologie eine ähnliche wie die des kollektiven Unbewussten in der Soziologie. So zeigt sich der Altruismus gegenüber dem Egoismus in der Soziologie Emile Durkheims als die überlegene Kategorie, die der „sozialisierten Liebe" gleichkommt (vgl. AJ: 169). Auch hier werden wieder Äquivalenzprinzipien angeführt, die Boltanski jedoch gerade in der *Agapè* überwunden sieht. Die vollkommene Abwesenheit von Äquivalenzen unterscheidet die *Agapè* demzufolge sowohl von der Philia als auch vom Eros. Deutlich wird dies etwa daran, dass die *Agapè* den Wert ihres Objektes nicht kennt, [n]icht aufgrund einer asketischen Gleichgültigkeit, sondern weil sie ihn nicht erkennen kann." (AJ: 171) Dies macht sie interessant für die soziale Stellung der Gabe, die von Marcel Mauss maßgeblich als ritueller Ausdruck von Reziprozität untersucht wurde. So stellt Boltanski fest, dass die Gabe der *Agapè* eben gerade keine Gegengabe erwartet – an dieser Stelle wird die Abwesenheit von Äquivalenzprinzipien deutlich. Hier liegt der besonders schwierige Zugang der Soziologie begründet, weil die *Agapè* nur schwerlich mit instrumentellen Interpretationsmethoden erfasst werden kann – Boltanski vermutet, dass sie deshalb auch so wenig untersucht wurde.

Im Gegensatz zu den Regimes der Gerechtigkeit, die an der Vergangenheit festhalten, zeichnet sich die *Agapè* durch ihre Vorliebe für die Gegenwart, ihren nicht-berechnenden Charakter, ihre Sorg- und Arglosigkeit und ihre Fähigkeit des Verzeihens und des Ziehen-Lassens aus, wie Boltanski am Beispiel der Philosophie Søren Kierkegaards erläutert. In den „Werke[n] der Liebe" formuliert Kierkegaard die Unmöglichkeit der Liebe, Äquivalenzprinzipien zu erzeugen, was Boltanski zufolge der Inkommensurabilität der Liebe in der *Agapè* entspricht. Ähnlich wie in der religiös konnotierten *Agapè* laufen die Rechtfertigungsprinzipien in der bei Kierkegaard beschriebenen Liebe allein durch den Filter der Praxis. Boltanski betont: „Der Zwang, der die Selbstreferenzialität begrenzt, ist untrennbar mit der Ablehnung von Äquivalenz durch die Vermittlung der Zeit verbunden. Um im Zustand der Liebe zu bleiben, gilt die Notwendigkeit, die Äquivalenz auszublenden, auch für die zeitliche Äquivalenz. Aus diesem Grund stehen die Ablehnung der Äquivalenz, die Unmöglichkeit zur Selbstreferenz, die praktische Umsetzung und die Bevorzugung der Gegenwart in einer strukturellen Beziehung zueinander. Der Rest entwickelt sich auf der Basis dieser Struktur." (AJ: 183) Am Beispiel der Erzählungen Franziskus von Assisis, den „Fioretti" über eine mittelalterliche brüderliche Glaubensgemeinschaft, die in der *Agapè* lebt, verdeutlicht Boltanski weiterhin die weitgehende Abwesenheit von Diskursivität dieser Liebesform. Diskurs und Äquivalenzbildung sind mithin jedoch zwei zentrale Ansatzpunkte der soziologischen Erklärung.

Nachdem Boltanski die weitgehende Ausblendung der *Agapè* aus den Sozialwissenschaften auf die Abwesenheit der tradierten soziologischen Parameter (Äquivalenz und zeitlichen Zuordnung) zurückgeführt hat, arbeitet er demgegenüber die Anwesenheit der Liebe in der *Agapè* in der Sozialtheorie heraus, die sich in ihren egalitären und utopischen Ansprüchen ausdrücken. Er prüft ihre indirekten Interpretationen bei Karl Marx; insbesondere in dessen Skizzen zur kommunistischen Gesellschaft, die Bestandteile der *Agapè* postulieren, wie etwa in Marx' anthropologischen Gleichheitsvorstellungen, die sich in der kommunistischen *cité* jeglichem Kalkül entziehen sollten (vgl. AJ: 209ff.). In Marcel Mauss' Gabe-Theorem erscheint die Problematik der *Agapè* im Sinne der Abwesenheit eines Äquivalenzprinzips hingegen eher fehl am Platz, geht es Mauss doch gerade um die Sichtbarmachung der wechselseitigen Verpflichtung, die durch die Gabe symbolisiert wird (vgl. AJ: 213ff.) In Pierre Bourdieus Arbeiten, insbesondere in seinem „Entwurf einer Theorie der Praxis", wird die Kritik an Lévi-Strauss' Strukturalismus aus praxistheoretischer Perspektive pointiert zugespitzt, wie Boltanski erklärt. Boltanski sieht in der Praxistheorie Bourdieus insofern einen Bezug zur *Agapè*, als dass sie weitestgehend versucht, Äquivalenzprinzipien aus dem Untersuchungsverfahren auszuschließen: „Sie [die Theorie der Praxis, T.B.] beansprucht tatsächlich, die Sozialwissenschaften zu erneuern und ihren wissenschaftlichen Charakter zu festigen, in dem sie sie von einer engen Wissenschaftlichkeit befreit, die sich am Ziel ihrer Arbeit glaubt, wenn sie sich einem Algorithmus verschreibt, der es erlaubt, die Welt kalkulierbar zu machen. Die Sozialwissenschaft, so erinnert der *Entwurf*, ist zunächst die Wissenschaft von der Sozialwissenschaft der Akteure. Es ist also die Praxis der Akteure, über die sie zuallererst aufzuklären hat, indem sie diese in ihrer eigenen Sprache umformuliert, und über ihre Fähigkeit, angesichts routinierter oder neuer Situationen, miteinander kohärente und damit sinnhafte Handlungen hervorzubringen. Nun entsprechen die Handlungen von Personen nicht den Regeln des Kalküls, die in der Konstruktion von Modellen ins Werk gesetzt werden. Der *Entwurf* macht es sich daher zur Aufgabe, die triftige Logik aus der Ordnung der *Praxis* heraus zu rekonstruieren (ein Konzept, das für die marxistische Tradition ebenso relevant ist wie für die Phänomenologie)." (AJ: 216ff.) „Das Projekt P. Bourdieus zielt in einer neuen Synthese darauf ab, die Gewinne des Durkheimismus, des Marxismus und der Phänomenologie zusammenzuführen." (AJ: 218) Die Praxis der Akteure wird hier insofern als grundsätzlich zweckfreie, da inkorporierte Existenzform aufgefasst, die nicht per se Äquivalenzen einfordert bzw. abruft. Wenn die Soziologie als „Wissenschaft der Akteure" verstanden wird, manifestiert sich dieses Wissen als akteursspezifischer „sens pratique", dessen Analyse nicht von vornherein durch soziologische Vorannahmen eingeschränkt werden soll, die letztlich nur eine scholastische Variante der Äquivalenzbildung darstellt (und deren konfliktuöser und gewaltvoller Charakter von Bourdieu immer betont wurde). In diesem Abschnitt wird das Bestreben Boltanskis deutlich, den Anspruch des „patrons" zu unterstreichen, eine weitgehend voraussetzungslose Untersuchungsform zu entwickeln – ein Tatbestand, den er in vielen anderen Kommentaren zu Bourdieu als nicht eingelöst kritisierte.

Hinsichtlich der Stellung der reinen *Agapé* in der Sozialtheorie scheint es so zu sein, dass es gerade ihre Bedingungslosigkeit ist, die ihre volle Realisierung unmöglich erscheinen lässt. Daher sucht Boltanski in einem nächsten Schritt nach Spuren der *Agapè* im Sinne von „Zuständen". Da sich die Liebe eher praktisch als diskursiv ausdrückt, ist sie soziologisch vor allem aus ihrem Spannungsverhältnis zur Gerechtigkeit zu erfassen, die auf den (öffentlichen) Diskurs angewiesen ist. Befinden sich Liebe und Gerechtigkeit im Zustand der *Agapè*, könnte sie sowohl den positiven wie den negativen Utopien entkommen, die entweder naive Gegenseitigkeit fordern oder alles aus der Perspektive des Zwanges und der Unterdrückung sehen. Hier verdeutlicht sich Boltanskis Interesse an den Koordinationsprinzipien in einer Welt unwahrscheinlicher Ordnungen erneut. Er geht davon aus, dass „die Personen in konkreten Lebenssituationen in unterschiedlichem Grad in verschiedenen Regimes envolviert sein können, und dass es keine Situation gibt, egal wie stabil sie auch erscheinen mag, welche nicht die Möglichkeit bietet, in ein Regime einzutreten, das nicht mit dem übereinstimmt, in dem sie sich zu befinden scheinen. Diese Annahme scheint uns notwendig, um die immer fließenden Übergänge von einem Regime in ein anderes zu verstehen." (AJ: 233) Zwei Übergänge, der von der Liebe zur Gerechtigkeit und der von der Gerechtigkeit zur Liebe gehören Boltanski zufolge zu den typischen Erscheinungsformen. Ersterer manifestiert den Übergang von der Liebe zum Gerechtigkeitsregime durch die diskursive Bezugnahme auf allgemeine Gesetze und hat damit metaphysischen Charakter. In der Versprachlichung wird das Allgemeine gegenüber dem Spezifischen vergrößert. Bei zweiterem, seltenerem Fall wird, z.B. im Fall der Gabe keine Gegengabe erwartet, oder, im Fall der Gewalt, nicht mit Gegengewalt geantwortet, was wiederum als Gabe empfunden werden kann. Wie hier deutlich wird, bleiben die Beispiele recht abstrakt. Der Erkenntnisgewinn dieser Auseinandersetzung liegt Boltanski zufolge darin, Modelle zur Beendigung von Konflikten zu entwerfen. Er versucht damit das Dilemma aufzulösen, dass daran deutlich wird, dass die Beendigung von Konflikten durch Gerechtigkeitsregime nicht immer hilfreich ist, da diese neue Gerechtigkeitsregime erzeugen und damit neue Konflikte. Die Emotion ist das Transportmittel der kontinuierlichen Variation der Regime untereinander und sie beruhigt sich, sobald sie sich außerhalb des Bezugs auf ein anderes Regime befindet: „Frieden der Liebe, reine Gerechtigkeit, gelassene Dinge, kalte Gewalt." (AJ: 247)

Im dritten Essay, „Die öffentliche Anklage", erläutert Boltanski Bezug auf konkrete Praktiken der Bezugnahme auf Gerechtigkeitsregimes, die sich im Diskurs manifestieren. Hier liegt der Fokus auf der Fragestellung: Wie wird so etwas wie soziale „Normalität" hergestellt? Zu diesem Zweck greift er empirische Studien auf, die er zu Beginn der 1980er Jahre über den Tatbestand der „Affäre" durchgeführt hat, d.h. über die öffentliche Skandalisierung sozialer Probleme. Die Skandalisierung untersuchte Boltanski anhand von Leserbriefen an die Tageszeitung *Le Monde*, die zwischen 1979 und 1981 geschrieben wurden und von ihm und einem kleinen Mitarbeiterkreis in Hinblick auf Themen, Sprachregister, Form der Kritik und Grad an Verallgemeinerbarkeit klassifiziert wurden. Von besonderem Interesse waren aus seiner Sicht dabei zwei Fragestellungen: 1. Wie formulieren die Leser ihre Kritik, d.h. wie hoch ist der Verallgemeinerungsgrad sowohl des angeklagten Tatbestandes („privater" Konflikt etwa mit Behörden oder allgemeinere Themen wie Rassismus, Frauenfeindlichkeit etc.) als auch der Autoren (handelt es sich um Einzelpersonen, oder sprechen sie für Gruppen, Organisationen oder Institutionen)? und 2. ab wann wird eine Kritik anomisch, d.h. ab wann wird sie sowohl von den Journalisten, die sie lesen und filtern, als auch von Soziologen als tendenziell oder eindeutig pathologisch bewertet (z.B. aufgrund derber Vulgarismen, permanenter Wiederholungen, abrupter Wechsel von Themen, Genres und Sprachregistern)? Jörg Potthast bemerkt zu den verfolgten Fragestellungen: „Damit ein Vorfall nicht ein unbedeutender Einzelfall bleibt, sondern skandalös genug ist, um in der Zeitung zu erscheinen, müssen [...] eine Vielzahl kognitiver Operationen der Gleichsetzung und Generalisierung vorgenommen und in kohärenter Form dokumentiert werden. Andernfalls läuft die Denunziation Gefahr, den Normalitätssinn der bearbeitenden Redakteure zu verletzen, was die Chance auf Veröffentlichung extrem mindert." (Potthast 2001: 552) Diese Auseinandersetzung berührt das tiefe Spannungsverhältnis, das der von Boltanski vorausgesetzten Unwahrscheinlichkeit von Ordnungen zugrunde liegt: Der Normalitätssinn der Redakteure – und nicht eine angenommene Strukturlogik – gibt die strukturellen Fundamente vor, welche die soziale Evidenz von Ordnungen als sinnstiftende Handlungsregime markieren. Eben dies war vermutlich ein Grund, warum „La dénonciation" auf die harsche Kritik Pierre Bourdieus stieß und der Text nur mit Mühe und Not in den von ihm geleiteten „Actes de la Recherche en Sciences Sociales" erscheinen konnte. Es war der letzte Beitrag Luc Boltanskis in dieser Zeitschrift.

Als sozialer Ausdruck bieten diese empirischen Funde Boltanski zufolge die Möglichkeit, die für die Soziologie und die Sozialgeschichte typische erkenntnistheoretische Spaltung zwischen individueller und kollektiver Handlung durch die Sichtung konkreter Skandalisierungspraktiken aufzuheben, da die hier vorgestellten Handlungsregime auf keine der beiden Ebenen zu begrenzen ist. Sie veranschaulichen zugleich die eingangs von ihm unterstrichene Fähigkeit nicht-akademischer sozialer Akteure zur Kritik. Die in der *Agapè* dargestellten Übergänge von einem Handlungsregime zum anderen verweist auch in diesen Anklageformen auf Transformationssysteme und Übersetzungsleistungen. Aus diesen Gründen erweist sich nach Boltanski auch Latours Begriff vom Aktanten als sinnvoll, steht er nicht nur für die Überwindung des Mensch/Materie-Dualismus, sondern auch für die Nicht-Reduzierbarkeit von Individuellem auf Kollektives wie umgekehrt (vgl. AJ: 266). Boltanski spricht daher von einem „Aktantensystem der Anklage". Dieses System setzt sich im Wesentlichen aus den vier Aktanten „Ankläger", „Opfer" (die manchmal identisch sind), dem „Verfolger" und dem „Richter" zusammen. Damit daraus ein öffentlicher Skandal wird, kommt noch ein weiterer Aktant hinzu: Die „öffentliche Meinung", die von Boltanski jedoch nicht explizit als fünfte Größe benannt wird, da sie sich in der Person des Richters ausdrücke. Peter Wagner hebt die erkenntnistheoretische Funktion der Öffentlichkeit als empirische Überprüfungsinstanz in Abgrenzung zu Jürgen Habermas' Öffentlichkeitskonzept als Verfahren hervor, das es Boltanski erlaubte, über die gängigen Begrenzungen mikrosoziologischer Studien hinauszugehen: Es „fehlt hier eine starke normative Besetzung des Begriffs, wie dies bei Jürgen Habermas der Fall ist. Das Vorhandensein einer solchen Öffentlichkeit bedingt nicht die Erhöhung von Rationalität, vielmehr schafft sie die Möglichkeit, dass unterschiedliche Begründungsordnungen aufgerufen werden können. Zweitens hat diese Öffentlichkeit weder den Charakter einer Gruppe noch die eines Kollektivs. Sie ist vielmehr ein Phänomen, das den Einzelnen über die Beschränkungen der räumlichen Nähe hinausführt, ohne dabei selbst kollektiver Natur zu sein. Somit ermöglicht diese Version des Konzepts von Öffentlichkeit, dem Kollektivismus zu entfliehen, ohne dabei in Individualismus oder Mikrosoziologie zurückzufallen." (Wagner 2004: 438)

In zwei Grafiken stellt Boltanski das Spannungsverhältnis von Nähe bzw. Differenz sowie die individuelle bzw. kollektive Ausprägung der vier Aktanten „Ankläger", „Opfer", „Verfolger" und „Richter" dar und setzt diese ins Verhältnis zu ihrer sozioprofessionellen Stellung im sozialen Raum. Des Weiteren wurde erhoben, auf welche allgemeineren sozialen Gruppen Bezug genommen wurde, um der Anklage einen höheren Legitimationsgrad zu verleihen (AJ: 278) Um öffentliches Gehör zu finden, so beobachtete Boltanski, ist eine Ent-Singularisierung des Problems gefordert. Sie ist zentraler Bestandteil dessen, was Boltanski „die kritische Gesellschaft" nennt: „In unseren Gesellschaften verfügen alle Akteure tatsächlich über die Fähigkeit zur Kritik und können, wenn auch entsprechend ihrer Situation auf ungleiche Weise, kritische Ressourcen mobilisieren, die sie im Laufe ihrer täglichen Aktivitäten einsetzen. In diesem Sinne können diese Gesellschaften als kritische Gesellschaften bezeichnet werden." (AJ: 281) Ihre Legitimität erhält die Kritik durch die Annahme eines Normalitätspostulats, das wiederum von der Proportionalität der genannten vier Aktanten zueinander abhängt. Boltanski nennt das Beispiel eines Briefeschreibers, der eine Reihe von Komitees und Organisationen nennt, die hinter seiner Sache stehen würden, wobei deutlich wird, dass diese nur aus einer einzigen Person – ihm selbst! – bestehen. Hier sind Ankläger und Opfer nicht nur identisch, sondern stehen darüber hinaus in einem asymmetrischen Verhältnis zueinander. Im Anschluss analysiert Boltanski die aus den Dokumenten hervorgehenden Wechsel von Handlungsregimes der Anklage anhand ihrer normativen Rahmungen und konzentriert sich dabei auf die Gegensatzspannung zwischen Strategien der Verallgemeinerung und Strategien der Individualisierung. Auch erkennt er in den empirischen Funden stilistische und formale Merkmale, an denen das Ausmaß der Verletzung der Würde oder des verratenen Vertrauens (das besonders häufig anhand von Beschwerden aus der Arbeitswelt zur Sprache kommt) deutlich wird. Eine detailreiche Studie, in der die Leserin lediglich – handelt es sich doch um eine für das Sammelwerk überarbeitete Neuauflage – einen systematischeren Bezug insbesondere auf das vorangegangene Kapitel über die *Agapè* vermisst.

„Amour et Justice comme compétence" ergänzt „Über die Rechtfertigung" insbesondere um die Postulate einerseits der Abwesenheit von Äquivalenzbildung und andererseits der weiteren Ausdifferenzierung des Rechtfertigungsordnungen der sechs *cités* um das Handlungsregime der *Agapè,* das Boltanski als ein spezifisches Handlungsregime bezeichnet, nämlich als „Gerechtigkeitsregime". Es handelt sich um eine konstitutive Erweiterung der Soziologie der Kritik, in dem die Praxis der Kritik als ein der gesellschaftlichen Dynamik inne wohnendes Phänomen betrachtet wird. Kritik kann auch aus dem Wechsel von einem Zustand, der dem der Liebe in der *Agapè* sehr nahe kommt, hin zu einer Rechtfertigungsordnung entstehen. Die *Agapè* kann die Kritik aber ebenso zeitweise überflüssig machen und sich als Modus der Koordination manifestieren, der eine friedliche Form der Äquivalenzbildung zum Ausdruck bringt. Auch das ist eine Eigenschaft der Kritik – sich durch die *Agapè* obsolet machen lassen zu können. Diese Bearbeitung der Kritik läuft folglich auf ein Immanenzpostulat hinaus: Kritik ist immer Bestandteil dessen, was sie kritisiert, sie kann keine Exteriorität für sich beanspruchen, bzw. sie kann es höchstens dann, wenn sie durch die *Agapè* überflüssig wird. Damit unterstreicht Boltanski sowohl seine Distanz zur kritischen Theorie im Sinne der Frankfurter Schule wie auch an der kritischen Soziologie Pierre Bourdieus: Das Gerechtigkeitsregime zeigt, dass die Verflechtung der Kritik mit ihren Gegenständen nicht durch eine wie auch immer gesuchte Exteriorität auflösbar ist – in der Frankfurter Schule mithilfe einer empiriefernen universalistisch-idealistischen Erkenntnisweise; bei Bourdieu durch das Hochtreiben der soziologischen Selbstreflexion (vgl. Karsenti 1995) –, sondern dass die Exteriorität der Kritik, d.h. ihre gegenständliche Ontologie erst in der Abwesenheit von Gerechtigkeitspostulaten einlösbar wird. In dieser paradoxal anmutenden Auffassung der Kritik wird ein zutiefst amoralischer Zug in der Soziologie Boltanskis deutlich, die sich mit der Amoralität der Soziologie Bruno Latours deckt. Diese Amoralität der „Soziologe der Moral" des GSPM ist sowohl methodologisch wie politisch begründet. Sie folgt dem Grundgedanken einer Entkoppelung politisch-moralischer Ansprüche von der Analysestrategie und treibt diese tatsächlich weiter als Bourdieu. Dennoch bleibt Boltanski, anders als Latour, weiterhin von der Problematik der Klassendifferenzen und der damit verbundenen politischen Gleichheitsforderungen eingenommen und insofern an das Erbe Bourdieus gebunden.

In „La souffrance à distance. Morale humanitaire, médias et politique" (1993) untersucht Boltanski den Zusammenhang von Handlungsregimes der Gerechtigkeit und der medialen Öffentlichkeit gleichfalls mit den Instrumentarien der analytischen Philosophie und der empirischen Beobachtung. Die zentrale Frage lautet hier: Wie kommt es dazu, dass Akteure, die vor dem Fernseher sitzend, von dem Leiden anderer, geographisch und kulturell fernen Akteure Kenntnis nehmen und daraus eine Notwendigkeit zu humanitären Handeln ableiten? Auch hier ist der Beobachtungsfokus Boltanskis eindeutig auf die Frage gerichtet, wie handlungorientierende Übersetzungen möglich sind und umgesetzt werden. Im Sinne der amoralistischen Politik- und Moralsoziologie des GSPM untersucht Boltanski das Spannungsverhältnis, das sich im zeitgenössischen Journalismus zwischen der Forderung nach „objektiver" Berichterstattung und humanitärem Eingreifen entfaltet, nicht aus einer herrschaftskritischen Perspektive, die in den medialen Vermittlungen menschlichen Leids nur Kalkül und Manipulation sehen. Vielmehr sind sich die betreffenden Journalisten, häufig durch mediensoziologische Kenntnisse geschult, selbst von der Kritik affiziert. Das Zusammentreffen von Medien, Journalismus und Zuschauern konstituiert daher symmetrische Rechtfertigungsordnungen, die von hoher Komplexität gekennzeichnet sind und aus denen unterschiedliche Handlungsregime hervorgehen. Eva Illiouz fasst zusammen: „Boltanskis Projekt besteht darin, zu zeigen, dass das Herstellen des Anblicks leidender Existenzen eine Pluralität moralischer Gefühle aktiviert, die in den journalistischen Repräsentationen ebenso gegenwärtig sind wie die soziologischen Denunziationen dieser Repräsentationen." (Illiouz 2009: 414)

Statt diese Repräsentationen – wie in den französischen Medienwissenschaften üblich – anhand einer strukturalistisch-hermeneutischen Analyse entlang generalisierbarer kultureller Codes zu entschlüsseln, postuliert Boltanski drei „Topiken des Leidens", die er als grundsätzlich instabile Äquivalente zu den in „Über die Rechtfertigung" etablierten *cités* definiert: Die „Topik der Anklage", die „Topik des Gefühls" und die „ästhetische Topik". Insbesondere die ästhetische Topik zeichnet sich durch ihren symbolgesättigten Charakter aus, die durch ein interessiertes *détachement* von der politischen Sphäre gekennzeichnet ist, wie Boltanski anhand der politischen Theorien Michael Walzers, Bruno Latours und Reinhard Kosselecks zeigt (Boltanski 1993: 181ff.). In diesem Sinne unterstellt Boltanski der ästhetischen Dimension des Mitleids einen moralischen Charakter, dessen politische Konnotation in ihrer relationierenden Funktion besteht, vergleichbar den in *Amour et Justice comme compétences* genannten Beispielen der Freundschaft oder dem friedensstiftenden Charakter der Dinge. Die Topiken bezeichnen also ebenso weniger als die *cités* heuristisch-atomistischen Entitäten, sondern Dispositive, die Verschiebungen von einem Handlungsregime zu einem anderen (hier: den Politiken des Mitleids) ermöglichen. In diesem Sinne folgt Boltanski einer deleuzianischen Methodologie der Differenzproduktion, die zugleich Verbindlichkeit schafft. Auch hinsichtlich der Analyse der moralischen Funktion des Mit-Leidens greift er Deleuze und dessen Nietzsche-Lektüre auf. Zugleich bleibt er Strukturalist, wenn er zum Geist des Ressentiments bemerkt, dass dessen Ausdruck von der Position innerhalb der Herrschaftsstrukturen derjenigen abhängt, die ihn repräsentieren (Boltanski 1993: 192). Auch greift er Bourdieus Terminologie der „beherrschten Beherrschten" auf (im Gegensatz beispielsweise zu den „beherrschten Herrschenden", die durch die geistige Elite repräsentiert wird). Hier manifestiert sich erneut Boltanskis Versuch der Zusammenführung strukturalistischer und differenztheoretischer Perspektiven – hier: von Deleuze und Bourdieu. Im Vergleich zu den *cités* in „Über die Rechtfertigung" sind die Topiken gleichwohl methodisch eindeutiger auf ihre konkrete Funktion innerhalb eines in der Gegenwart verorteten medialen Dispositivs menschlichen Leidens bezogen (vgl. Dodier 2009: 57). Offen bleibt jedoch, in welchem Verhältnis die neu eingeführten „Topiken" zu den *cités* stehen. Boltanski geht ähnlich abstrakt wie in dem Gemeinschaftswerk mit Thévenot von einer konstitutiven Macht der humanitären Moral aus, ohne empirisch zu zeigen, wie Akteure die Beziehung zu dieser praktisch herstellen – wie also in den konkreten Verschiebungen konkretes Handeln (Mikroebene) und das von ihm entwickelte symbolische Bezugssystem (Makroebene) miteinander interagieren. Die handlungsleitende Macht der humanitären Moral leitet Boltanski maßgeblich aus Adam Smiths „Theory of moral sentiments" ab, die er mit Hannah Arendts Reflexionen über die „Politik des Mitleids" verbindet. In Anlehnung an Michael Walzers „Spheres of Justice", das bereits „Über die Rechtfertigung" inspirierte, geht Boltanski sehr allgemein von einem „zu Tage tretenden Universalismus" aus (Boltanski 1993: 8).

Boltanski reagierte mit „Amour et Justice" und mit „La souffrance à distance" auf die Kritik an „Über die Rechtfertigung" und suchte nach Möglichkeiten der erweiterten Untersuchung von Handlungsregimes. Gleichwohl stellt Boltanski heute fest, konnte der GSPM das Problem der unaufgelösten Spannung zwischen der mikro- und der makrosoziologischen Perspektive nicht befriedigend lösen. Damit hätten gegenwärtig gleichwohl alle soziologischen Ansätze zu kämpfen, wie die fehlende Neukonzeptualisierung der Makroebene und der sozialen Klassen in den Sozialtheorien der Gegenwart zeige. Einen der weitestgehenden Versuche, dieses Problem zu beheben, stellt aus Boltanskis Sicht das von Bruno Latour entwickelte symmetrische Erklärungsmodell der Assoziationen dar (vgl. Boltanski in Basaure 2008: 8). In der Tat liegt in ihrer antisubstanzialistischen Gesellschaftsauffassung eine tiefe Wahlverwandtschaft und wechselseitige Inspirationsquelle, die das Verhältnis zwischen Boltanski und Latour kennzeichnet, die sich – aus unterschiedlichen Gründen – als Pragmatisten verstehen. Allerdings unterscheidet sich der Pragmatismus Boltanskis von dem Latours an entscheidenden Stellen. Im Folgenden soll näher auf diese spannungsreiche Beziehung eingegangen werden.

## 3 Zwischen Differenztheorie und Pragmatismus: Boltanski und Latour

Luc Boltanski und Bruno Latour sind innerhalb des französischsprachigen Raumes die beiden Protagonisten, deren jeweilige Konzepte die „Post-Bourdieusianische" Sozialwissenschaft der Gegenwart in sich versammeln: Beide gehören zu den prominentesten Kritikern Bourdieus, beide haben jeweils einen ganz eigenständigen Ansatz und eine dezidierte Methodologie entwickelt, die sich vor dem Hintergrund der Soziologie Bourdieus im Laufe der 1990er Jahre international profiliert hat und beide verteidigen eine pluralistische Perspektive, die sich auf das Erbe der US-amerikanischen Philosophie des Pragmatismus bezieht. Das Verhältnis zwischen Boltanski und Latour ist von freundschaftlichem Respekt und Hochachtung geprägt, wie die zahlreichen und fast durchgängig positiven Querverweise in den großen Abhandlungen beider Autoren belegen. Während es Boltanski als einem der wenigen Schüler und Mitarbeiter Bourdieus gelungen ist, ein eigenständiges Forschungsprogramm zu entwickeln und dieses auch erfolgreich zu etablieren, so ist der sieben Jahre jüngere Latour einen anderen Weg gegangen.

Der studierte Philosoph und Anthropologe, der stets betont, kein Soziologe zu sein, erwarb sich seine gesellschaftswissenschaftlichen Kenntnisse auf vielfältigen Wegen, zunächst über Feldforschungen in der Elfenbeinküste, dann durch ausgedehnte Technik-, Labor- und Wissenschaftsstudien in Großbritannien und in den USA. Hier kam er mit der anglo-amerikanischen *Social Anthropology* in Berührung, die ihn tief prägte und die ihm innerhalb der französischen Soziologie und Ethnologie zugleich lange Zeit den Status des interessierten Außenseiters einbrachte. Seinen internationalen Durchbruch erlangte er nach dem ersten vielbeachteten Buch „Laboratory Life" (1979, zusammen mit Steve Woolgar) mit der bereits erwähnten Studie über Louis Pasteur „Pasteur – Guerre et paix des microbes" (1984) sowie weiterhin mit dem Werk „Science in Action. How to Follow Scientists and Engineers through Society" (1987). Die Verbindung von sozialanthropologischer Epistemologie und einer anti-cartesianisch orientierten Wissenschaftsforschung in Anlehnung an Michel Serres kennzeichnen sein herausragendes und international geehrtes Gesamtwerk, das sich innerhalb der französischen

Academia der letzten zehn Jahre zunehmend der Erneuerung der pragmatistischen Erkenntnistheorie und der Sozialtheorie zugewandt hat. Bruno Latour arbeitete seit Beginn der 1980er Jahre an der Pariser *Écoles des Mines* und entwickelte dort im *Centre de Sociologie de l'Innovation*, in dem vornehmlich Ingenieure ausgebildet wurden, maßgeblich zusammen mit Michel Callon die so genannte „Akteur-Netzwerk-Theorie" – kurz „ANT" –, die sich vor allem in der internationalen Wissenschafts- und Technikforschung durchgesetzt und eine ganze Reihe von methodologischen Reformulierungen – nicht zuletzt durch Latour selbst – durchlaufen hat. Die ANT setzte sich vor allem zum Ziel, ethnographische Beobachtungen von Laborsituationen, und später auch außerhalb des Labors angesiedelten Forschungszusammenhängen nicht auf der Grundannahme von strukturellen Ursachen und Wirkungen durchzuführen, sondern durch die situative und assoziative (d.h. relationierende) Versammlung aller beobachteten Elemente auf einer gleichen Wahrnehmungsebene. Dinge, d.h. nicht-menschliche Akteure gewinnen damit deutlich an Prominenz, sie konstituieren die Situation mit, ihre An- oder Abwesenheit setzt spezifisches Handeln in Bewegung oder liefert den Stoff für Argumente. Um den heuristischen Stellenwert der Dinge im Sinne „nicht-menschlicher Akteure" deutlich zu machen, spricht Latour daher nicht mehr von „Akteuren", die sich von „Dingen" unterscheiden, sondern fasst beide in den Neologismus des „Aktanten" zusammen (weshalb es eigentlich „Aktanten-Netzwerk-Theorie" heißen müsste). Hinsichtlich der Klärung der Frage, wie plausibles kollektives Handeln möglich ist – die Kernfrage der Studien auch Luc Boltanskis, geht die ANT davon aus, dass sich Aktanten in spezifischen Situationen zu spezifischen Netzwerken zusammenschließen, wodurch so etwas wie das entsteht, was in der Soziologie als „das Soziale" bezeichnet wird. Die Radikalität der ANT besteht darin, eine Wissenschaft der Assoziationen zu sein. Das bedeutet, dass sie sämtliche Kernkonzepte der tradierten soziologischen Analyse wie „Gesellschaft", „Bildungsgrad", „Geschlecht", „soziale Ungleichheiten", „soziale Stellung/Lage", „Struktur", „Klasse" etc. zu Phänomenen zweiten Grades deklariert, deren Existenz nicht vorausgesetzt werden kann. Das Soziale selbst wird nicht durch soziologische Konzepte existent, sondern durch die Versammlung von Aktanten. Daher, so Latour, liege das Gewicht der ANT nicht auf dem Suffix „Theorie", sondern auf dem Grundgedanken der „Interobjektivität" (vgl. Latour 2006b: 564), dass sie zu systematisieren beabsichtigt.[13]

---

13  Es liegen inzwischen viele gelungene Einführungen in die ANT und in das Werk Bruno Latours vor. Stellvertretend sei hier auf Andréa Belliger und David J. Kriegers hervorragendes Handbuch verwiesen, das neben einer gut verständlichen Übersicht der Herausgeber zahlreiche Originaltexte der inzwischen großen und weiter wachsenden Community der ANT versammelt (vgl. Belliger/Krieger 2006). Für aktuelle Diskussionen in den an der ANT anschließenden interna-

Ohne im vorliegenden Rahmen einen systematischen Vergleich der Programme Luc Boltanskis und Bruno Latours leisten zu wollen (vgl. Potthast/Guggenheim 2010), sollen im Folgenden die für die aktuelle französische Debatte relevanten erkenntnistheoretischen Grundlagen der Soziologie Latours dargestellt und denen Boltanskis gegenüber gestellt werden. So verpflichtet Boltanski gegenüber dem strukturalistischen Erbe Bourdieus bleibt und so begeistert er andererseits Latours Methodologie aufgreift – letztlich behält er beiden gegenüber stets ein Maß an Autonomie bei, die sein eigenes Projekt stets in Spannung zu ihnen hält. Entsprechend lassen sich drei Gemeinsamkeiten in den Soziologien Boltanskis und der Latours benennen: a) die empiristisch-symmetrische Ausrichtung, b) eine experimentelle und praxisorientierte Auffassung von Erkenntnis und c) ihre pragmatistische Orientierung. Diese Gemeinsamkeiten lassen sich hinsichtlich ihrer jeweiligen Programmatiken leicht erkennen; zugleich unterscheiden sich die jeweiligen Umsetzungen deutlich voneinander. Die offensichtlichste Unvereinbarkeit liegt in ihrem diametral entgegengesetzten Umgang mit dem strukturalistischen Erbe der französischen Geistesgeschichte und dem daraus abgeleiteten Ontologie-Verständnis. Wohl kaum zwei andere französische Sozialwissenschaftler scheinen sich so nahe zu stehen und sich zugleich so sehr zu widersprechen.

In einem Gespräch bemerkte Luc Boltanski der Autorin gegenüber, dass man Latours Soziologie nur verstehen kann, wenn man Gilles Deleuze gelesen hat. Neben Michel Serres ist Deleuze in der Tat der Autor, der Latours Wissenschaftsauffassung wohl am tiefsten geprägt hat. Deleuze stellt dabei aus Sicht Latours den Antipoden Pierre Bourdieus dar. Schon das macht das Verhältnis zwischen Boltanski und Latour kompliziert, und dies um so mehr, als dass, wie wir bereits gesehen haben, auch Boltanski durch Deleuze beeinflusst ist, was ihn wiederum nicht daran hindert, weiter an zentralen Prämissen der strukturalen Soziologie Bourdieus festzuhalten. Dies vorausgesetzt, bewegt sich die Beziehung zwischen Boltanski und Latour in einem permanenten *va-et-vient* zwischen wechselseitiger Kritik und Affirmation, in der in jüngster Zeit die Kritik zunehmend den Ausschlag zu geben scheint. Bruno Latours Soziologie ist eine „Wissenschaft der Assoziationen", die sich ganz und gar von der strukturalistischen Perspektive verabschiedet hat. Alle Versuche, insbesondere der Pierre Bourdieus, die Gegenüberstellungen von Struktur und Praxis, Subjektivismus und Objektivismus, Mikro- und Makroperspektive etc. zu überwinden, haben aus Sicht Latours die Tradition der Durkheim-Schule fortgesetzt, weil sie diese Gegensätze aufrechterhielten, indem sie an der Grundannahme der Existenz von Strukturen als letztlich ausschlaggebendem Er-

---

tionalen *Science and Technology Studies* sei empfohlen Sismondo, Sergio (2009): An Introduction to Science and Technology Studies. London: Blackwell.

klärungsdispositiv festgehalten haben. Zudem seien sie von anthromorphen Grundprinzipien geleitet, welche die Stellung des Menschen gegenüber der Materie und den Technologien komplett überschätzt habe. Wenn das Thema der Soziologie die Ordnung ist, müsse die stabilisierende Funktion der Dinge konstitutiver Bestandteil der Untersuchung sein. Durch eine anti-strukturalistische, anti-universalistische und anti-idealistische, auf netzwerkartigen Assoziationen basierende Beobachtung gelte es, nicht mehr zu untersuchen, was die Menschen (insbesondere die Soziologen) über das Soziale denken, sondern sich der Frage zu widmen, woraus und wie sich das Soziale konkret zusammensetzt. Während Boltanski also eine De-Ontologisierung sozialer Klassifikationsstrukturen und des strukturalistischen Bewusstseinskonzeptes anstrebt, indem er sie durch eine deskriptive Metaphysik von Handlungsregimes ersetzt, will Latour die Ontologie des Sozialen aufspüren, nicht im Sinne eines letztgültigen Daseinsgrundes, sondern als eine lebenswissenschaftlich verstandene Entität, die durch komplexe Assoziationsvorgänge aktiviert wird und Wirkungen hervorruft.

Latours Assoziationsbegriff ist durch Michel Serres' interferenzielle Kommunikationstheorie, Gabriel Tardes monadologische Soziologie, Alfred North Whiteheads spekulativen Konstruktivismus, William James Pragmatismus und den radikalen Relativismus Deleuzes geprägt, wobei Serres, Tarde und Deleuze hinsichtlich der Positionierungen Latours im französischsprachigen Raum Schlüsselstellungen einnehmen. Im Vergleich zur praxistheoretischen Soziologie Bourdieus und der Soziologie der Handlungsregime Boltanskis und Thévenots radikalisiert Latour das Moment der Einebnung der genannten Dichotomien hin zu einer eindimensionalen Auffassung von Gesellschaft. Grundverschiedene Aktanten werden in einer einzigen soziotechnischen Verkettung zueinander ins Verhältnis gebracht, um zu beobachten, wie sie in einem Raum ko-agieren. Latour hat sein Programm durch zahlreiche empirische Studien in der Wissenschaftsforschung untermauert, die inzwischen internationale Anhänger und Schulen gebildet haben. Er betont seit geraumer Zeit systematischer und offensiver als zuvor seine wissenschaftshistorische und epistemologische Verankerung innerhalb der französischen Denktraditionen, die sich gegen die Durkheim-Schule positioniert haben. Zu diesem Zweck hat er die Renaissance eines alten Streits um den Sinn und die Funktion der soziologischen Disziplin initiiert, bei der es um weit mehr geht als um staubige Werkexegese. Latour greift die Debatte zwischen dem Sozialpsychologen und Kriminologen Gabriel Tarde und seinem jüngeren Herausforderer Émile Durkheim auf, die zu Beginn des zwanzigsten Jahrhunderts darauf abzielte, die Bestimmung des Faches zu definieren. Ihre Auffassungen darüber hätten unterschiedlicher nicht sein können. Der GSPM hat sich in den vergangenen Jahren aktiv an der Wiederbelebung dieser Diskussion beteiligt. Im folgenden Exkurs soll ihre Bedeutung für das Verhältnis zwischen den Soziologien Luc Boltanskis und Bruno Latours nachvollziehbar gemacht werden. Sie gibt zwar nicht den Anlass der Gemeinsamkeiten und Differenzen der beiden Programme, aber sie verweist auf symptomatische Schnittstellen, die sich durch die französische Soziologiegeschichte bis in die Gegenwart abzeichnen, einer Gegenwart, an der beide Autoren prominent beteiligt sind.

## Historische Stützpunkte: Zur symptomatischen Bedeutung der Durkheim-Tarde-Debatte

Die Entstehungsphase der französischen Soziologie als Disziplin, die nach Auguste Comte durch Émile Durkheim fortgesetzt und anerkannt wurde, war um 1900 und danach durch das Spannungsverhältnis zwischen Philosophie und den *Sciences de vie*, allen voran die Biologie und die Psychologie gekennzeichnet (vgl. Lepenies 1981). Die Soziologie Émile Durkheims positionierte sich als Alternative zum Rationalismus Immanuel Kants und dem von naturwissenschaftlichen Erkenntnisverfahren abgeleiteten Empirismus David Humes. Durkheim entwickelte ein methodologisches Forschungsprogramm, das die gesellschaftlichen Herausforderungen der Moderne durch die Verbindung von positivistischen Reflexionsverfahren, empirischen Beobachtungen und erkenntnistheoretischer Verallgemeinerung zu erfassen suchte. Derart zwischen philosophischem und naturwissenschaftlichem Anspruch oszillierend, gelang es Durkheim, die neue Disziplin in einer historischen Phase zu etablieren, in der die technologischen und gesellschaftlichen Innovationen und Umbrüche von einer Verwissenschaftlichung betroffen waren, die den *sciences humaines* gegenüber den Naturwissenschaften zu neuer Deutungskompetenz verhalfen. Dies setzte jedoch gerade die Soziologie, durch Comte und Herbert Spencer noch durch deutliche terminologische Analogien zur Biologie und Physik geprägt, in ein besonderes Spannungsverhältnis sowohl zur Philosophie als auch zur Psychologie und den Lebenswissenschaften, denen gegenüber sie ihren spezifischen Erkenntnisbeitrag noch zu beweisen hatte.

Émile Durkheims Antwort auf diese Herausforderung war eindeutig: Die Soziologie musste ihren Gegenstandsbereich deutlich von dem der Philosophie und der Psychologie abgrenzen und sie tat dies am sinnvollsten, wenn sie das Soziale selbst zu ihrem Gegenstand machte; d.h. sich auf die kollektiven Gesellschaftsphänomene konzentrierte: auf die Institutionen, die kollektiven Erfahrungen, das kollektive Bewusstsein. Die Verbindung von Rationalismus und Empirismus stellte Durkheim durch die Grundannahme der Kollektivstrukturen her, welche die Gegenständlichkeit des Sozialen durch das Soziale selbst, durch die innere Beschaffenheit und Konstitution des Sozialen bezeichneten. Die sozialen Tatbestände sollten wie Dinge behandelt werden, d.h. der Soziologe sollte ihnen mit der gleichen Kühle gegenüber treten, wie es der Physiker gegenüber den Körpern tut (vgl. Durkheim 1999: 115ff.). Durkheim griff den Rationalismus Kants kritisch auf, indem er dessen empirische Validität prüfte, um die Dynamiken der Moderne durch eine systematische Verknüpfung struktureller und morphologischer Phänomene herauszuarbeiten. So schließt Durkheim seine Studie über „Die elementaren Formen des religiösen Lebens" (1912) in kritischer Reminiszenz an Kant: „[V]on dem Augenblick an, als man erkannt hatte, daß über dem Individuum die Gesellschaft steht und daß sie kein nominales und vernunfterdachtes Wesen ist, sondern ein System von handelnden Kräften, wurde eine neue Art möglich, den Menschen zu erklären. Um ihm seine wesentlichen Attribute zu erhalten, braucht man ihn jetzt nicht mehr außerhalb der Erfahrung anzusiedeln. Ehe man zu diesem äußeren Ende kommt, muß man wenigstens untersuchen, ob das, was im Individuum das Individuum überschreitet, von dieser überindividuellen Wirklichkeit kommt, oder in der Erfahrung, nämlich in der Gesellschaft gegeben ist." (Durkheim 1994: 597)

Dieser disziplinären Neuorientierung der französischen Soziologie stand eine etablierte Lebensphilosophie gegenüber, die Durkheims Programm offen bekämpfte: die vitalistische Bewegung, die durch die Lebenswissenschaften und insbesondere durch Durkheims philosophischen Antipoden Henri Bergson vertreten wurde. „La vie" galt um 1900 als Schlüsselbegriff hinsichtlich der Deutungskämpfe der Zeit, wie Wolf Lepenies in „Die drei Kulturen" beschreibt (vgl. Lepenies 2002: 65). Durkheim war von der vitalistischen Erkenntnistheorie durchaus affiziert, hielt jedoch an der positivistischen Auffassung von Erkenntnis fest. Neben Bergson war es insbesondere Gabriel Tarde (1843-1904), der sich mit antipositivistischen Argumenten für eine vitalistische Soziologie gegen Durkheim positionierte. Lepenies hat auf die kulturelle und institutionelle Symbolik der Konfrontation dieser beiden sich bekämpfenden und zugleich das französische Geistesleben prägenden Persönlichkeiten hingewiesen. Er kommentiert die öffentliche Skandalisierung des Konfliktes zwischen Durkheim und Tarde um die Vormachtstellung in der französischen Soziologie zu Beginn des zwanzigsten Jahrhunderts: „Tardes Söhne hatten der Auseinandersetzung zwischen Durkheim und ihrem Vater eine Art Ewigkeitswert zugesprochen. Das war ein wenig zu pathetisch, aber in einem hatten sie recht: im Streit zwischen Durkheim und Tarde ging es nicht nur um die Auseinandersetzung zweier soziologischer Schulmeinungen, sondern auch um den Disput zweier gelehrter Temperamente, in dessen Verlauf Tarde Durkheim als Scholastiker, Durkheim Tarde als Literaten abtat. Damit waren jene Positionen bezeichnet, die den Kampf um die Neue Sorbonne prägten […]." (Lepenies 2002:64) Diese

Debatte, die 1903 zwischen Durkheim und Tarde an der Pariser *École des Hautes Études Sociales* ausgetragen wurde, wurde in den vergangenen Jahren wieder einem größeren Publikum zugänglich gemacht. Bruno Latour veranstaltete zusammen mit dem heutigen Direktor des GSPM und des Institut Marcel Mauss, Bruno Karsenti öffentliche Lesungen, in denen Latour die Rolle Tardes, Karsenti die Durkheims einnahm.[14] Latour, der die Erben Durkheims gerne folkloristisch als Scholastiker zeichnet und selbst durch einen übermütigen und unkonventionellen Schreib- und Vortragsstil bekannt ist, hat in mehreren Aufsätzen zu einer fundamentalen Kritik an der Durkheim-Schule aufgerufen, da sie die Entwicklung und den Fortschritt der französischen Soziologie behindert hätte. Es gelte dagegen, Tarde zu rehabilitieren und dessen differenztheoretische Soziologie, die Gilles Deleuzes radikalen Relativismus nachhaltig prägte, zu reanimieren. Worum ging es im Konflikt Durkheim/Tarde und warum liegt Bruno Latour und dem von Luc Boltanski gegründeten GSPM so viel daran, ihn heute wieder aufzugreifen?

Gabriel Tarde hatte zwar von 1900 bis 1904 den Lehrstuhl für moderne Philosophie am prestigereichen *Collège de France* inne, doch er unterlag gegen Émile Durkheim, Lehrstuhlinhaber an der Neuen Sorbonne und Autor der „Regeln der soziologischen Methode" im Kampf um die Deutungshoheit der neuen Disziplin. Die Durchsetzungsfähigkeit der Durkheim-Schule beruhte nicht nur auf ihrer Fähigkeit, sich die Gegensatzspannungen zwischen Naturwissenschaften, Literatur, Psychologie und Philosophie, zunutze zu machen; zu dieser trat noch die politisch-moralische Formatierung der Revolutionserfahrung hinzu. Durkheims Soziologie konnte sich auch deshalb als Wissenschaft etablieren, weil sie das staatliche Bedürfnis nach Erklärung und Regulierung der *exception française* einlöste, welche die Revolution in das historische Gedächtnis eingeschrieben hatte und dessen positivistische Reflexionsweise Durkheim mit dem Namensgeber des neuen Faches, Auguste Comte teilte. Bruno Karsenti definiert den Zusammenhang zwischen der französischen Revolutionserfahrung und der Entstehung der neuen Wissenschaft als Zusammenhang von Ereignis und Konzept: „Die Gesellschaft erhält aus dieser Perspektive die größte Herausforderung, die das moderne Denken sich selbst auferlegt hat. [...] Nichts erscheint trügerischer, als ihr das Thema der ‚sozialen Zusammenhanges' zu geben, der auf eine Essenz zurückführt und in seiner Absolutheit angenommen wird. Sie entsteht im Gegenteil in dem Moment, in dem dieses essenzialistische Denken zu einer leeren Verallgemeinerung und damit für ungültig erklärt wird." (Karsenti 2006: 5) Daher glaubte Comte, dass das Denken auf die Ebene der großen Herausforderung gebracht werden müsse, welche die Revoluti-

---

14  Eine dieser Performances ist auf der Homepage von Bruno Latour zu sehen: http://www.bruno-latour.fr/expositions/debat_tarde_durkheim.html

on geschaffen hatte. Dieser Gedanke prägte den kognitiven Begründungszusammenhang der französischen Soziologie als Wissenschaft, den Durkheim aufgriff: Weil die Revolution die Gesellschaft zum Thema ihrer eigenen Transformationen gemacht hatte, müsse die Soziologie sie mit den Mitteln ausstatten, von nun an auf sich selbst bezogen zu handeln. Es geht um die Entwicklung einer sozialen Physik und damit einer Epistemologie (vgl. Trom 2008: 111).

Gabriel Tarde hingegen lehnte jegliche Einbettung des Sozialen in eine übergeordnete Makroperspektive ab. In „Die sozialen Gesetze" (1898) kritisiert er Durkheim, dessen „Regeln der soziologischen Methode" bereits von einer wachsenden Soziologen-Generation aufgegriffen wurde: „[A]nstatt [...] das *Kleine* durch das *Große* zu erklären, das Detail durch das Riesige, erkläre ich die Ähnlichkeiten im Gesamten durch kleine elementare Handlungen, das Große durch das Kleine, das Riesige durch das Detail. Diese Betrachtungsweise zielt darauf ab, in der Soziologie die gleiche Transformation hervorzurufen, wie in der Mathematik die Einführung der Infinitesimalrechnung bewirkt hat." (Tarde 1898: 22) Die Wissenschaft sei demnach eine Tätigkeit der unendlichen Zergliederung und Pulverisierung. Die Soziologie sollte sich daher, in Anlehnung an die Monadologie nach Leibniz auf die Untersuchung der konkreten Erscheinungen konzentrieren und auf die Art ihrer Beziehungen untereinander, die Tarde als „Psychomorphismus" bezeichnete (vgl. Tarde 2009: 31). Tardes Vorbild sind die Lebenswissenschaften, und auf sie bezieht er sich, wenn er schreibt: „Existieren heißt differieren; die Differenz ist im gewissen Sinne das Wesen der Dinge, was ihnen zugleich völlig eigen und gemeinsam ist. Dies muss der Ausgangspunkt sein, und entschieden sollte man verteidigen, dass man alles durch ihn erklärt, auch die Identität, welche bisher fälschlicherweise als Ausgangspunkt diente. Denn Identität ist nur ein Minimum, eine besonders seltene Art der Differenz, wie die Ruhe nur eine Unterart der Bewegung ist und der Kreis nur eine Sonderform der Ellipse. Die Identität zum Ausgangspunkt zu machen heißt, im Ursprung eine überaus unwahrscheinliche Einzigartigkeit anzunehmen, ein unmögliches Zusammentreffen vielfältiger, zugleich unterschiedlicher und ähnlicher Wesen oder ebenjenes unerklärliche Mysterium eines einzigen Wesens, das später – aus welche Gründen auch immer – geteilt wurde." (Tarde 2009: 71ff.) Diese an der Wissenschaftspraxis des 19. Jahrhunderts angelehnte Entgründung der beobachteten Phänomene stand im absoluten Gegensatz zum von Durkheim vertretenen Verallgemeinerungsanspruch der Soziologie. Statt nach allgemeinen Gesetzen des Sozialen zu suchen, gelte es Tarde zufolge, eine *idée directrice* zu konzeptualisieren, die in der Untersuchung selbst situiert ist. Außerhalb der Individuen und ihrer Interaktionen gibt es kein Soziales, das wäre wirklichkeitsferne, pure Ontologie, Metaphysik, ja Mystizismus (vgl. Durkheim 1903: 9).

Diese skizzenartigen Einblicke lassen bereits die Komplexität der Begründungszusammenhänge erahnen, die sich in Luc Boltanskis eingangs beschriebenen Hauptmotiven widerspiegeln. Boltanski ist Durkheimianer, indem er dessen Anspruch auf die Analyse allgemeiner Ordnungszusammenhänge und auf deren gesamtgesellschaftlichen Nutzen fortsetzt, auch wenn er diese durch das symmetrische Analyseverfahren zugleich wieder de-ontologisiert. Bruno Latours Verknüpfung vitalistischer, differenztheoretischer und experimenteller Analyseverfahren betrachtet Durkheims Begriff des sozialen Kollektivs im Sinne einer Kategorie erster Ordnung als eine irreführende Verdrehung der empirischen Wirklichkeit: Das „Kollektiv" gilt Latour als Ergebnis und damit als Mechanismus zweiter Ordnung. Stattdessen sieht er in dem „Studium der Assoziationsmethoden" (Latour 2006a: 196) die eigentliche Aufgabe der Soziologen, verstanden als einen Mechanismus erster Ordnung. Daher benötigt Latour Durkheim vor allem als Kontrastfolie zum eigenen Programm. Die von Latour ausgerufene „Neue Soziologie für eine neue Gesellschaft" hofft auf eine Kehrwende weg von der Durkheim-Schule und hebt ihr gegenüber die epistemologischen Gemeinsamkeiten zwischen der Sozialphilosophie Tardes und der Philosophie Gilles Deleuzes hervor. In einem Kommentar von Robert Seyfert zu dieser Philosophie wird ihr entscheidender Einfluss auf das Denken Latours und Boltanskis sichtbar – es geht um das glatte Gegenteil einer Analyse sozialer Ordnungen: „Um Gesellschaft zu analysieren, muss man sich den Ensembles der verschiedensten Ströme, der Logik ihrer Bewegungsgesetze und der Zusammensetzung ihrer spezifischen Elemente zuwenden." (Seyfert 2007: 322) Es geht ihnen um „die Operationslogik spezifischer Vergesellschaftungsprozesse" (Seyfert 2007: 324) aus einer differenztheoretischen Perspektive. „[S]ie verstehen Produktionsprozesse nicht-evolutionär und nicht-dialektisch, sondern als Bewegungen, durch die sich auf kontingente Weise anthropologische, artifizielle und naturale Elemente zu verschiedensten Strömen formieren und differenzieren." (Seyfert 2007: 325ff.) Diese vitalistische Gesellschaftsauffassung will den Gegensatz von Mikro- und Makroperspektive hinter sich lassen und damit auch die Möglichkeit der Begrenzung des zu erforschenden Gegenstandes. Anhand seiner Studie über die „Falte" bei Leibniz beschreibt Deleuze diese Unmöglichkeit, die Leibniz bereits zu erahnen begann: „Denn mit Leibniz taucht das Problem auf, das nicht aufhören wird, Whitehead und Bergson zu verfolgen: nicht das Problem, das Ewige zu erreichen, sondern das, unter welchen Bedingungen die objektive Welt eine subjektive Hervorbringung von Neuartigkeit, also eine Schöpfung, erlaubt. [...] Die beste aller Welten ist nicht diejenige, welche das Ewige reproduziert, sondern diejenige, worin sich das Neue hervorbringt, die eine Fähigkeit zur

Neuartigkeit, zur Kreativität besitzt: teleologische Konversion der Philosophie." (Deleuze 2000: 131)

Diese Konversion drückt sich darin aus, dass die bereits von Gabriel Tarde geforderte Untersuchung der experimentellen Verknüpfungen zu einer anderen Fragestellung führt: Nicht die verallgemeinernde und damit abgeschlossene Übereinstimmung dieser Verknüpfungen herauszuarbeiten ist das Ziel der Forschung, sondern es geht nunmehr darum, die Art und Weise, *wie* diese Verknüpfungen stattfinden, zu erfassen: „Für Whitehead (und für viele moderne Philosophen) gehören [im Gegensatz zu Leibniz, T.B.] die Gabelungen, die Divergenzen, die Inkompossibilitäten, die Unstimmigkeiten zur selben buntscheckigen Welt, *die nicht mehr in ausdrücklichen Einheiten eingeschlossen werden kann*, sondern lediglich auf- oder abgebaut werden können [...]. Das Spiel der Welt hat sich auffällig gewandelt, da es ein Spiel geworden ist, das divergiert. Die Seienden sind zerstückelt, offengehalten durch die divergenten Reihen und die inkompossiblen Gesamtheiten, die sie nach außen ziehen, statt daß sie sich über der kompossiblen Welt schließen und konvergieren lassen, was sie an Innerem ausdrücken. Die moderne Mathematik konnte in diesem Sinne eine Konzeption der Faser entwickeln, nach der die ‚Monaden' Wege im Universum ausprobieren und bei jedem Weg in assoziierte Synthesen treten. Es ist dies eine Welt eher des Erfassens als des Abschließens." (Deleuze 2000: 134ff.; vgl. Debaise 2010)

Latour zufolge lässt das positivistische Wissenschaftsverständnis der Soziologie der Durkheim-Schule (insbesondere das Bourdieus) diese Perspektive nicht zu.[15] Sie geht demnach von den sozialen Kategorien aus, um ihre Evidenz nachzuvollziehen. Das führt zu einer tiefen Aufspaltung zwischen dem Wissenschaftler und dem von ihm zu entdeckenden Objekt, woraus sie ihren methodologischen Determinismus begründet. Diese Soziologie braucht aus diesem Grunde mannigfache Operationen der „Reinigung" des Objektes von seinen individuellen Einflüssen, um die untersuchten Phänomene im Sinne des von Deleuze beschriebenen „Abschließens" zu determinieren. Dagegen orientiert Latour an eine Untersuchungslogik, in dem die (gefundene) „Wahrheit" keine Entität, sondern ein „Ereignis" darstellt; ein Ereignis, das sich in einer Assoziations- und Erfahrungskette zwischen Forscher und seinem Objekt abspielt. Damit kommt die Erkenntnistheorie des Pragmatismus ins Spiel, der einen wichtigen Bezugspunkt für die experimentelle Analyse des GSPM bildet – wenn dieser auch weniger stark auf der Ebene der Erkenntnistheorie, sondern eher programmatisch durch die Bezeichnung der „pragmatischen Soziologie der Kritik" hergestellt wird. Der tendenziell diffuse Umgang mit diesem Terminus im GSPM, bei dem zuweilen eher die der Sprachwissenschaften

---

15 Zu einer anderen Interpretation Durkheims in dieser Frage vgl. Karsenti 2007.

entlehnte Pragmatik gemeint zu sein scheint, wird durch Latours Positionierung zur pragmatischen Philosophie auf die Probe gestellt. Was aber steckt hinter dieser Philosophie und warum ist sie für beide Strömungen so wichtig?

## Gemeinsame Orientierungen: Pragmatismus und Experimentalismus

Die von Charles Sanders Peirce, William James, George Herbert Mead und John Dewey Ende des 19. und zu Beginn des 20. Jahrhunderts begründete Philosophie des Pragmatismus verfolgte hinsichtlich ihrer Kritik an den Philosophien ihrer Zeiten ganz ähnliche Ziele wie die soeben beschriebenen. Sie betont das sowohl im Alltagshandeln als auch der komplexen Reflexion stets virulente Ineinandergreifen von Erfahrungen, Praxisformen und Erkenntnis. Die in der Philosophie Deleuzes und Guattaris betonte Erzeugung einer instrumentellen Auffassung von Erfahrung wird in der Maxime des Begründers der pragmatistischen Philosophie Charles Sanders Pierce deutlich: In *How to make our ideas clear (1878)* stellt Peirce die Prämisse auf: „Jede theoretische Abgrenzung muss zu einer praktischen Differenz führen." (Peirce 1992: 132) Der belgische Philosoph Didier Debaise definiert das daraus resultierende Erkenntnisinteresse: „Das Auswählen und Auswerten von Ideen führt dazu, die durch sie ausgelösten Erfahrungen und praktischen Wirkungen nachzuverfolgen. Es geht darum, die Problemstellung umzudeuten: Statt Ideen oder Annahmen intrinsisch zu analysieren, sollen ihre Wirkungen als Erfahrungen greifbar werden (*expérimenter*). Auf diese Weise, schreibt W. James, ‚müssen wir uns nicht mehr fragen, woher eine Idee kommt, sondern wohin sie führt'." (Debaise 2005, S. 105ff.) Damit ist im Prinzip die Stoßrichtung beschrieben, die Luc Boltanski und Laurent Thévenot in „Über die Rechtfertigung" verfolgten. Die *cités* würden in diesem Sinne damit ins Werk gesetzte Ideen bezeichnen. Der experimentelle Charakter der Erfahrungen, aus denen sie kommen, verdeutlicht ihren unabgeschlossenen Charakter – „Erfahrung" wird zu einer ent-substanzialisierten, instrumentellen Kategorie. Didier Debaise stellt dazu fest: „Die Erfahrung befindet sich nicht innerhalb dieser oder jener Handlung, außer in der Hinsicht, dass sie eine Reihe anderer Erfahrungen mobilisiert; die Erfahrung befindet sich im Übergang." (Debaise 2007: 13) Das Erkenntnisinteresse der Pragmatisten, insbesondere James und Deweys, zielte demnach auf diese Übergänge ab, die sie in pluralistischen Welten vorfanden. Sie sind es, die Dewey zufolge kollektive Zusammenhänge herstellen. Diese Prämissen machen deutlich, wie sehr die Soziologie Boltanskis dem historischen Programm der pragmatistischen Philosophie entspricht – handelt es sich doch gleichfalls um eine Soziologie der Übergänge, der Verschiebungen und Übersetzungen, die es sich zur Aufgabe gemacht hat, die Pluralität der Erfahrungsformen zu untersuchen, die in den Umschlagen von einem Handlungsregime zu einem anderen (Gerechtigkeit/Liebe) oder von einer Rechtfertigungsordnung zu einer anderen (z.b. industrielle *cité*/projektorientierte *cité*), oder durch die Kritik zur Geltung kommen können. Latours Programm füllt diese Suche innerhalb der von ihm mitentwickelten Akteur-Netzwerk-Theorie mit dem Begriffinstrumentarium der „Assoziationen". Ähnlich wie bei Dewey wird Erkenntnis durch ein Ereignis ausgelöst, das einen Übergang von einem Handlungsregime zu einem anderen hervorruft (etwa im Labor Louis Pasteurs). Erfahrungen schlagen sich – im Sinne Deleuzes – in den Praktiken als Spuren nieder, die zu Übersetzungsmechanismen werden. Diese drücken sich in den Bindestrichen zwischen den drei Elementen der ANT aus, und sie bilden den eigentlichen Untersuchungsgegenstand. In diesem Sinne generieren Erfahrungen aus Sicht Latours spezifische Formen der Wissensproduktion.

Nun war es ausgerechnet der von Tarde – und posthum – von Latour bekämpfte Durkheim, der nach Aussage seines Neffen Marcel Mauss zufolge ein großer Bewunderer John Deweys war und der im Gegensatz zu Tarde dem Pragmatismus, insbesondere den Arbeiten von William James eine ganze Vorlesungsreihe gewidmet hat (vgl. Durkheim 1993). Auch spielte der Erfahrungsbegriff eine zentrale Rolle in Durkheims Gesellschaftskonzept – wenn er auch auf menschliche Akteure beschränkt blieb. Durkheims Vorlesungen zum Pragmatismus wurden erst 1955 anhand von studentischen Aufzeichnungen veröffentlicht. Sie zeugen von dem tiefen Eindruck, den diese Philosophie bei ihm hinterlassen und sie geben zu der These Anlass, dass Durkheims Soziologie selbst gleichfalls pragmatistische Züge trägt (vgl. Karsenti 2007). „Pragmatismus und Soziologie", so stellte Durkheim fest, teilen einen „Sinn für das Leben und für das Handeln," sie sind „Kinder derselben Zeit" (Durkheim 1993: 11). Darüber hinaus jedoch teilte Durkheim mit James ein ähnliches Anliegen im Hinblick auf die Frage, auf welche Weise empiristische und rationalistische Erkenntnisinstrumente miteinander verbunden werden könnten. Während Durkheim Erfahrung als Ergebnis des kollektiven Bewusstseins auffasste, galt James der Begriff der individuellen Erfahrung als Ansatzpunkt. Die Pluralität der Erfahrungsformen bildet die Grundlage des „radikalen Empirismus" James', der von John Dewey schließlich noch durch den Begriff der Praxis erweitert wird. Wie der durch die Psychologie geprägte Tarde lehnte der Psychologe James verallgemeinernde Aussagen ab, die sich nicht auf den „Organisationsplan der Erfahrung" (Lapoujade 2008: 185) rückbeziehen ließen. „Erfahrung" wurde von James in Opposition zu einem apriorischen „Ursprung" gedacht.

Ähnlich wie James warf John Dewey schließlich der modernen Philosophie vor, das instrumentelle Denken weitgehend ignoriert zu haben. Demgegenüber sei jedoch eine empirische Theorie der Ideen, die Dewey als eine der wichtigsten Errungenschaften der Geistesgeschichte bezeichnet, dazu angetan, eine tatsächliche Befreiung des Denkens herbeizuführen (vgl. Dewey 1998: 117). Die Dichotomie von Praxis und Theorie, aus der die okzidentale Philosophie ihren Identitätsgewinn bezog, speist sich Dewey zufolge aus psychologisch-anthropologischen Unsicherheiten, welche die „Suche nach Gewissheit" zur dringlichsten Aufgabe erhoben hatte und damit als Ursache für die praxis- und empirieferne Theorieentwicklung geltend gemacht werden könne. Mit der Moderne setzten sich demgegenüber in den Naturwissenschaften die experimentelle Empirie und das operationale Denken durch, das sich endgültig von der Idee einer außerhalb der empirischen Tatbestände fassbaren Wirklichkeit, also von einer, wie Dewey es nannte, „Zuschauertheorie der Erkenntnis" (Dewey 1998: 27) verabschiedet hat: „[D]ie Wissenschaft ist in demselben Maße, wie sie experimentell geworden ist, selbst zu einer Art gelenkten praktischen Tuns geworden." (Dewey 1998: 28ff.). Daraus folgert Dewey, dass „die Suche nach Sicherheit durch praktische Mittel an die Stelle der Suche nach absoluter Gewißheit durch kognitive Mittel" gesetzt werden müsse (Dewey 1998: 29). Erkenntnis ist für Dewey also ein spezifisches Erfahrungsmoment, ein „Ereignis", ähnlich der „reinen Erfahrung" bei James, jedoch weder, wie bei diesem, in einem vitalistischen Sinne, noch, wie bei Durkheim im Sinne einer Ordnungsleistung, sondern Erkenntnis bildet hier vielmehr das praxeologische Äquivalent zur Wissensproduktion. Auch hier lassen sich erkenntnistheoretische Parallelen zum Denken Boltanskis und Latour erkennen – die Auffassung von Erkenntnis als „Ereignis" verbindet Latour, Dewey, Tarde und Deleuze.

Entsprechend des Slogans Gilles Deleuzes: „Experimentiert, interpretiert niemals!" und der experimentellen Forscherperspektive John Deweys verbindet Bruno Latour also vitalistische Transformationstheorien, welche die Emergenz neuer Phänomene, Handlungsfähigkeiten und Vergesellschaftungsprozesse aus einer anti-deterministischen und anti-dialektischen Perspektive zu erfassen suchen. Sein erkenntnistheoretisches Verständnis ersetzt den soziologischen Anspruch auf Wertfreiheit durch die Assoziation von Erfahrung, Variation, Experiment und Ereignis. Auf diese Weise hofft Latour, sich den Dichotomien von Mikro- und Makrosoziologie sowie von Natur und Gesellschaft nun auch soziologisch entledigen zu können, nachdem er diese in seinen Wissenschaftsethnographien bereits empirisch zu beseitigen suchte. Das Dilemma der Soziologen bestehe darin, dass sie immer zwischen zwei dreidimensionalen Räumen, der lokalen (Interaktionen) Mikro und der globalen Makro-Ebene (Kontext) hin- und herreisen mussten. Latour beschreibt dies als unglückliches Erbe des positivistischen Erkenntnisverfahrens seit Auguste Comte, und ist der „Dynamik dieser Höllenfahrt" (Latour 2007: 287) auf der

Spur. In einem Aufsatz von 1981 bemerken er und Michel Callon: „*Es gibt* natürlich Makro und Mikro-Akteure; die Unterschiede werden jedoch durch Machtverhältnisse und die Konstruktionen von Netzwerken hergestellt, die sich der *Analyse entziehen*, wenn wir *a priori* annehmen, daß Makro-Akteure größer oder überlegener seien als Mikro-Akteure." (Callon/Latour 2006: 77)

Bruno Latours Kritik an der Durkheim-Schule und vor allem an Pierre Bourdieu ist kompromisslos, zuweilen auch stark simplifizierend. Seine Leistung besteht darin, diesen Zusammenhang zwischen Tardes monadologischer Sozialtheorie und dem Pragmatismus hergestellt zu haben. Zugleich übergeht er die pragmatistischen Elemente in der Soziologie Durkheims, vielleicht auch, weil ihm das die Polarisierung erleichtert. Mit Hilfe Tardes und des Pragmatismus will er erkenntnistheoretische Konsequenzen aus den Wissenschafts- und Technikforschungen ziehen: „Tarde hat, ebenso wie James, Dewey oder Bergson einen wichtigen Anteil an der breiten Erneuerer-Bewegung der Philosophie, der Wissenschaft und der Gesellschaft gehabt, welche den Schock des Darwinismus abzufangen suchten. Diese Bewegung ist im Laufe des zwanzigsten Jahrhunderts zum Großteil erfolgreich bekämpft worden. Wir setzen uns dafür ein, sie wieder zu beleben." (Latour 2007:30) Der Zeitpunkt für diese Wiederbelebung scheint günstiger denn je: Mit dem Tod Pierre Bourdieus 2002 endete in Frankreich auch eine Ära der Durkheim-Sukzession. Als spätmodernes Echo tritt zum „Schock des Darwinismus" seit der jüngsten Jahrtausendwende noch die gestiegene Deutungsmacht der Lebenswissenschaften hinzu, welche die tradierten Deutungsangebote der Soziologie unter neue wissenschaftstheoretische und methodologische Zugzwänge setzt. In diesem Kontext kommentiert Michael Schillmeier den Gewinn der monadologischen Soziologie Tardes für die Gegenwart: „Das Kunststück der tardeschen Monadologie besteht gerade darin, auf die höchst komplexen und experimentellen Verknüpfungen menschlicher/nicht-menschlicher Zusammenhänge zu verweisen: auf die Verknüpfungen der Erfahrung [im Sinne John Deweys] von Natur/Kultur, die die Grenzen des Sozialen neu ziehen." (Schillmeier 2009: 140ff.) Die Renaissance des Pragmatismus im Sinne einer experimentellen Philosophie der Erfahrung ist vermutlich ebenfalls diesen neuen Herausforderungen zu verdanken (vgl. Hetzel et. al. 2008). Die Reanimation anti-deterministischer Konzepte hat seit 2000 insbesondere in Anlehnung an die Studien Latours eine große Aufmerksamkeit im französischen Sprachraum erfahren. In diesem Kontext sind solche Arbeiten von Bedeutung, die Verbindungslinien zwischen den Wissenschaftstheorien Whiteheads, James', Deweys und Deleuzes im Sinne einer kreativen, vitalistischen Philosophie des experimentierenden Handelns vorschlagen (vgl. Stengers 2008; Debaise 2010). Bruno Latours Ziel ist deutlich: Er will Gabriel Tarde gegenüber der Durkheim-

Schule nachträglich rehabilitieren, um sein eigenes Programm im Sinne einer Genealogie *James – Dewey – Tarde – Bergson – Deleuze – Akteur-Netwerk-Theorie* gegen die bislang in der französischen Soziologie erfolgreichere von *Durkheim – Mauss – Gurvitch – Aron – Bourdieu* zu setzen. Wie stehen Boltanski und der von Bourdieu ebenso geprägte wie sich von ihm distanzierte GSPM zu Latours Generalangriff auf die Traditionslinien der französischen Soziologie?

Die differenztheoretische Philosophie Gilles Deleuzes und die pragmatische Methodologie bilden zugleich Verbindungs- wie auch Trennlinien zwischen den Soziologien Boltanskis und Latours. Allerdings bezeichnet der Pragmatismus keine einheitliche Denk- und Forschungstradition, sondern umfasst eine Vielfalt von Fragestellungen und Methoden, die jeweils auf spezifische Weise innerhalb des europäischen Wissensraumes rezipiert wurde, wie die französische Diskussion exemplarisch zeigt (vgl. Joas 1992; Karsenti/Quéré 2004; Bogusz 2010a). Die Mitglieder des GSPM haben, insbesondere in seiner Gründungsphase, weniger an die pragmatistische Erkenntnistheorie, sondern eher an die interaktionistischen und ethnomethodologischen Schulen angeknüpft, die aus der pragmatistischen Philosophie in die Soziologie eingeflossen sind. Latour betont demgegenüber seine fundamentale Skepsis gegenüber sämtlichen soziologischen Traditionen. Im Anschluss an die von ihm und Michel Callon entwickelte Akteur-Netzwerk-Theorie, die seit den späten 1980er Jahren einen enormen Einfluss auf die internationale Wissenschafts- und Technikforschung hatte, konzentriert sich Latour vielmehr auf eine sozialanthropologisch ausgerichtete Übersetzung des pragmatistischen Experimentalismus auf weitere antidialektische Reflexionsmethoden.

## Ein neuer „radikaler Empirismus"

Auf die Frage, welche Lektüre ihn in seiner Distanzierung von Bourdieu begleitet hatte, nennt Luc Boltanski u.a. Latours Studie über Louis Pasteur als besonders prägend (vgl. Latour 1988). Von ihr hatten er und Laurent Thévenot nicht nur einen neuen Blick auf die Fabrikation wissenschaftlichen Wissens gewonnen. Latours Arbeit über Louis Pasteur und seine Laborstudien bestätigten sie auch in der Überzeugung, dass soziologische Thesen nicht über die Empirie lediglich bestätigt werden sollen, sondern höchstens als Hypo-Thesen Anlass zu Fragestellungen bieten, die letztlich nur durch das Expertenwissen der Akteure selbst und die Beobachtung ihrer konkreten (Alltags-)Praktiken bestätigt oder verworfen werden können. Die aus diesem Wissenschaftsverständnis resultierende symmetrische Analysemethode ist ein wichtiger gemeinsamer Nenner. Boltanski und Thévenot übernahmen konkrete Konzepte Latours wie die des „Aktanten" und der

„Prüfung", die in Latours Studie über Pasteurs Entdeckung der Laktulose auf die Komplexität und Zufälligkeit wissenschaftlicher Erkenntnisverfahren verweisen sollte. Latour zufolge stellt die Prüfung in der Wissenschaft das Ereignis dar, in dem die erfundene Kategorie oder Substanz und der Wissenschaftler selbst sich erst konstituieren. Die Kategorie oder Substanz wird durch eine umfassende Situation der Entwicklung, Zuschreibung und Rechtfertigung und unter Zuarbeit von Personen, Institutionen, ökologischen Bedingungen und Dingen konstruiert. Es handelt sich um eine Ko-Produktion von Natur, Technik und Gesellschaft, wie Timothy Simms pointiert bemerkt: „In Pasteurs Labor werden nicht nur Mikroben produziert – Natur –, sondern eben auch ein bestimmtes Frankreich und ein erfolgreicher Forscher – also Gesellschaft." (Simms 2004: 388) In Boltanskis und Thévenots Studie „Über die Rechtfertigung" kennzeichnen Prüfungen Herausforderungen an die Wirklichkeitskonstitution. So versteht Boltanski die Bedeutung des Übergangs von Routinehandlung und der oftmals überraschenden Prüfungssituation in Anlehnung an Latours Laborstudien als eine sozialanthropologische Herausforderung des ereignishaften Übergangs, weil eben hier die spezifischen kognitiven und praktischen Erfahrungen und Kompetenzen von Akteuren in aller Deutlichkeit hervortreten: „Dieser Übergang scheint zu einem Teil mit einer expliziten Bewusstwerdung der Unsicherheit verbunden zu sein, und zum anderen mit einem Umschlagen der Handlung, die nicht mehr als Einwirken auf die Welt und als ihre Modifizierung wahrgenommen wird, sondern als potenzielle Möglichkeit, die Gegebenheit oder Abwesenheit einer Macht im Handelnden kenntlich zu machen und damit zukünftige Handlungen zu antizipieren." (AJ: 102)

Die Übertragung und Weiterentwicklung der empirischen Kategorie der „Prüfung" wurde im Laufe der vergangenen zwanzig Jahre zwischen den Arbeiten Boltanskis und Latours häufiger hin- und her getauscht: In seiner Untersuchung über die Quellen der Unbestimmtheit, von denen ausgehend Bruno Latour seine „neue Soziologie" konzipiert, setzt er seinen Akteur-Netzwerk-basierten Begriff von der Prüfung im Sinne einer Kraftprobe wiederum in Beziehung zur Prüfung als Bewährungsprobe anhand der „von Luc Boltanski entwickelten Moralsoziologie." (Latour 2007: 93) Er begründet die Bedeutung dieser Kategorie empiristisch: „Wenn man einen Handlungsträger erwähnt, muß man von seiner Handlung berichten, und dazu muß man mehr oder weniger explizit machen, welche Bewährungsproben welche beobachtbaren Spuren hinterlassen haben [...]. [...] In der ANT ist es nicht gestattet zu sagen: ‚Niemand erwähnt es. Ich habe keinen Beweis, aber ich weiß, daß es einen verborgenen Akteur gibt, der hinter den Kulissen tätig ist.' Das ist Verschwörungstheorie, keine Sozialtheorie. Jedesmal, wenn ein Soziologe die Präsenz einer Kraft behauptet, um ein Phänomen zu erklären, muß er für diese durch eine Probe oder einen Versuch einen präzisen Beweis liefern, der außerdem häufig erneuert werden muß; er kann sich nicht damit begnügen, sie ein für allemal zu postulieren. Wenn eine soziale Kraft keinen Träger hat, um sich fortzubewegen, wird sie sich keinen Millimeter weit bewegen, keine Spur hinterlassen und in keiner Art von Dokument verzeichnet werden." (Latour 2007: 92ff.)

Latour sieht in der Untersuchung dieser Verschiebungen die Möglichkeit, die Komplexität assoziierter Entitäten zu erfassen, mit Hilfe derer Akteure ihre Wirklichkeit ordnen – eine Suchbewegung, die er auch im Programm des GSPM erkennt: „Darin liegt die Macht der ‚Rechtfertigungen', die Boltanski und Thévenot analysieren: Sie besitzen keine Größe, aber sie hinterlassen sozusagen ‚Größenordnungen' in ihrem Gefolge, insofern sie den Menschen erlauben, sich selbst, wie auch die strittigen Gegenstände in eine Rangordnung zu bringen. Jedesmal, wenn ein Ausdruck verwendet wird, um das eigene Handeln zu rechtfertigen, wird nicht nur das Soziale formatiert, sondern ebenfalls eine Beschreibung zweiten Grades davon geliefert, wie die sozialen Welten formatiert werden sollten." (Latour 2007: 399) Latour lobt das Modell der Äquivalenzbildung von Boltanski und Thévenot in „Über die Rechtfertigung" als „eindrucksvolles Beispiel für den Reichtum dieses Ansatzes" einer pluralistischen Handlungsorientierung für die zeitgenössischen Gesellschaftswissenschaften. Er hebt insbesondere ihre gelungene Methode der Verknüpfung von Gegenstandsbereichen hervor, die in der klassischen Soziologie als inkommensurabel gelten und ergänzt: „Diesem wunderbaren Beispiel für die Macht der Relativität versuche ich hier nachzueifern." (Latour 2007: 56) Des Weiteren nennt er „insbesondere Luc Boltanski (1990) *L'amour et la justice comme compétences*" als Bezugsquelle (Latour 2007: 45).

Die an den Kompetenzen der Akteure ansetzenden symmetrischen Netzwerkanalysen Latours entsprechen Boltanskis konstruktivistischer Perspektive auf die Bildung sozialer Kategorien, wie er sie schon bei den *cadres* exemplarisch dargelegt hatte. Diese positive Bezugnahme lässt sich gleichfalls in den Arbeiten der anderen Mitglieder des GSPM finden, wobei die Übereinstimmung mit Latour hinsichtlich der Radikalität der Kritik an tradierten soziologischen Untersuchungsmethoden und Einstellungen je variiert. Während etwa Nicolas Dodier, langjähriger Direktor des GSPM, methodologisch zugleich enger, aber auch kritischer entlang der von Michel Callon und Bruno Latour vorgelegten Labor-, Wissenschafts- und Technikstudien am *Centre de Sociologie de l'Innovation* der Pariser *École des Mines* arbeitet, hat Laurent Thévenot im Anschluss an seine Zusammenarbeit mit Boltanski eine pluralistische Theorie der „Regime der Verbindlichkeit" entwickelt, die eher durch Latours Wissenschaftskritik beeinflusst ist (vgl. Thévenot 2006: 21). Die symmetrische Herstellung von Äquivalenzen bildet in beiden Programmen eine fundamentale Konstante, die unabhängig von formalen und inhaltlichen Bewertungen nötig ist, um soziale Wirklichkeit herzustellen. Die Semantik der Übertragung wird reduziert, sie bezeichnet eine Reflexionspraxis des „Übersetzens" (vgl. Latour 1988: 162), wie Boltanski und Thévenot in Anlehnung an die *Science Studies* und der von ihr entwickelten „symmetrischen Betrachtung" betonen.

Das Interesse für den Wechsel von einem Handlungsregime zu einem anderen, im Sinne der „Übersetzung" und der Relationierung, bildet das stärkste Bindeglied zwischen den Soziologien Boltanskis und Latours in Hinblick auf die Erforschung sozialen Wandels. Das betrifft nicht nur die beobachteten Phänomene, sondern auch die eigene experimentelle Forschungsstrategie. In der mit Latour übereinstimmenden Ablehnung soziologischer Großtheorien betont Boltanski die Notwendigkeit der Verschiebung theoretisch-methodischer Konzepte: „Zum einen gibt es eine schlechte Strategie, die darin besteht, dass man glaubt, das, was man gemacht hat, sei wahr, und deshalb versucht man, es auf allen Gebieten anzuwenden, um wiederum zu zeigen, dass es wahr ist. Ich dagegen glaube, es ist eine gute Strategie, davon auszugehen, dass das, was man gemacht hat, lokal ist, weil Theorie immer lokal ist. Deshalb muss man die Theorie auf andere Gebiete verschieben, wo die Möglichkeit besteht, dass sie schlechter funktioniert, um die Theorie ununterbrochen zu verformen." (Boltanski in Basaure 2008: 3) Diese sehr deleuzianisch anmutende Forschungsstrategie bezeugt die Nähe Boltanskis zur symmetrischen Verfahrensweise der *Science Studies*. Es handelt sich in dem von Boltanski und Thévenot entwickelten Analyserahmen der Handlungsregime insofern um einen methodologischen Relativismus, da sich die Verschiebung als kritische Reflexion des einmal erreichten erweist, welche die gewonnene Erkenntnis erneut in Frage stellt. So erläutert Boltanski, dass seine Studie über die *Agapè* aus dem Bedürfnis entstand, das mit Thévenot entwickelte Äquivalenzmodell der Rechtfertigungsordnungen zu testen: „Mein Ziel war einfach, [...] die Symmetrie im Verhältnis zur Konstruktion von ‚Über die Rechtfertigung' zu bewahren, indem ich die *Agapè* in Entgegensetzung zur Rechtfertigungsordnung gedacht habe." (Boltanski in Basaure 2008: 5)

Boltanski und Latour stimmen ebenso in der Grundannahme überein, dass Kategorien einem stetigen Prozess ihrer Konstruktion, ihrer Neuzusammensetzung unterworfen sind. Dieser Punkt bezeichnet im Übrigen eine bislang wenig untersuchte Schnittstelle zwischen Bourdieu, Boltanski und Latour. Boltanski betont in Selbstzeugnissen immer wieder, dass er sich das Handwerkszeug zur De- bzw. Rekonstruktion sozialer Kategorien bei Bourdieu angeeignet habe. Im Sinne der von Boltanski und des GSPM entwickelten pragmatischen „Soziologie der Kritik" argumentiert auch Latour für die Mitarbeit an der Kategorienbildung durch die Akteure selbst. Im Unterschied zu Bourdieu, der aus seiner epistemologischen Kritik an den Kategorien einen spezifischen Deutungs- und Erkenntnisanspruch der Soziologie ableitete, ergibt sich daraus für Latour jedoch eine andere Aufgabe für die Soziologen. Sie sollten die Vielgestaltigkeit der Kategorien nicht durch eine schließende Erkenntnisbewegung auf einen Nenner bringen und in diesem Sinne „interpretieren", sondern mit ihr experimentieren. Die Aufgabe der Soziologen besteht dann darin, „ein künstliches Experiment einzurichten – einen Bericht, eine Geschichte, eine Erzählung, eine Beschreibung –, in dem diese Vielfalt voll entfaltet werden kann. [...] Wie Boltanski und Thévenot gezeigt haben: Wenn es etwas gibt, was man nicht anstelle der Akteure leisten kann, so ist es das, zu entscheiden, wo sie auf einem Maßstab einzuordnen wären, der vom Kleinen zum Großen reicht, denn bei jeder Wendung ihrer vielen Versuche, ihr Verhalten zu rechtfertigen, mobilisieren sie die gesamte Menschheit, Frankreich, den Kapitalismus, die Vernunft, während sie eine Minute später wieder einen lokalen Kompromiß eingehen." (Latour 2007: 318) Er ergänzt: „Angesichts solcher plötzlichen Maßstabswechsel besteht die einzige Lösung für die Analytiker darin, den Wechsel selbst als ihre Daten zu nehmen und in Erfahrung zu bringen, durch welche praktischen Mittel ein 'absoluter Maßstab' verbreitet wird." (Latour 2007: 318ff.)

Bei näherem Hinsehen wird jedoch deutlich, dass diese Übereinstimmungen brüchig werden, wenn es um die Frage der Interpretation geht. Boltanski ist weder in die Linie Tardes oder Deleuzes einzuordnen, aber auch nur bedingt in die Durkheims oder Bourdieus. Dies ist zumindest dann der Fall, wenn man von der häufig karikierenden Interpretation Durkheims und Bourdieus ausgeht, wie der ansonsten interpretationsunwillige und dichotomiefeindliche Latour es tut.

## Konfliktlinie: Soziologie der Kritik oder Soziologie des Sozialen?

„Bruno Latour könnte als der Anti-Bourdieu stilisiert werden, wenn man davon ausgeht, dass der Materialismus Bourdieus realistisch, strukturalistisch, rationalistisch und relationell ist, während der Callons und Latours nominalistisch, empiristisch, vitalistisch und konnexionistisch ist." (Vandenberghe 2009: 385) Frédéric Vandenberghe bringt die Differenz zwischen den Soziologien Bourdieus und Latours auf den Punkt und deutet damit auch die Ansatzpunkte der Kritik Bruno Latours an Luc Boltanski an. Latour lobt zwar „die Verschiebung, die Boltanski und Thévenot an Bourdieus Feldtheorie vorgenommen haben: Die Akteure sind vollkommen in der Lage, sich selbst zu rechtfertigen, und verbergen nicht ihre wirklichen Motive." (Latour 2007: 355) Doch er macht anderseits keinen Hehl daraus, dass er die „Soziologie der Kritik" des GSPM verdächtigt, diese Verschiebung zwar formal eingelöst, aber letztlich doch am Strukturalismus festgehalten zu haben, der Bourdieus kritische Soziologie geprägt hat. In seiner ihm eigenen humorvollen und pointierten Art lässt Latour zwei junge Doktoranden, eine Frau, die am GSPM und einen Mann der am von Latour und Callon inspirierten *Centre de Sociologie de l'Innovation* (CSI) assoziert sind, in einem fiktiven Dialog über diesen Punkt streiten:

> „[...]
> Er: Du bist ungerecht, der GSPM hat sich doch genau über den Kampf gegen die strukturale Erklärung definiert. Gegen das Vorwissen. Ohne das wären sie immer noch bei Bourdieu. Alles, was sie tun, leitet sich daraus ab; die Akteure wissen, was sie tun und sie müssen ihre Handlung rechtfertigen. Du kannst ihnen also wirklich nicht vorwerfen, zu den verborgenen Strukturen zurückzukehren, denn alle ihre Akteure rechtfertigen ihr Handeln *explizit*. Explizit, meine Wunderschöne, alles ist da. Und daher werden die „Zakteurezselbst"[16] auf beiden Seiten des Luxembourg gleich verstanden.
>
> Sie: Hör mal, ich werde immer skeptischer, was das betrifft. Sie tun so, als ob sie mit der kritischen Soziologie gebrochen haben, aber wenn du den strukturalen Erklärungstyp beibehältst, änderst du zwar die Rolle der Struktur, aber soziologisch änderst du nicht wirklich etwas: die „Zakteurezselbst", statt eines Evolutionsgesetzes, die sie zu ihrer Bestimmung führen, Bourdieu, Durkheim, sind trotzdem ziemlich gesteuert, aber diesmal durch eine Grammatik innerhalb derer sie auswählen müssen, die sie in eine begrenzte Zahl von Möglichkeiten, sechs *cités*, oder sieben oder acht, drei Ontologien, neun Handlungsregime aufteilt. Weißt du, die Seminare erinnern mich immer an das China Maos: ,die drei Schritte voraus', ,die sechs Sitten', ,die sieben Todsünden' *and so on*.
>
> Er: Jetzt gehst du zu weit, nur weil du Probleme mit deinem Betreuer hast, solltest du nicht die kritische Soziologie mit der Soziologie *der* Kritik verwechseln. Akteure, die nicht wissen, was sie tun und Akteure, die ihre Handlungen rechtfertigen, das ist nicht das Gleiche.
>
> Sie: Für einen Bourdieusianer ist der Unterschied groß, einverstanden, aber aus Sicht deines Monsieur Tarde oder des CSI ..."
>
> (Latour 2009: 364)

Nun handelt es sich natürlich um eine gnadenlose Verkürzung der Soziologien Bourdieus und des GSPM. Der „sens pratique" bezeichnet ja Bourdieu zufolge eben das Wissen der Akteure um ihr Handeln, wenngleich es sich um ein implizites Wissen handelt, das sich auf der Schwelle von kollektivem Bewusstsein und dem Unbewussten situiert. Die Regularitäten, die den praktischen Sinn zur Anschauung bringen, verweisen Bourdieu zufolge gleichwohl auf die praxistheoretische Stichhaltigkeit der Beziehung zwischen einer kognitiven und einer sozial verankerten Grammatik. Diese Annahme wird von Boltanski eindeutig übernommen. Vertritt Boltanski demzufolge einen „strukturalistischen" Pragmatismus?

---

16 Gemeint ist „die Akteure selbst", im frz. Original „Les ,zacteurszeuxmêmes'", eine lautmalerische Ironisierung der Betonung.

In seinem jüngsten Werk „De la critique. Précis de sociologie de l'émancipation" (2009, dt. „Soziologie und Sozialkritik") nimmt Boltanski deutlicher als in seinen vorangegangenen Schriften Stellung zum Pragmatismus selbst. Er unterstreicht die Bedeutung der Interpretation des Pragmatismus durch Bruno Latour, sowie der Phänomenologie Paul Ricœurs in kritischer Fortsetzung des Strukturalismus, wobei Boltanski die Einflüsse der pragmatischen Linguistik und insbesondere der Entwicklung des „Kompetenzmodells" als ausschlaggebend benennt. Die generative Linguistik Noam Chomskys, der den sprachwissenschaftlichen Strukturalismus nach Ferdinand de Saussure dahingehend erweiterte, dass er ihn in ein sozio-kognitivistisches Sprachmodell überführte, das sich aus dem Verhältnis von „Kompetenz" und „Performanz" erklärt, wird ebenfalls immer wieder als wichtiger Bezugspunkt von Boltanski erwähnt. Luc Boltanski übernahm insofern das strukturalistische Kognitionsmodell Bourdieus im Hinblick auf die Grundannahme einer Kompetenz, die auf einer Grammatik von Handlungsmöglichkeiten beruht. Es handelte sich also in der Tat um einen durch den Strukturalismus geprägten Pragmatismus, in dem die pragmatische Linguistik als Impulsgeber für die interaktionistische und ethnomethodologische Sozialtheorie des GSPM fungierte: „Wie der Bezug auf die generative Linguistik andeutet, behielt dieses Forschungsprogramm einen objektivistischen Charakter bei und sogar, in einigen Aspekten, eine strukturalistische Orientierung, die sich nicht an einer kartographisch gedachten sozialen Morphologie orientierte, sondern an einer Gestaltung kognitiver und verpflichtender Ausstattungen, also an Kompetenzen, die vorausgesetzt werden müssen, um zu verstehen, wie es den Akteuren gelingt [...], ihre Handlungen zu koordinieren oder ihre Deutungen übereinstimmen zu lassen." (Boltanski 2009: 49) Die Tatsache, den von der postmodernen Philosophie vollständig abgelehnten Anspruch auf Objektivierung nicht ganz aufgegeben zu haben, hing Boltanski zufolge mit der vom GSPM vertretenen Auffassung von der Soziologie als Wissenschaft zusammen: „Auf der Ebene der metakritischen Orientierung [...] war unser Anliegen, eine Normativität zu schaffen, die auf der Beschreibung beruht." (Boltanski 2009: 49)

In diesem Normativitätsanspruch unterscheidet sich Boltanskis Herangehen von dem deleuzianisch inspirierten Pragmatismus Latours. Boltanski kritisiert den französischen „radikalen Pragmatismus" (ohne sich dabei auf Latour zu beziehen), weil dieser zu stark an die Kreativität und Wirkmächtigkeit individuellen Handelns glaubt und in allzu einfacher Form den „bösen Strukturalismus", der Durkheim folgte, gegen den „guten Pragmatismus" positioniert (vgl. Boltanski 2009: 87). Problematisch sei daran vor allem, dass die Verteidiger des Pragmatismus dessen wichtigste Errungenschaft, nämlich die prinzipielle „Unsicherheit, welche soziale

Anordnungen bedroht, und damit die Fragilität der Wirklichkeit" (Boltanski 2009: 88) in die Soziologie getragen zu haben, nicht konsequent zu Ende denken würden. Einerseits, so kritisiert Boltanski, überschätzen sie die Gestaltungsmöglichkeiten der Akteure; andererseits gehen sie kritisch doch von einem „sens commun" aus und übersehen dabei, dass auch dieser eher ein konstruiertes und reaktives Phänomen darstellt, das weniger durch die Schöpferkraft der Akteure als durch die Unruhe entsteht, welche die soziale Fragilität und die permanenten sozialen Rekonfigurationen mit sich bringen. Paradoxerweise unterschätzten sie damit aber auch die Bedeutung der Kritik für den „sens commun". Die durch die Kritik hervorgetriebenen Äquivalenzprinzipien sind aus Sicht Boltanskis deshalb von hohem soziologischem Interesse, weil das Gelingen oder Scheitern ihrer Übersetzungen den sozialen Alltag genauso strukturiert wie hochkomplexe Reflexionsprozesse. Sie ermöglichen auf der methodologischen Ebene, zum Einen Bourdieus korrespondenzanalytische Konzeptualisierung eines „konstruktivistischen Strukturalismus" symmetrisch zu erweitern und dessen Versuch der Überwindung der analytischen Spaltungen von Mikro- und Makrosoziologie sowie von Individuum/Gesellschaft weiter zu denken; zum Anderen gewinnt der Optionalitätsgedanke eine optimistischere Note mit Blick auf die soziale Welt. Wie aber ist es möglich, zugleich eine normative und relativistische Soziologie zu vertreten?

Fest steht, dass Boltanskis Integration des radikalen Relativismus Deleuzes in die Sozialstrukturen selbst (und nicht Deleuzes Negation von Sozialstrukturen) mit der Hoffnung verbunden ist, zu einer Neukonzeptionalisierung der sozialen Klassendifferenzen beitragen zu können. Während sich Latours „Soziologie des Sozialen" über die Höllenfahrt der Soziologen von der Mikro- zur Makroperspektive belustigt, hält Boltanskis Soziologie der Kritik am Anspruch auf eine strukturale Makroperspektive fest. Diese allein „anhand der Leistungen der Akteure zu rekonstruieren", wie es das Modell Latours vorschlägt, kritisiert Boltanski, sei mit einer so langwierigen Beschreibung verbunden, dass dies kaum zu leisten wäre (vgl. Boltanski in Basaure 2008: 8). Latour selbst ist sich dieses Problems durchaus bewusst, wie er seinen fiktiven CSI-Doktoranden seufzen lässt: „Keine Struktur, keine Wissenschaft, keine Schließung, kein Ufer und damit kein Ende der Doktorarbeit. Und über den ganzen Kram hinaus kein moralisches Urteil. Ich wäre viel lieber Kantianer." (Latour 2009: 371) Dagegen führt seine GSPM-Begleiterin eine Reihe von Widersprüchen an, auf die er antwortet:

> „Er: Aber es sind die einzigen beiden Zentren, die interessante Soziologie in Frankreich betreiben, die sich verstehen, die ihre Studenten austauschen, die sich ständig gegenseitig zitieren, die sich über alles einig sind, jedenfalls gegen die anderen, und du tust so, als wären sie sich über nichts einig.

Sie: Ich habe genau den Eindruck, dass sie sich letztendlich über nichts einig sind. Sie verstehen sich vielleicht, sie haben tausend Dinge gemein, aber schlussendlich glauben sie einfach nicht, was die anderen sagen. Das trifft sich einfach nicht." (Ebda.: 365)

Jedoch, so merkt sie später an „Ja, eigentlich – sich so uneinig zu sein, das schafft Nähe!" (ebda: 374). Der „Ewigkeitswert" der Debatte zwischen Gabriel Tarde und Émile Durkheim, der von den Söhnen Tardes zu Beginn des zwanzigsten Jahrhunderts kolportiert wurde, ist zu Beginn des einundzwanzigsten Jahrhunderts offenbar wieder aktuell. Die von ihnen verhandelten grundsätzlichen epistemologischen Fragen, wie das Soziale zu fassen wäre, und welche Rolle der Soziologie im Sinne einer nicht nur deskriptiven, vielleicht nicht unbedingt normativen, doch zumindest eingreifenden Wissenschaft zukommt, bietet immer noch genügend Zündstoff für das Selbstverständnis dieser beiden Soziologien. Weder der Strukturalismus noch die Metaphysiken des Sozialen haben sich damit erledigt – und das gilt offenbar für beide „Ur-Urenkel".

In einem geistreichen Kommentar kritisiert Nathalie Heinich den Widerspruch zwischen dem dekonstruktivistischen Programm und der metaphysischen Idee Latours, „das Soziale" erklären zu wollen: „Würde heute ein Sprachwissenschaftler 'die Sprache erklären' wollen, wo er doch genug damit zu tun hat, die verschiedenen phonologischen, syntaktischen, semantischen Systeme zu beschreiben und zu erklären?" (Heinich 2007: 144) Das „Soziale erklären" impliziert die von Latour zugleich fundamental kritisierte Vorannahme vom Sozialen und den damit einhergehenden, durch Durkheim vertretenen Imperativ, demzufolge das Soziale nur durch das Soziale zu erklären sei. Andererseits verteidigt Latour selbst eine Metaphysik einer „Soziologie des Sozialen": „Angesichts dieser hoffnungslosen Anstrengungen, dieser subtilen geistigen Verrenkungen, um den metaphysischen Aporien mit den Quellen der Metaphysik selbst entkommen zu wollen, ist man unwillkürlich an den Baron von Münchhausen erinnert, der versuchte, sich ganz allein am Schopf aus dem Loch heraus zu ziehen, in das er gefallen war. [...] Gibt es eine 'soziale' Substanz? Nein, behauptet Latour, und meint damit die 'Substanz', aber ja, wenn man ihm glaubt, wenn er das 'Soziale' meint, indem er uns zum Beispiel einlädt, eher dem 'Sozialen zu folgen' als den 'Soziologen'." (Heinich 2007: 145) So haben wir es mehr als hundert Jahre nach der Durkheim-Tarde-Debatte möglicherweise mit einer doppelten Metaphysik des Sozialen zu tun: Bei Latour ist sie in den sich stetig differenzierenden Monaden der Assoziationselemente angesiedelt; bei Boltanski in dem Anspruch auf einen strukturalistischen Pragmatismus als „deskriptive Metaphysik". Georges Canguilhem hatte einmal die epistemologische Grundthese Alexandre Koyrés auf die Formel gebracht: „Die Geschichte einer Theorie ist die Geschichte der Unschlüssigkeiten des Theoretikers." (Canguilhem 1977: 27) Dies trifft wohl in besonderem Maße auf die Soziologien Latours und Boltanskis zu.

## 4 Die Einverleibung der Kritik in die Sozialtechnologien des Spätkapitalismus

Die Auseinandersetzung mit der Transformation der kapitalistischen Gesellschaft bildet die wohl zentralste thematische Grundlinie im Werk von Luc Boltanskis. Hier greifen seine drei Motive der Unwahrscheinlichkeit von Ordnungen, der Übergänge von Handlungsregimes und der De-Ontologisierung tradierter Klassifikationen besonders stark ineinander. Auf dieser Grundlinie baut sowohl die im GSPM entwickelte neopragmatische Handlungstheorie auf, als auch die „Soziologie der Kritik" als Ausdruck einer kontingenten und sich wandelnden Gesellschaftsformation. Zusammen mit Bourdieu hatte Boltanski die „Production de l'idéologie dominante" im Frankreich der 1970er Jahre untersucht und die Vorboten der zunehmenden Unsicherheiten innerhalb der Arbeitswelt in seiner Studie über die französischen Führungskräfte beobachtet. Während die Frage des historischen und wirtschaftlichen Wandels der französischen Gesellschaft jedoch in „Über die Rechtfertigung" und in seinen darauf folgenden Arbeiten in den Hintergrund gerückt war, stellte er sie Ende der 1990er Jahre wieder in den Mittelpunkt seiner Untersuchungen.

Mit dem Gemeinschaftswerk „Le nouvel esprit du capitalisme" (dt. „Der neue Geist des Kapitalismus"), das er zusammen mit der Soziologin und Ökonomin Ève Chiapello verfasste, erreichte Boltanskis Bekanntheitsgrad zu Beginn der 2000er Jahre endgültig internationale Dimensionen. Der Titel erinnert an Max Webers „Geist des Kapitalismus"; aber auch, für in der französischen Wissenschaftsgeschichte geschulte Ohren, an Gaston Bachelards „Le nouvel esprit scientifique" (1934), in dem Bachelard seine These von der epistemologischen Dialektik entwickelte (vgl. Canguilhem 1977: 13ff.). Die für Kapitalismuskritiker provozierende Hauptthese des Buches besteht darin, dass die kapitalistische Kultur der Gegenwart durch ihr dialektisches Verhältnis zu ihrer Kritik gekennzeichnet ist. Hier entfaltet die im GSPM entwickelte „Soziologie der Kritik" erstmalig ihren Anspruch auf eine umfassende Gesellschaftsanalyse, in der die Kritik selbst im Zentrum steht. Bruno Karsenti fasst diese Erweiterung zusammen: „Nach fast zehn Jahren des Erscheinens von *Über die Rechtfertigung* geht es also in diesem Buch darum, dem Vorgang der Rechtfertigung einen deutlich politischen Sinn zu geben." (Karsenti 2009: 426)

Insbesondere in Deutschland wurde das Werk begeistert aufgenommen, wurden doch hier zeitgleich eine Reihe von Studien prominent, in denen die Auswirkungen des „neuen kapitalistischen Geistes" entlang seiner Neologismen thematisiert wurden: Mobilität und Flexibilität, Deregulierung des Arbeitsmarktes, „Ich-AG" und Prekarität. In der deutschen Sozialtheorie wurden diese Entwicklungen anhand der Phänomene der „atypischen Beschäftigung" (vgl. Keller/Seifert 2007), des „Arbeitskraftunternehmers" (Voß/Pongratz 2002), des „Unternehmerischen Selbst" (Bröckling 2007) sowie der „Beschleunigung", der „Aktivierung" oder der „Landnahme" untersucht (vgl. Dörre/Lessenich/Rosa 2010). Auch artikulierten eine Reihe von Kulturproduzenten und politischen Aktivisten ihre immer eingeschränkter werdende „relative Arbeitsautonomie" z.T. selbstironisch und öffentlichkeitswirksam als „digitale Bohème" (Holm Friebe), „umherschweifende Produzenten" (Maurizio Lazarrato, Toni Negri, Paolo Virno) oder durch das neue Schlagwort des „künstlerischen Prekariats". In ihren gemeinsamen Forschungen hatten Luc Boltanski und Laurent Thévenot die „inspirierte *cité*" bereits als eine zentrale Rechtfertigungsordnung beschrieben, innerhalb derer die für das Feld der Kunst und der Kulturproduktion typischen Handlungsorientierungen gelten: Autonomie, Kreativität, Abweichung von der Norm und zeitliche Begrenztheit. „Der neue Geist des Kapitalismus" geht indes weit darüber hinaus. Nicht allein die Integration künstlerisch-schöpferischer Elemente in die Rechtfertigungsregimes beeinflusst die Dynamiken der zeitgenössischen westlichen Gesellschaften. Zu den von Boltanski und Thévenot definierten sechs *cités* kommt nun eine hinzu – und sie ist entscheidend: Es handelt sich um die so genannte „projektbasierte *cité*"[17], die Boltanski und Chiapello zufolge den inneren Motor des zeitgenössischen Kapitalismus bezeichnet. Der Einzug ehemals der Sphäre der Kunst und Kultur zugerechneter Rechtfertigungsregimes, die statt „Dienst nach Vorschrift" „kreatives Denken" im Rahmen zeitlich begrenzter, hochproduktiver Projekte in die Arbeitswelt getragen hat, werden von Boltanski und Chiapello aufgegriffen und systematisiert.

Boltanski und Chiapello haben die moralischen Rechtfertigungsstrategien des Kapitalismus der 1990er Jahre untersucht, die sie im Wesentlichen als eine ideologische Einverleibung seiner Kritik auffassen. Dabei besticht ihre Studie dadurch, dass sie nicht den wirtschaftlichen Wandel, sondern maßgeblich den Kulturwandel seit 1968 zum Ausgangspunkt für die Ausprägung eines neuen beruflichen Selbstverständnisses, insbesondere der leitenden Angestellten und Manager deklarieren, um dessen charakteristische Merkmale herauszuarbeiten.

---

17 Cité wird in der deutschen Fassung mit „Polis" übersetzt. Ich bleibe jedoch bei dem ursprünglichen Begriff (vgl. meine Fußnote 10 im zweiten Kapitel).

Boltanski und Chiapello gehen davon aus, dass die „schöpferische Zerstörung" (Joseph A. Schumpeter) des alten Wirtschaftssystems seine unbegrenzte Kapitalakkumulation nur auf der Basis eines geistigen Transformationsprozesses entfalten konnte, der in den westlichen Industrienationen mit den kapitalismuskritischen Bewegungen der späten 1960er Jahre eingeläutet wurde. Im Gegensatz zu Webers religionssoziologischen Studien geht es ihnen daher weniger um die Rationalismen, die diese Einverleibung begünstigten, als um „*die bekannten Variationen* [...]. Deshalb müssen wir die Kategorie des kapitalistischen Geistes von den substanziellen Inhalten in Form des *Ethos* trennen, die bei Weber mit ihm verbunden sind." (NGK: 47) Durch die Aufhebung der Unterscheidung allgemeiner sittlicher Lebensformen von einem spezifischen Professionsethos kapitalistischer Produktionsweisen erhoffen sich die Autoren, „grundverschiedene historische Erscheinungsformen des kapitalistischen Geistes in ein und denselben Rahmen zu integrieren und die Frage nach den Veränderungen aufzuwerfen." (NGK: 48) Wie in „Über die Rechtfertigung" legen Boltanski und Chiapello eine symmetrische Heuristik an, die allerdings im Gegensatz zur Studie von 1991 entlang der Verschiebungen der *cités* argumentiert, die in den untersuchten historischen Phasen auftreten. In der Konzentration auf die Verschiebungen und „Übersetzungen" der Rechtfertigungsordnungen, die im Laufe der Geschichte des Kapitalismus auftreten, wird klar, dass die von Boltanski verfolgte De-Ontologisierung soziologischer Kategorien nunmehr gegen einen substanzialistischen Kapitalismusbegriff argumentiert. Die beiden Autoren stellen stattdessen erstens die Beobachtung der sozialtechnologischen Anpassung des Kapitalismus an strukturelle und kulturelle Umbruchprozesse und zweitens die spezifische Fähigkeit des Kapitalismus, die Kapitalismuskritik für sein Zwecke umzudeuten, in den Mittelpunkt ihrer Untersuchung.

Die neuen Sozialtechnologien der ökonomischen Nutzbarmachung „persönlicher", „subjektiver" oder auch der Privatsphäre angehöriger Eigenschaften, die nunmehr zu Kernkompetenzen umdefiniert werden, prägen das geforderte Berufsethos der neuen Generation. Die von den Autoren angenommene Verwandtschaft dieser Sozialtechnologien mit der Kapitalismuskritik und die Professionalisierung der mit ihnen verbundenen Handlungsregime bündeln sie zu einer symmetrischen Analyse der wirtschaftlichen, politischen und ideologischen Grundlagen der Gegenwartsgesellschaft. Als Gewährsmänner für ihren Ansatz nennen sie außer Weber und Schumpeter Michael Walzer und Albert Hirschmann, dem sie das Buch widmen. Eine Schlüsselrolle spielt der norwegische Ökonom Karl Polanyi, wie Chiapello in einem Gespräch mit Yann Moulier Boutang erläutert, „zumal es mehr oder weniger eingestandenermaßen unser Ziel war, *The Great Transformation* neu zu schreiben, diesmal aber nicht, um den Fall, sondern die Rückkehr der

Marktgesellschaft zu beschreiben." (Ève Chiapello in Boutang 2000: S. 2). Die Studie „Artistes versus Managers – Le management culturel face à la critique artiste", die Ève Chiapello 1998 vorgelegt hatte, bot zugleich eine wichtige Grundlage für den gemeinsamen Impuls, den Zusammenhang von Künstlerkritik und Ideologiewandel des Kapitalismus genauer zu untersuchen (vgl. Potthast 2001: 555).

Ihre Interpretationsstrategie begründen die Autoren wie folgt: „Von den verschiedenen Definitionsversuchen des Kapitalismus (bzw. heute oft auch der Kapitalismen) der zurückliegenden eineinhalb Jahrhunderte wollten wir eine Minimalformel verwenden, die *eine Forderung nach unbegrenzter Kapitalakkumulation durch den Einsatz formell friedlicher Mittel* als zentral erachtet." (NGK: 39) Entsprechend des Wandels der Organisationsformen des Kapitalismus definieren Boltanski und Chiapello drei historische Phasen des kapitalistischen Geistes: Die erste Phase („1. kapitalistischer Geist") setzt mit der Industrialisierung Ende des 19. Jahrhunderts ein und endet nach dem Zweiten Weltkrieg, die zweite Phase („2. kapitalistischer Geist") beginnt in der Nachkriegsphase und endet Mitte der 1970er Jahre, und die dritte und aktuelle Phase („3. kapitalistischer Geist") setzt zu Beginn der 1980er Jahre ein (vgl. NGK: 469ff.). Diese Phasen differenzieren sich durch eine stufenweise Abschwächung der Polarisierung der Klassengegensätze aus, die sich einerseits spezifizieren, andererseits durch Etappen des Umschlagens von einer vertikal-hierarchischen hin zu einer vernetzten Gesellschaftsordnung gekennzeichnet sind. Die Autoren beobachten, dass ungeachtet der zunehmend enthierarchisierten Organisationsstrukturen soziale und kulturelle Ungleichheiten nicht nur bestehen blieben, sondern sich sogar verschärft haben.

An Boltanskis historiographische Arbeit über die französischen Führungskräfte und an seine und Thévenots Analysen der Handlungsregime anknüpfend, haben Boltanski und Chiapello die Entwicklung des Managementdiskurses zwischen 1960 und 1999 untersucht. Die Empirie ist damit auf eine diskursanalytische Erhebung handlungsorientierender Leitbilder zentraler Akteure beschränkt, bezieht jedoch Ergebnisse aus der Arbeits- und Industriesoziologie ein. Der Korpus stützt sich auf eine systematische Untersuchung der französischen Managementliteratur, die sie als „normativen Rahmen des Kapitalismus" (NGK: 91) bezeichnen und anhand dessen sie die geistige Entwicklung der kapitalistischen Kultur herausarbeiten wollen.

„Der neue Geist des Kapitalismus" stellt im bislang vorliegenden Gesamtwerk Luc Boltanskis zugleich ein Kompendium wie eine Weiterführung der bis dahin vorliegenden Studien dar. Die kapitalistische Kulturanalyse lag bereits der ideologiekritischen Analyse zugrunde, die er in den 1970er Jahren zusammen mit Pierre Bourdieu durchgeführt hatte. Ähnlich wie dort greift er nun, zusammen mit Ève

Chiapello, auf den Diskurs der Managementliteratur zurück, den er mit Bourdieu anhand von Handbüchern, aber auch einschlägiger Zeitschriften in der gemeinsam erstellten, spöttisch titulierten „Enzyklopädie der Vorurteile und der Gemeinplätze, die an neutralen Orten verwendet werden" gesammelt hatte (vgl. Boltanski/Bourdieu 2008a: 15ff.). Allerdings geht es zum einen im „Neuen Geist des Kapitalismus" nicht primär um Ideologiekritik, sondern um eine Analyse der ideologischen Transformation des Kapitalismus, bei der sich die Autoren der Instrumentarien der Rechtfertigungsordnungen bedienen, die Boltanski mit Thévenot herausgearbeitet hatte. Während „Über die Rechtfertigung" jedoch an ein ahistorisches Modell handlungsorientierender Koordinationsprinzipien orientiert war, liegt ein Schwerpunkt dieser Studie auf der historischen Perspektive, die auch in Boltanskis Arbeit über die französischen Führungskräfte zentral war. Anhand der *cadres* hatte Boltanski den geistigen Entwicklungsprozess einer Profession beschrieben, dessen innere Rationalitäten von tiefen kulturellen und materiellen Antagonismen und Konflikten gekennzeichnet war – eine Beobachtung, die in der verstehenden Soziologie Max Webers bereits zu bahnbrechenden Einsichten geführt hatte. Auch Webers Studie über die „protestantische Ethik und den Geist des Kapitalismus" war von dem Interesse angetrieben, die kulturellen Grundlagen der ökonomischen Strukturen des modernen Kapitalismus zu erfassen. Dessen handlungsorientierende Konsequenzen spiegelten sich ihm zugleich als Ausdruck einer eigentümlichen Irrationalität der subjektiven Verinnerlichung eines ökonomischen Rationalismus, wie Weber ausführte: „Der ‚Rationalismus' ist ein historischer Begriff, der eine Welt von Gegensätzen in sich schließt, und wir werden gerade zu untersuchen haben, wes Geistes Kind diejenige konkrete Form ‚rationalen' Denkens und Lebens war, aus welcher jener ‚Berufs'-Gedanke und jenes – wie wir sahen, vom Standpunkt der rein eudämonistischen Eigeninteressen aus so irrationale – Sichhingeben an die Berufs*arbeit* erwachsen ist, welches einer der charakteristischsten Bestandteile unserer kapitalistischen Kultur war und noch immer ist. *Uns* interessiert hier gerade die Herkunft jenes *irrationalen* Elements, welches in diesem wie jenem ‚Berufs'-Begriff liegt." (Weber 1988: 62) Die im „Sichhingeben" an die im Beruf formalisierte Irrationalität, die heute in Anlehnung an die Herrschaftsphilosophie Michel Foucaults als „Subjektivierung" bezeichnet wird, war bei Weber keine Eigenheit der auf Produktionsautonomie beharrenden Künstler des *L'art pour l'art*, sondern eine typische Eigenschaft des beruflichen Selbstverständnisses in kapitalistischen Gesellschaften überhaupt (vgl. Bogusz 2007: 34ff.). Die Pointe der Studie Boltanskis und Chiapellos liegt nun in der Zuspitzung des bei Weber nur angedeuteten Tatbestandes der Vergleichbarkeit von bürgerlichem und künstlerischem Professionsethos, der in ihrer Analyse in der Ausdehnung des kulturellen Zusammenhangs auf die Funktionsweise ökonomischer Institutionen besteht. Anders gesagt: Boltanski und Chiapello beschreiben entsprechend des zweiten Motivs in der Soziologie Boltanskis, wie sich das künstlerische Professionsethos – in Form der sogenannten „Künstlerkritik" – über die sogenannte „Sozialkritik" in das bürgerliche Selbstverständnis hinein „übersetzt" und damit zum integralen Bestandteil der kapitalistischen Produktionsideologie wird.

Die Autoren betrachten die in den 1990er Jahren zu beobachtende Verinnerlichung ökonomischer Produktionsprinzipien im Sinne der Subjektivierung als die Kehrseite der von Karl Marx untersuchten Entfremdung. Das Diktat der „Selbsthingabe" hat, so ihre These, im Zuge der vergangenen dreißig Jahre durch die veränderten Produktionsstrukturen und insbesondere durch die neuen Medien eine gesamtgesellschaftliche Zuspitzung erfahren, die zu Webers Zeiten noch auf bestimmte Gruppen beschränkt blieb – auf die Inhaber der Produktionsmittel, den „Kapitalisten". Demgegenüber konnte Boltanski bereits an den Führungskräften der 1960er und 1970er Jahre zeigen, dass sich dieser kapitalistische Geist nunmehr auch auf die mittlere Leitungsebene ausgedehnt hat, während er sich gegenwärtig durch sämtliche sozioökonomische Positionen zu durchziehen scheint. Die starken Identifikationsanforderungen stellen die gegenwärtige Kapitalismus-Analyse vor neue Herausforderungen: Subjektivierung statt Entfremdung, Selbstausbeutung statt Ausbeutung. Die Zuspitzung auf das individuelle Subjekt des Arbeitnehmers ist jedoch Boltanski und Chiapello zufolge zugleich mit einem Versprechen nach individueller Autonomie und Entfaltung verbunden, die zu den Kernforderungen der großen sozialen und kulturellen Bewegungen in den USA und in Westeuropa seit 1968 gehörte. Dieser Zusammenhang wirft die Frage auf, wie es dem Kapitalismus gelungen ist, die Argumente der Kapitalismuskritik zu seinem Nutzen umzudeuten und sie der Kritik zu entreißen. Vergleichbar mit dem Interesse Webers wollten Boltanski und Chiapello verstehen, „was den Neokapitalismus für viele Menschen so attraktiv macht" (NGK: 31), d.h. wie spezifische Identifikationsmuster im gegenwärtigen Kapitalismus dazu geführt haben, dass er trotz der Beständigkeit sozialer Ungerechtigkeiten weitestgehend akzeptiert wird: „Einerseits wollten wir eine singuläre historische Situation beschreiben, in der der Kapitalismus sich aus einer Reihe von Zwängen befreien konnte, die mit seinem älteren Akkumulationsmodus und mit den dazugehörigen Gerechtigkeitsforderungen verbunden waren. Andererseits haben wir versucht, auf der Grundlage dieser historischen Periode ein Modell auszuarbeiten, das einen allgemeinen Gültigkeitsanspruch erhebt und das den Wertewandel beschreibt, von dem sowohl Erfolg als auch Akzeptanz des Kapitalismus abhängen." (NGK: 32). Hier wird, zumindest was Boltanski betrifft, die doppelte Herausforderung deutlich, die sein ganzes Werk durchzieht: Die im GSPM entwickelte symmetrische Methodologie des „experimentellen Denkens", die Phänomene unabhängig von ideologisch-ontologischen Prinzipien zu verstehen sucht, wird mit der Fortführung des von Bourdieu angewandten „konstruktivistischen Strukturalismus" kombiniert, der nach verallgemeinerbaren Grammatiken des Sozialen in einer Kombination aus Marxscher Klassenanalyse und Weberscher Lebensführung suchte.

Die von Max Weber angedeutete Vergleichbarkeit des künstlerischen und des „prosaischen" Berufsethos wird von Boltanski und Chiapello über die Rolle der Kritik für die kapitalistische Dynamik hergestellt. Im zeitgenössischen Kapitalismus kristallisieren sich die von Weber benannten „irrationalen" Eigenschaften kapitalistischer Lebensführung durch Verschiebungen, die auf Prüfungen beruhen, die durch die Kritik hervorgerufen wurden. Die von Ève Chiapello in früheren Arbeiten untersuchte „Künstlerkritik", die der sogenannten „Sozialkritik" gegenübersteht ermöglichte es, Handlungsregime der Rechtfertigung mit den Besonderheiten dieser Kritikformen zu verbinden. Boltanski und Chiapello beschreiben die Genese dessen, was sie als „kapitalistischen Geist" definiert haben und betonen im Anschluss an die vorangegangenen Arbeiten von Boltanski und Thévenot dessen intrinsische Rechtfertigungskonzepte entlang der dort aufgeführten *cités*: der häuslichen, industriellen, marktförmigen, staatsbürgerlichen und die *cité* der Reputation. Während die häusliche *cité* an Bedeutung verliert (und mit ihr auch die Sozialfigur des *cadre* in seiner klassisch-technokratischen Form der 1960er und 1970er Jahre), tritt mit dem „neuen Geist" zu Beginn der 1990er Jahre auch eine neue Rechtfertigungsordnung auf den Plan: die projektbasierte *cité*. Da es sich nicht um ein primär zwanghaftes Sozialisations- und Produktionssystem handelt, benötigte der Kapitalismus, wie die Autoren in Anlehnung an Albert Hirschman argumentieren, seit seiner Entstehung Begründungszusammenhänge für die mit ihm verbundenen, gleichwohl zwanghaften Anforderungen an die Menschen, deren Einverständnis die Grundlage ihres Handelns in seinem Sinne bildet. Dabei gehen sie prinzipiell sowohl von einem wechselseitigen „Akkulturationsprozess" aus, der die Mitwirkung an der Akkumulation ermöglicht (vgl. NGK: 59), als auch von dem Interesse der kapitalistischen Herrschaftslogik an der gesellschaftlichen Etablierung gerechter Handlungsregime. Diese – durchaus umstrittene These – eröffnet einen neuen Blick auf die Rolle und Funktion der Kritik. Denn der konstitutive Charakter der Kritik in der Geschichte des Kapitalismus beruht auf der Annahme der „systemischen Vernunft" (vgl. Peter 2004: 23), mithin also einer spezifischen systemischen Rationalität. Sie ist es, so postulieren Boltanski und Chiapello, die zu der Durchökonomisierung der sozialen und kulturellen Lebensführung beigetragen hat. Was aber ist das für eine neue kapitalistische Gesellschaft, die Boltanski und Chiapello beschreiben wollen und was unterscheidet sie von den vorherigen Gesellschaftsformationen?

**Die projektbasierte *cité* als Herzstück der vernetzten Arbeitsgesellschaft**

Die kapitalistische Landnahme der in der bürgerlichen Industriegesellschaft noch vom Berufsleben getrennten Bereiche des Persönlichen, Privaten und Intimen erfuhr mit dem Einzug der neuen Netztechnologien und der Übernahme sogenannter „soft skills" in die Ausbildungsprofile von Dienstleistung und Management einen radikalen Beschleunigungsschub. Die 1990er Jahre waren mit dem plötzlichen und unerwarteten Ende des Staatssozialismus, demgegenüber die Akteure der kapitalistischen Marktwirtschaft sich noch als ein solidarisches System zu zeigen gezwungen sahen, durch einen internationalen Transformationsprozess gekennzeichnet, dessen befreienden Elemente durch große wirtschaftliche und kulturelle Verunsicherungen begleitet war. Aufstieg und Fall der *New Economy* zu Beginn der 1990er Jahre verwiesen auf die Chancen und Risiken einer neuen Weltordnung, deren Koordinaten unbestimmt schienen. Der dramatische Rückgang der gewerkschaftlich organisierten Mitglieder, die damit einhergehende Auflösung der Arbeiterkulturen und die Unfähigkeit der Gewerkschaften, auf die Partikularisierungsmechanismen der neoliberalen Marktwirtschaft adäquat zu reagieren, warf die Frage auf die Tagesordnung, wie es zu diesem „neuen kapitalistischen Geist" gekommen war und was ihn eigentlich kennzeichne. Dies schien umso dringlicher, als dass auch die alten soziologischen Werkzeuge zur Ermittlung gesellschaftlicher Zustände auf die neuen Entwicklungen mit ihrer Vielzahl an Unbestimmtheitsmomenten einer grundlegenden Revision bedurften. Das Ende der großen Ideologien schien mit dem Ende der Großtheorien zusammenzufallen. Doch so nötig eine solche Zäsur war, so ratlos ließ sie eine Soziologie zurück, deren Expertise zwar gefragt blieb, doch deren gesamtgesellschaftliches Analysepotenzial weitgehend erschöpft wirkte.

Einig waren sich nahezu alle Kommentatoren darin, dass mit der Flexibilisierung von Arbeitszeit, Organisation, Vertragsdauer, Tätigkeits- und Verantwortungsbereichen auf Autonomieforderungen reagiert wurde, die nicht allein der Sphäre des selbstregulierenden Marktes entstammten, sondern auch aus den Reihen der Kapitalismus-Kritiker kam. Einig war man sich auch vielerorts darüber, dass nicht alles schlecht ist an den neuen Arbeitsbedingungen, da sie individuelle Freiheiten stärker betonte. Doch diese Freiheiten blieben, wie sich zunehmend herausstellte, in engen Grenzen, da nicht nur die Verfügungsgewalt über die Bestimmung flexibler Produktionsprozesse eindeutig auf Seiten der Arbeitgeber blieb, sondern ihre Kehrseite die Auflösung des Sozialpaktes bedeutete: Deregulierung, befristete Arbeitsverträge, Prekarisierung. Dies wirkte sich im Vergleich Frankreich-Deutschland branchen- und länderspezifisch zwar unterschiedlich aus, doch die Formen der allgemeinen Umstrukturierungen erwiesen sich als recht ähnlich. Die Produktionsformen der 1990er Jahre sind sowohl im schrumpfenden Industriesektor als auch im wachsenden Dienstleistungssektor auf der Organisationsebene durch eine spezifische Verzahnung von neuen Technologien mit einer neuen Personalpolitik zu beobachten.

Die von Luc Boltanski und Laurent Thévenot in „Über die Rechtfertigung" vorgenommene idealtypische Trennung der inspirierten von der häuslichen, der öffentlichen, der marktorientierten und der industriellen *cité* schließen sich nunmehr zu einem einzigen Äquivalenzprinzip zusammen, das sich in dem Schlagwort vom „Neomanagement" ausdrückt. Hier finden sich fast alle Aspekte der managerialen Grundprinzipien wieder, die sich seit den 1960er Jahren ankündigten, doch erscheinen sie nun um ein Vielfaches multipliziert und ausdifferenziert. Das Neomanagement zeichnet sich dadurch aus, dass das allgemeine Anforderungsniveau nicht nur in Hinblick auf polyvalente Kompetenzanforderungen, sondern vor allem bezüglich einer erhöhten Verantwortungslast abbildet, die in verflachten Organisationsstrukturen besonders stark individualisiert ist. Dies zeigt sich auch in den veränderten beruflichen Definitionen: Es ist nicht mehr der „Arbeiter", der die Maschine bedient, sondern der „Operator" (vgl. Boltanski 2008b: 313). Diese Verschiebung hin zu einem neomanagerialen Diskurs ist Ausdruck einer neuen Rechtfertigungsordnung, die Boltanski und Chiapello als „projektbasierte *cité*" bezeichnen.

In der projektbasierten *cité* präsentieren sich die Bewertungsprinzipien und Rangordnungen asymmetrisch zu den Äquivalenzprinzipien, welche je die inspirierte, marktwirtschaftliche, öffentliche, häusliche und industrielle *cité* konstituierten, wie sie von Boltanski und Thévenot dargelegt wurden. Die Dynamik dieser neuen Rechtfertigungsordnung wird durch das Äquivalenzmaß der „Aktivität" mobilisiert, das sämtliche Praxen der in ihr wirkenden Akteure rechtfertigt (vgl. NGK: 155), und das seinerseits durch eine Erweiterung des Rechtfertigungsdispositivs gekennzeichnet ist. Für die Durchsetzung der neuen Produktionsstrukturen benötigte es allerdings einen „kapitalistischen Geist", der über seine rein ökonomistische Legitimation gleichfalls mindestens zwei kulturelle und soziale Elemente zu integrieren verstand, sollte er sich als dauerhaft und stabil erweisen: Begehrlichkeit und Sicherheit (vgl. Karsenti 2009: 427ff.). Die Begehrlichkeit entfaltete sich in der partizipativen Organisationsstruktur, indem durch den formalen Abbau von Hierarchien eine erhöhte Mitbestimmung an der Produktionsgestaltung ermöglicht wurde. Die Sicherheit konnte die projektorientierte *cité* noch zu

Beginn der 1990er Jahre zumindest formal einlösen, indem sie den Beschäftigten für die Dauer des Projekts einen Arbeitsplatz und eine mögliche Weiterbeschäftigung in Aussicht stellte. Diese Verschiebung von einer determinierenden hin zu einer netzwerkartigen Arbeitsgesellschaft veranlasst zu einem Überdenken der in der strukturalistischen Analyse gegebenen Mittel und scheint dem Erklärungsmodell der durch Gilles Deleuze beschriebenen differenzierenden Gesellschaftsdynamiken zu entsprechen (vgl. De la Vega 2005). Konträr allerdings zum anti-normativen Anspruch Deleuzes definieren die Autoren die „konnexionistische Welt" als „wesentliche normative Basis" des neuen kapitalistischen Geistes.

Vom „Plädoyer für eine zielgesteuerte Unternehmensführung" einer stark paternalistisch strukturierten Organisationshierarchie der 1960er Jahre beobachten Boltanski und Chiapello einen Umschwung zum „Modell des vernetzten Unternehmens" der 1990er Jahre. Das projektorientierte Arbeiten setzt sich allmählich von der Kunst- und Wissenschaftsproduktion und dem Dienstleistungssektor auch in der Industrie durch. Die Ausdifferenzierung der Zuständigkeitsbereiche und Qualifikationen wird durch eine Verflachung der Hierarchien und Netzwerkstrukturen begleitet. Die projektorientierten Arbeitsstrukturen sind auch Ergebnis einer von multinationalen Konzernen entwickelten Produktentwicklung, die von den lokalen Führungskräften weniger beeinflussbar sind als zuvor. Der damit verbundene steigende Konkurrenzdruck von außen führt zu einem erhöhten Kohäsionsdruck nach innen. Regime des „Wir-sind-doch-alle-in-einem-Boot" verwischen die weiterhin bestehenden sozialen, ökonomischen und kulturellen Ungleichheiten. Boltanski und Chiapello sprechen in diesem Zusammenhang von der Naturalisierung einer dualen Legitimationsstruktur, welche durch die projektbasierte *cité* kolportiert wird – demnach trägt der Mensch einerseits zur Vergemeinschaftung bei und trägt andererseits den Wunsch nach Unabhängigkeit in sich (vgl. NGK: 174). Die „Qualifizierung" *der* Arbeitnehmer wird durch „Kompetenzanforderungen" *an sie* abgelöst und ein aktivierendes „Wir-Gefühl" erzeugt. Boltanski hat diese Verschiebungen bereits bei den *cadres* der 1970er Jahre beobachten können, doch waren diese noch durch starke Gewerkschaftsverbände und eine dichte wohlfahrtstaatliche Absicherung abgefedert. Die klassifikatorische Abgeschlossenheit der Kategorie ging mit einem hohen Maß an Sicherheit einher. Heute hingegen hat sich diese Kategorie so stark ausdifferenziert, dass sie sowohl hinsichtlich des Einkommens als auch der sozialen Position und der Beschäftigungsdauer nahezu pulverisiert ist. „Aus den Ruinen der institutionalisierten und rationalisierten Hierarchie der großen Firma erhebt sich eine neue Arbeitswelt, die man als konnexionistisch bezeichnen kann." (Karsenti 2009: 427) Galt bis Ende der 1980er Jahre der *cadre* als die „typische" – und in diesem Sinne naturalisierte – sozioprofessionelle Kategorie der französischen Arbeitsgesellschaft, die mit verhältnismäßig sicheren Arbeitsplätzen, häufig die logische Konsequenz aus dem familiären Hintergrund, Bildungsstand und Bildungsabschluss mit einer Beschäftigungsperspektive auf Lebenszeit assoziiert werden konnte, wird der *cadre* nunmehr, wie Jörg Potthast bemerkt, „zum Antitypus einer neuen Heldenfigur, die durch Beweglichkeit und Flexibilität besticht und dort Verschlankung und Entschlackung verheißt, wo bisher undurchdringliche Hierarchien Unternehmen paralysiert haben." (Potthast 2001: 557) Zur Naturalisierung der projektbasierten *cité* tritt die sozial- und wirtschaftswissenschaftliche Naturalisierung der „Netzwerke". Wodurch sind diese gekennzeichnet?

„In einer vernetzten Welt besteht das Sozialleben [...] aus unzähligen Begegnungen und temporären, aber reaktivierbaren Kontakten mit den unterschiedlichsten Gruppen, wobei diese Verbindungen gegebenenfalls eine sehr beträchtliche soziale, berufliche, geographische und kulturelle Distanz überbrücken. Anlass für solche Verbindungen bietet das *Projekt*. Für eine befristete Zeit führt es die unterschiedlichsten Personen zusammen und präsentiert sich über eine relativ kurze Periode als ein *Teilbereich des Netzwerkes in hohem Aktivitätsstatus*." (NGK: 149) Das Herstellen und Wahren von wichtigen Kontakten, die sich perspektivisch in ökonomischen Ertrag konfigurieren lassen, erinnert an die von Pierre Bourdieu untersuchten Konversionspraktiken, die er anhand von spezifischen Feldern beobachtet hatte (etwa Umwandlung von sozialem in ökonomisches Kapital). Allerdings distanzieren sich die Autoren von dem bei Bourdieu hervorgehobenen klassenspezifischen Habitus der zeitgenössischen Arbeitnehmer, da der temporäre Projektcharakter ihrer Tätigkeiten eine kategoriale Einschließung deutlich erschwert (vgl. NGK: 164).

Im gehobenen Dienstleistungssektor zeichnet sich die projektbasierte *cité* durch ein partizipatives Management aus, das eine Einschränkung der vorbestimmten Tätigkeiten vorsieht. Mobilität, Polyvalenz, räumlich-geographische und funktionelle Flexibilität, Individualisierung der Einkommenseinstufung und der Karrierechancen werden zu grundsätzlichen und selbstverständlichen Rahmenbedingungen der „schönen neuen Arbeitswelt". Die hohen Flexibilitätsanforderungen beschreiben Boltanski und Chiapello als einen Aktivierungsdiskurs: „Gleichzeitig ist davon die gesamte Arbeitsethik, oder wie es bei M. Weber heißt, *Beruf*smoral betroffen, die in verschiedener Weise den Geist des Kapitalismus durchdrungen hatte. Während sie auf der ersten Entwicklungsstufe des Kapitalismus mit rationaler Askese verbunden war und Mitte des 20. Jahrhunderts dann mit Verantwortung und Wissen, wird sie nunmehr tendenziell von dem Begriff der *Aktivität* verdrängt, ohne dass zwischen einer persönlichen oder gar spielerischen Aktivität und einer Berufsaktivität sorgsam unterschieden würde." (NGK: 209) Neben dem „Manager" wird der Berater, der „Coach" zu einer Schlüsselfigur dieser Selbst-Aktivierung und der mit ihnen verbundenen vielfältigen Anforderungen an Unternehmen und Subjekt (vgl. Traue 2010). Für die Autoren verbindet sich mit dieser Figur „die Frage nach den *Kontrollmodalitäten des Neomanagements.*" (NGK: 121). Diese werden als Reaktion auf die Kapitalismuskritik gewertet, welche sich seit den 1960er Jahren vor allem als „Künstlerkritik" artikulierte und die davor gesellschaftlich bedeutendere Sozialkritik verdrängte. Das Neue Management zeichnet sich demnach vor allem durch das Eindringen ökonomischer Rechtfertigungsordnungen in das Individuum aus (vgl. NGK: 145), das die „Instrumentalisierung der Mitarbeiter in ihrem eigentlichen Menschsein" (NGK: 145) ermöglicht. Dies knüpft an die Beobachtungen Boltanskis zu den französischen Führungskräften an, deren Professionsdesign ab den 1960er Jahren deutlich an US-amerikanischen Sozialtechnologien der psychologischen und kybernetischen Menschenführung orientiert war, die ursprünglich durchaus herrschaftskritische Ambitionen verfolgte.

Boltanskis und Chiapellos These von der Einverleibung der Kritik in die Sozialtechnologien des Kapitalismus der Gegenwart wird deutlich an einer Verschiebung des Entfremdungsbegriffes einerseits und an der ideologischen Integration der Kritik andererseits. Die Instrumentalisierung von Fähigkeiten und Eigenschaften, die im so genannten „ersten" und „zweiten kapitalistischen Geist" noch der Privatsphäre und dem Freizeitbereich zugeordnet wurden, hat nach Boltanski und Chiapello zu einer Verschiebung der klassischen Entfremdungsform geführt, wie sie bis zu Beginn der 1960er Jahre durch Karl Marx definiert war. Die neuen Medien unterstützen die Möglichkeiten der Kontrolle des Privatlebens, der Loyalität zum Betrieb und der persönlichen Leistungsbereitschaft. Im Vergleich zur von Marx beobachteten Entfremdung der Arbeitnehmer von ihrer Arbeit scheint sich in den 1990er Jahren trotz oder wegen der Verschärfung der Unsicherheiten bezüglich Karriereweg und Arbeitsplatzsicherheit eine neue Entfremdungsform durchgesetzt zu haben. Sie tritt zunächst als die schon von Weber als „irrationales Professionsethos" beschriebene Überidentifikation der Akteure mit der Arbeit auf. Diese verweist jedoch nicht, wie Boltanski und Chiapello zeigen, auf eine Aufhebung der Entfremdung, die als Forderung gleichwohl noch wie ein historisches Echo durch die Arbeitsstätten zieht. Vielmehr scheint die Verschiebung der Entfremdung in die Psyche der Akteure tiefer als je zuvor in die Subjekte einzudringen – als Selbstentfremdung. Diese neue Entfremdungsform ist ihrerseits Ergebnis einer Verschiebung der Gerechtigkeitsforderungen, die den ersten und zweiten kapitalistischen Geist begleitet haben: Während die klassische Sozialkritik in der marxistischen Tradition auf die *spezifischen Entfremdungen* verwies, denen die eine große Gruppe des Proletariats im Gegensatz zur anderen großen Gruppe, den Kapitalisten im Hinblick auf die Produktionsweise ausgesetzt ist, führte die Künstlerkritik Entfremdungsformen an, die sich auf die Lebensführung insgesamt bezogen. Entsprechend führten die Emanzipationsbestrebungen Letzterer, die insbesondere ab 1968 zum Ausdruck kamen, im Vergleich zur spezifischen Entfremdungen darüber hinausführend *generische Entfremdungen* ins Feld, deren Überwindung zum integralen Bestandteil des Emanzipationsprojektes erklärt wurde (vgl. NGK: 466ff.). Zu den beiden Kritikformen der Emanzipation und der Freiheit von Kollektivnormen bemerken Boltanski und Chiapello: „Unsere Hypothese lautet, dass der Kapitalismus zu jedem Zeitpunkt seiner Entwicklung beide Emanzipationsformen nicht im selben Maße bietet und dass er tendenziell auf dem einen Gebiet zurücknimmt, was er auf dem anderen zugesteht. Weil jedoch zwischen den beiden Emanzipationsformen eine starke Interdependenz herrscht, wirken die Gewinne oder Zugeständnisse, die in einem Bereich erzielt werden, in den anderen Bereich zurück. Das führt zu einem neuen Mischungsverhältnis der beiden Entfremdungsformen." (NGK: 469).

Diese generischen Entfremdungsformen wurden durch das Autonomiekonzept zugleich stellenweise aufgehoben wie durch die Ökonomisierung des Sozialen verinnerlicht: „Vor diesem Hintergrund lässt sich die Arbeit [...] nicht mehr als eine von der Erwerbsperson losgelöste Ware betrachten." (NGK: 179) Dies führt zu neuen, spezifischen Leidensformen an der Arbeit, insbesondere Stress und Depressionen. Der Spielraum des Selbst befindet sich unter einem eigentümlichen und permanenten Aushandlungs- und Rechtfertigungsdruck. Dieser wird besonders sichtbar an der grenzenlosen Ausdehnung „flexibler" Arbeitszeiten, die Spät- und Wochenendschichten einschließen. Während es früher selbstverständlich war, dass außer in den üblichen Schichtarbeitsbranchen am Wochenende und abends/nachts nicht gearbeitet wurde, müssen Arbeitnehmer heute einen hohen Aufwand an Rechtfertigungsstrategien aufwenden, um sich diesen Eingriffen in die Planung und Gestaltung von Freizeit und Privatleben zu entziehen. Wenn überhaupt, tun sie das meist vereinzelt und individuell; kollektive Verweigerung ist eher die Ausnahme.

Der neomanageriale Diskurs greift – nach Ansicht der Autoren relativ systematisch – Fragmente der kritischen Theorie auf und postuliert, in Anlehnung an Jürgen Habermas, die ideale diskursethische Kommunikationssituation (vgl. NGK: 496). An Stellen wie diesen wird deutlich, das die von den Autoren verteidigte Grundannahme des Gerechtigkeitswillens – wenn auch im Sinne der Profitmaximierung – der kapitalistischen Führungsschichten auf einer idealtypischen Empirie beruht, deren Verallgemeinerungswert durchaus fragwürdig ist (vgl. Peter 2005: 23). Zumindest muss sie sich die Kritik gefallen lassen, dass diese Grundannahme auf der Diskursanalyse einer spezifischen Trägergruppe beruht, deren Handlungsorientierungen nur einen Ausschnitt des Kapitalismus zeigt und deren konkrete Umsetzung empirisch an keiner Stelle nachgewiesen wird. Die Rechtfertigungsordnungen, mit denen z.b. Massenentlassungen begründet werden, kommen zumeist ganz ohne Gerechtigkeitsregime aus – meist genügt der Verweis auf die Marktlogik. Zum anderen ist der vertrauensbasierte Aushandlungsmodus im Sinne eines „friedlichen" Äquivalenzprinzips, wie es von Boltanski in seiner Studie über die *Agapè* ausgearbeitet wurde – nur einer von mehreren möglichen Wegen, und noch dazu einer innerhalb der kapitalistischen Führungsschichten durchaus umstrittener.

Hinsichtlich des bearbeiteten Korpus wird die Annahme stark gemacht, es handle sich um eine Avantgarde innerhalb dieser Schichten, deren Äquivalenzprinzipien wegweisend im Gesamtzusammenhang des „neuen kapitalistischen Geistes" sind, der sich hinsichtlich seiner Führungsschicht als verhältnismäßig kontingenz- und konfliktfrei präsentiert (vgl. Koppetsch 2004: 352ff.). Sie wird durch die These gestützt, dass diese Avantgarde als Hauptträger der projektbasierten *cité* ausgemacht werden kann, der jene zentrale Funktion der symbolischen Legitimation des „neuen Geistes" zukommt. Die Autoren der Handbücher und das von ihnen angesprochene Publikum der erhobenen neomanagerialen Diskurse, durch Personalberater geschult, machen dabei „einen strategischen Gebrauch" von sich selbst (vgl. NGK: 498). Damit verbunden ist eine unauflösliche Spannung zwischen Individualität, Authentizität und Flexibilität, die auf der Naturalisierung einer dualistischen Sozialanthropologie beruht: „Insofern die projektbasierte [*cité*, T.B.] der Vorstellung einer vernetzten Welt nachgebildet ist und sowohl die Authentizitätsnorm als Garant der persönlichen Beziehungen umfasst, auf denen die Arbeitsstrukturen beruhen, als auch die Diskreditierung der Authentizität zugunsten der Anpassungsnorm in sich schließt, inkorporiert sie somit eine der wichtigsten Spannungslinien, die die konnexionistische Welt durchzieht." (NGK: 501)

Die Entstehung des projektbasierten Rechtfertigungsregimes ist Boltanski und Chiapello zufolge zwar auf das Engste mit der seit den 1990er Jahren durch den mit den neuen Technologien aufkommenden Neologismus des Netzbegriffes geprägt, jedoch nicht mit diesem identisch (vgl. NGK: 150). Sie selbst nutzen und kritisieren ihn zugleich: Da die Frage der Rechtfertigung im Sinne der gerechtigkeitsorientierten Logik durch das Netz weder gestellt noch gelöst wird, „kann das Netz an sich nicht als Träger einer [*cité*, T.B.] dienen." (NGK: 151) Das Netz kann deshalb im Gegensatz zur projektbasierten *cité* keine Rechtfertigungsordnung sein, weil diese – zumindest nach Boltanski und Thévenot – immer auf moralischen Urteilen beruht. In Anlehnung an Bruno Latours Akteur-Netzwerk-Theorie verstehen Boltanski und Chiapello das Netz im Sinne Gilles Deleuzes' Philosophie der

Immanenz, welche auf die „Reflexivitätsschleifen eines moralischen Urteils verzichtet." (NGK: 152)

Der gegenwärtige, „3. kapitalistische Geist" bezeichnet also eine konnexionistische Welt, in der das Projekt temporäre Akkumulationsinseln bildet. Das weithin verbreitete Bild des „networkers" wird von Boltanski und Chiapello durch das Attribut „faiseur", also des „Machers" ergänzt."[18] Der „Netzwerkmacher" erlangt eine anerkannte Position dadurch, dass er besonders findig darin ist, unbesetzte Knotenpunkte, „Strukturlöcher" zwischen unterschiedlichen Netzen zu finden und zu besetzen. Dadurch kann er einen Prestigegewinn für sich verbuchen. Auch kann er für Ereignisse, „Events" sorgen, die seinen Stempel tragen und dazu zu einer Steigerung dieses Prestiges beitragen, die sich in seine „Selbst-GmbH" eintragen. Ein weiteres Merkmal der neuen Strukturen ist die zentrale Bedeutung der Mobilität in der konnexionistischen Welt. Hinsichtlich der Frage der sozialen Ungleichheiten stellen Boltanski und Chiapello fest, dass die Mobilität der einen die Immobilität der anderen voraussetzt und diese bedingt. Die Ausgrenzung der „Immobilen" erscheint den Autoren allerdings eher als nicht-intendierte Folge dieses Tatbestandes. Als weitere Prekaritätsfaktoren für die Gefahr der Ausgrenzung kollektiver Strukturen benennen sie die Flexibilität und Mobilität der Zulieferer sowie der Verbraucher (vgl. NGK: 407ff.). In diesem Sinne ist das „Mobilitätsdifferential" „zu einer heiß begehrten neuen Ware geworden." (NGK: 411) Wie aber kam es zu der Verschiebung von der hierarchisch-vertikalen Organisationsstruktur der industriellen hin zur konnexionistischen Struktur der projektbasierten *cité*? Und welche Rolle spielte die Kritik in diesem Kontext?

---

18  In der deutschen Übersetzung „Netzwerkopportunist".Vermutlich wurde der semantische Zusatz „Opportunist" vom Übersetzer hinzugefügt, um den Unterschied zwischen den Statusformen der „Netzwerker" hervorzuheben. So verdeutlicht der Begriff *faiseur de reseau* (Netzwerkmacher), dass es sich um tendenziell machtvolle Aktivitäten handelt, die jene Strukturen nicht nur unterstützen, sondern sie determinieren. Ich stimme allerdings mit Stefan Nowotny überein, dass der Begriff des „Netzwerkopportunisten" einerseits zu wertend, andererseits zu passivistisch ist (vgl. Nowotny, Stefan in Boutang 2000, dt. Fassung, S. 5 FN 12). Boltanski und Chiapello unterscheiden zwischen den „Machern" der valorisierenden Netzwerke, z.B. den Managern und Freelancern (den *faiseurs de reseau*) und denjenigen Arbeitnehmern, die sich zwar in diesen Netzwerken befinden und an ihnen mitstricken, jedoch weder die materiellen noch symbolische Profite abschöpfen, wie es die „Macher" tun. Da sie jedoch von ihnen abhängig sind, könnte man sie streng genommen auch als Netzwerkopportunisten bezeichnen, wenn auch aus anderen Gründen und davon absehend, dass in diesem Begriff eine starke Wertung mitgeführt wird. In der deutschen Übersetzung sind damit jedoch nur die Netzwerkmacher gemeint.

## Sozialkritik und Künstlerkritik: Modell und Gegenmodell

Im Kontext spezifischer Rechtfertigungsordnungen sprechen die Autoren in Anlehnung an die Arbeiten Boltanskis und Thévenots von den Herausforderungen der Kritik am Kapitalismus als „épreuve de force", als „Kraftprobe" im Sinne des Kräftemessens zwischen der Arbeiterbewegung des frühen zwanzigsten Jahrhunderts und den kapitalistischen Wirtschaftsträgern; oder als „Bewährungsprobe". Letztere unterscheidet sich durch ihre Eigenschaft, kulturelle und sittliche Wertigkeiten und Orientierungen auf die Tagesordnung zu setzen, die moralisch höher aufgeladen sind. Sie tragen Fragen der sozialen Gerechtigkeit in den öffentlichen Diskurs ein, deren vielstimmige Anrufungen plurale Wirklichkeiten gegenwärtiger Gesellschaften kennzeichnen (vgl. NGK: 72ff.). Beide Herausforderungen stehen in einem Kontinuum zueinander, wobei die Kritik ihren allgemeinsten Zusammenhang bildet (vgl. NGK: 73 ff.). In diesem Sinne bietet die Studie eine methodologische Zuspitzung der vom GSPM initiierten „Soziologie der Kritik" und ihrer pragmatischen Argumentation. Kritik wird nicht passivistisch-reaktiv, sondern interventionistisch-aktiv konzeptualisiert. Das entspricht den Grundmotiven der Soziologie Boltanskis im Sinne der Übersetzung, die als konkrete Praxis sichtbar und empirisch erfassbar wird im Sinne der damit einhergehenden De-Ontologisierung der herrschaftssoziologischen Kategorien durch die beobachteten Praktiken.

Boltanski und Chiapello unterscheiden zwei Formen der Kritik hinsichtlich ihres Charakters und zwei weitere Formen hinsichtlich der von ihr eingeklagten Rechtfertigungsordnungen: die *Sozialkritik* und die *Künstlerkritik*. Beide beeinflussen die Dynamik der Bewährungsproben und die Frage der Integrationsfähigkeit kritischer Elemente in den Akkumulations- und Akkulturationsprozess des kapitalistischen Geistes. Sie nennen vier „Quellen der Empörung" (NGK: 80), welche die Künstler- und Sozialkritik mobilisiert haben. Diese stellen sowohl ethische wie soziale Ungleichheiten an den Pranger und haben die historische Entwicklung des Kapitalismus geprägt: *Entzauberung, Unterdrückung, Armut und Opportunismus*. Insbesondere die Eigenschaft der Entzauberung als Authentizitätsverlust der Moderne (von Walter Benjamin einst als „Erfahrungsverlust" beschrieben) und der damit einhergehende Wunsch nach individueller Lebensentfaltung und Ausgestaltung prägte die Künstlerkritik der Bohème-Kultur des frühen Kapitalismus im 19. Jahrhundert (vgl. Bogusz 2007: 43ff.) und fand in den großen soziokulturellen Bewegungen in den westlichen Industriegesellschaften Ende der 1960er ihren vorläufigen Höhepunkt. Diese Kritik gehört den Autoren zufolge zu den stärksten symbolischen Bewährungsproben des Kapitalismus. Sie entsprang zunächst einer Skandalisierung der Vermassung und Standardisierung, welche die tayloristische Arbeitsorganisation hervorgebracht hatten (vgl. NGK: 473). Die Kodifizierung

(Fordismus) löste die Standardisierung ab, weil sie den Vorteil der Differenzverwaltung brachte (vgl. NGK: 480).

In dieser Phase (die sich mit dem so genannten „zweiten kapitalistischen Geist" deckt) etabliert sich eine über das Postulat der ökonomischen Absicherung und der Massenkultur hinausgehende Transformation der Kultur des Kapitalismus, die mit einer „Entwaffnung der Kritik" einhergeht (NGK: 211ff.). Zu den Postulaten der Sicherheit und der Gerechtigkeit, die bis dato maßgeblich der Sozialkritik vorbehalten waren, kam nun das der „Begehrlichkeit". Die Forderungen nach Mitbestimmung wandelten sich zu Begehrlichkeiten der Selbstbestimmung im Hinblick auf den eigenen Körper und die Lebensführung, insbesondere der Frauen, als deren wohl fundamentalster Ausdruck die Einführung der Anti-Baby-Pille und das Recht auf Abtreibung gehörte. Diese artikulierten Ansprüche auf individuelle Autonomie, selbstbestimmte Lebensplanung und Selbstverwirklichung dehnte sich auf sämtliche Gesellschaftsbereiche aus und erfuhren mit der Flexibilisierung der Arbeitswelt eine besondere Zuspitzung. In der Folge der weltweiten Wirtschaftskrisen der 1970er Jahre entstehen zunehmend temporäre Arbeitsformen, die von technologischen Beschleunigungsprozessen begleitet sind. Zum einen führt das allgemein gestiegene Bildungsniveau zu einer weiteren Zergliederung der Produktionsprozesse und Professionsprofile; zum anderen bringt es Konflikte hervor, denen die Sozialkritik, allen voran die Gewerkschaften, zunehmend hilflos gegenüberstehen – und das trotz des Tatbestandes, dass in Frankreich (und auch in Deutschland) nach 1968 der deutlichste soziale Fortschritt und die stabilste Beschäftigungslage seit Kriegsende zu verzeichnen ist. Die Reaktionen auf die Ölkrise 1974 bis 1975 sind in Frankreich bereits weniger durch gewerkschaftliche Initiativen als durch alternative Interpretationen der Kapitalismuskrise geprägt. Mit der Regierungsübernahme durch den Sozialisten François Mitterrand wird das Primat der Beschäftigungssicherheit durch das der Autonomie eingetauscht. Es ist eine experimentelle Umstrukturierung der Arbeitsprofile zu beobachten, die auf eine Pluralisierung der Kompetenzen setzt und sich durch die Einstufung der Betriebe selbst auszeichnet (statt über die nationalen Verbände und Kollektiveinheiten). Dem Postulat der „Gerechtigkeit" wird das Attribut des Sozialen abgezogen, wodurch es seiner sozialkritischen Spitze entledigt wird. Der Aufstieg von Expertengruppen ist begleitet durch den aus der 1968er Bewegung übernommenen Anti-Etatismus der radikalen Linken, was die Autoren auf die Formel zuspitzen: „Dadurch, dass der neue Geist diese Forderungen für eine Beschreibung einer neuartigen, ja sogar libertären Art der Profitmaximierung nutzbar macht, durch die man angeblich auch sich selbst verwirklichen und seine persönlichsten Wünsche erfüllen könne, konnte er in der Frühphase seines Entstehens als eine Überwindung des Kapitalismus, damit aber auch als eine Überwindung des Antikapitalismus verstanden werden." (NGK: 257)

Als besonders charakteristisch für den Erfolg der Künstlerkritik gegenüber der Sozialkritik sehen Boltanski und Chiapello den Vorrang der Autonomie gegenüber der Arbeitsplatzsicherheit an (vgl. NGK: 171). In Ankündigung des „Unternehmerischen Selbst" (Bröckling 2007) sprechen sie von der „Selbst-GmbH" und bemerken zur damit verbundenen Selbstbezüglichkeit: „Allerdings ist [dem ungebundenen Menschen, T.B.] die Selbstbezüglichkeit, die er sich zugesteht, weder als etwas Präexistierendes mitgegeben noch ist sie eine Folge eines Lebensweges oder einer Lebenserfahrung. Sie ergibt sich vielmehr aus der Konstellation der hergestellten Verbindungen. Jeder ist nur deswegen er selbst, weil er das Beziehungsgeflecht bündelt, das ihn darstellt" (NGK: 172). Damit ist allerdings auch die Verantwortung für ein zufrieden stellendes und erfolgreiches Berufsleben nahezu ausschließlich auf die Verantwortung des Einzelnen verschoben, was zu gravierenden individuellen Statusunsicherheiten unter den Beschäftigten führt. In Anlehnung an die Studien Laurent Thévenots zur allgemeinen Verunsicherung angesichts der sozialen Deregulierung greifen die Autoren den Begriff des „Unbehagens" auf, das sich anhand anomischer Phänomene beobachten lässt (vgl. 451ff.). Entsprechend der Anomiedefinition Émile Durkheims verweisen sie auf eklatante Handlungsunsicherheiten, die sich in einer zunehmenden biographischen Unbeständigkeit ausdrückt, die durch die Temporalität der projektorientierten *cité* an sozialer Schärfe gewinnt (vgl. NGK: 452). Der Rückgang der Stabilität von Beziehungen entspricht dem Rückgang dauerhafter Arbeitsplatzsicherheit, die durch Selbstverwirklichungszwänge verdrängt wird (vgl. NGK: 461). Das Unbehagen, das sich an der Flüchtigkeit von persönlichen und professionellen Beziehungen verdeutlicht, wird an der Bedeutung von „Kontakten" und ihrer unabgegrenzten Definition offensichtlich: „Die strategische Nutzung von Beziehungen, die in einem anderen Kontext einer Freundschaftsbeziehung ähneln würden, sorgt besonders dann für Unruhe, wenn sich aus den Kontaktaktivitäten finanzielle Vorteile ergeben. [...] Diese Ungewissheit über die Natur der zwischenmenschlichen Beziehungen in einer Netzwelt entstammt einem grundlegenden Widerspruch zwischen der Anpassungs- und Mobilitätsnorm einerseits und der Authentizitätsnorm andererseits (man muss persönlich Kontakt aufnehmen, vertrauensvoll wirken), der die neue Welt durchzieht und der sich auch in der projektbasierten [*cité*, T.B.] widerspiegelt." (NGK: 494) Diese Unsicherheiten sind auch Folge des dramatischen Einbruchs der gewerkschaftlichen Präsenz in den Betrieben und im öffentlichen Bewusstsein als Teil der staatsbürgerlichen *cité*, deren Äquivalenzprinzipien an Wirksamkeit eingebüßt haben und häufig vollkommen abwesend sind.

„Der Bedeutungsverlust der Gewerkschaften" (NGK: 310) im Laufe der 1980er Jahre ist Boltanski und Chiapello zufolge auf verschiedene Faktoren zurückzuführen, die mit den spezifisch marktwirtschaftlichen Herausforderungen der 1980er Jahre zusammenhingen, deren Kritik zum Teil unintendierte Nebenfolgen zur Geltung brachte, die auf eine Überforderung der Funktionäre hindeutet (vgl. NGK: 311). Der Einbruch der gewerkschaftlich organisierten Mitgliederzahlen seit Ende der 1970er Jahre gilt für ganz Europa. In Frankreich ist allerdings das Spezifikum zu beachten, dass die Mitglieder nicht nach Branchen, wie in Deutschland, sondern nach politischer Einstellung organisiert sind. Die beiden größten Gewerkschaften sind die kommunistisch orientierte CGT (*Confédération Générale du Travail*) und die gemäßigte CFDT (*Confédération Française Démocratique du Travail*). Die CGT war seit der Zeit der Volksfront (*Front populaire*) immer die mitgliederstärkste Gewerkschaft Frankreichs. Ihre Weigerung, sich nach der sowjetischen Niederschlagung der emanzipatorischen Bewegungen 1956 in Ungarn und 1968 in Prag mit den Folgen des Stalinismus auseinander zusetzen sowie ein struktureller Alterungsprozess führte dazu, dass zu Beginn der 1970er Jahre eine große Anzahl reformwilliger Kommunisten, Anarchisten und Frauenbewegten aus der CGT zur CFDT wechselte.

Die CFDT ging bereits 1918 aus der christlichen Gewerkschaft hervor (CFTC, die bis heute existiert und vor allem *cadres* des Mittelstandes repräsentiert). Sie gab sich von Anfang an ein moderates Profil. Nicht die Abschaffung des Kapitalismus war und ist ihr Ziel, sondern die Verbesserung der Arbeitsbedingungen unter den gegebenen Bedingungen. Die deutsche Gewerkschaftstradition gilt ihr als Vorbild: Verhandlung statt Konfrontation; Sozialpartnerschaft statt Klassenkampf. Insgesamt war die CFDT besser in der Lage, auf die Herausforderungen der neuen neoliberalen Marktwirtschaft zu reagieren als die CGT. Obgleich auch sie schwere Einbußen hinnehmen musste, verlor sie zwischen 1970 und 1990 „nur" ca. 30% ihrer Mitglieder, während die CGT zwei Drittel verlor (vgl. Bourdieu 1993: 407). Dies hing einerseits damit zusammen, dass die CGT traditionsgemäß das klassische Arbeiterklientel der französischen Groß- und Automobilindustrie, vergleichbar der hiesigen IG-Metall vertrat, das aufgrund der strukturellen Auslagerungen und Schließungen eklatant schrumpfte; andererseits mit ihrer geringen Offenheit für die Fragen und Forderungen der neueren sozialen Bewegungen, deren Protagonisten sich bei der CFDT besser vertreten sahen. Erschwerend hinzu kam das komplizierte französische Vertretungssystem: Aufgrund der politischen Vielfalt können in einem Betrieb mehrere politisch vollkommen verschiedene Gewerkschaften vertreten sein, was ihre Verhandlungsfähigkeit deutlich beschränkt. Da sich die Zusammensetzung innerhalb der großen und mittelständischen Betriebe stärker durchmischt als früher (wo etwa bei Peugeot eine große Arbeiterzahl einer kleinen Anzahl von Führungskräften gegenüberstand), sind die jeweiligen Vertreter häufig eher mit internen Flügelkämpfen beschäftigt. Dies hat seit den 1990er Jahren u.a. dazu geführt, dass Streiks häufig nicht mehr von den Gewerkschaften initiiert werden, sondern von der nicht-organisierten Basis.[19] Auch der Rückgang der soziokulturellen Präsenz der Arbeiterkultur, die durch alternative Lebensformen ersetzt wurden, trug zu dieser Schwächung bei. In diesem Sinne bezeichnen die Autoren den großen Pariser Generalstreik vom Herbst 1995 als eine späte Ausnahme, innerhalb derer an jene Traditionen noch einmal angeknüpft werden konnte, was jedoch nach Streikende rasch wieder obsolet wurde. Auch waren die Gewerkschaften in Hinblick auf die Frage, wie den fundamentalen neuen Maßnahmen politisch und konzeptuell zu begegnen sein könnte, zutiefst gespalten.

Boltanski und Chiapello beobachten schließlich Verschiebungen der Künstlerkritik in die klassische Sozialkritik hinein. Sie bezeichnen die Forderungen der Arbeitnehmer der 1970er Jahre nach dem „Ausbau der Teilzeitarbeit, um ihren Lebensalltag ausgewogener gestalten zu können", als Künstlerkritik (NGK: 328). Eine durchaus gewagte These, gehörte doch der Kampf um eine angemessene Wochenarbeitszeit und um Ruhetage seit ihrer Entstehung zu den Kernforderungen der internationalen Gewerkschaftsbewegungen und wäre damit der Sozialkritik zuzurechnen. Vielmehr kann wohl davon ausgegangen werden, dass der Arbeitskampf zunehmend die Rahmenbedingungen der außerhalb dem Produktionsbereich angehörigen Sphäre mit einbezieht – d.h. es wird hervorgehoben, dass Ruhephasen mehr meinen als die reine Reproduktion der Arbeitskraft. Inzwischen verzeichnen die Gewerkschaften ein Effizienzdefizit, das auf die zunehmende Verlagerung der Aushandlungsinstanzen auf die innerbetriebliche Ebene zurückzuführen ist, was die Möglichkeiten überbetrieblicher Handlungsstrategien einschränkt. Zugleich sehen sich die Arbeitgeber Boltanski und Chiapello zufolge angesichts des formal gestiegenen Mitspracherechts der Arbeitnehmer weniger als deren Opponenten, denn als „Moderatoren" von Aushandlungsprozessen – die Sozialkritik verliert damit eine ihrer wichtigsten Ansatzpunkte (vgl. NGK: 329). Die Diversifikation des Arbeitnehmerstatus begünstigte die Schwächung der klassischen Sozialkritik, für die in Frankreich vor allem der *Parti communiste* und die kommunistische Gewerkschaft CGT gestanden hatten. Der damit verbundene Prozess von Selektion

---

19 Besonders deutlich wurde das beim Generalstreik 1995 in Paris. Hier mussten die Gewerkschaften regelrecht darum kämpfen, den Unmut der Arbeitnehmer und der sogenannten „Sans papiers" für ihre jeweilige Organisation zu gewinnen. Eine Folge dessen war die Stärkung einer weiteren wichtigen linken Gewerkschaft: SUD (Solidaire, Unitaire, Démocratie), die besonders stark im öffentlichen Dienst vertreten ist. Eine weitere, vergleichsweise mitgliederstarke Gewerkschaft ist die FO (Force Ouvrière).

und Exklusion ist seither gekennzeichnet durch die sozialen Verschärfungen für diejenigen, deren geringere berufliche Qualifikation mit mangelnden bzw. fehlenden hochkulturellen Erfahrungen verbunden ist. Hinsichtlich ihres Charakters lassen sich demzufolge die korrektive von der radikalen Kritik unterscheiden (auch bekannt als die „revolutionäre" Kritik, die der „reformistischen" gegenübersteht).

## Rollenwechsel der Kritik und Gegenstrategien

Trotz ihrer skeptischen Haltung gegenüber der kritischen Soziologie im Sinne einer interventionistischen Wissenschaft beschränken sich Boltanski und Chiapello nicht auf die Analyse. Tatsächlich soll die Studie dazu beitragen, Erkenntnisse darüber zu versammeln, wie die weiterhin bestehenden sozialen Ungleichheiten von einer neuen Kritik herausgefordert werden können, die nicht wie die beschriebenen Kritikformen in das kapitalistische Reproduktionssystem integriert werden kann. Sie verstehen sich insofern als „Berater der Kapitalismuskritik" (Potthast 2001: 558). Sie formulieren eine Rekonstruktion der Theorie der Ausbeutung, sie auf zwei zentrale Merkmale konzentrieren: 1. Zuspitzung der materiellen und ideellen Gleichzeitigkeit von Vernetzung und Ausgrenzung und 2. Einzug der projektbasierten *cité* in nahezu alle Lebensbereiche und sogar der Kritik. Diese Merkmale bilden zugleich die Ansatzpunkte der von ihnen anvisierten neuen Kritik. Sie fragen daran anschließend: Welche Gerechtigkeitsstrukturen sind unter diesen Bedingungen möglich?

Zur Vergleichzeitigung von Vernetzung und Ausgrenzung gehört für die gegenwärtige Kapitalismuskritik das Problem, dass die Netzwerkstruktur zu einer Ent-Kollektivierung der tradierten gesellschaftlichen Akteursgruppen geführt hat (vgl. Zimmermann 2006). Dem aktivistischen Konzept der „Klasse", das noch das Regime der Ungleichheit mit dem der kollektiven Verantwortung vereinte, steht heute das passivistische Konzept der „Ausgrenzung" gegenüber. Die projektbasierte *cité* erzeugt zwar Kollektive, doch diese lösen sich nach gewisser Zeit auf, vernetzen sich neu und bilden neue Kollektive, deren Äquivalenzprinzipien mit dem Tatbestand ihrer zeitlichen Begrenztheit konfrontiert sind. Es ist also im Hinblick auf ihre kollektivierende Funktion nicht mehr möglich, von der historisch verankerten Polarisierung der Klassengegensätze auszugehen und anhand ihrer nach emanzipatorischem Mobilisierungspotenzial zu suchen. Weil diese Situation jedoch durch einen dramatischen Anstieg der Ungleichheiten gekennzeichnet ist, deren Infragestellung weitgehend individuell verhandelt wird, halten die Autoren trotz des Strukturwandels an den Prüfungsformen der Künstler- und der Sozialkritik fest. Vom Konzept der Klasse her gesehen bleibt damit noch das Regime der Ungleichheit bestehen, während das der kollektiven Verantwortung weggebrochen zu sein scheint. Die Sozialkritik müsse demgegenüber ihren Zuständigkeitsbereich im Hinblick auf die Gerechtigkeitsfrage weiterhin geltend machen, indem sie jene Verschiebungen berücksichtigt. Auch hier wird, zumindest in Bezug auf Boltanski deutlich, dass die Beständigkeit der sozialen Ungleichheiten sein Festhalten an einer strukturalistischen Analysemethodologie rechtfertigt und damit das, was er im Unterschied zu Latour als das weiterhin probate Mittel versteht, um die Verbindung von strukturalistischer, pragmatistischer und differenztheoretischer Analyse zu gewährleisten. Wie Peter Wagner feststellt, zielt die Studie darauf ab, „die Untersuchung von Machtbeziehungen mit der Untersuchung der Regime der Gerechtigkeit zu verbinden. Anstatt die analytischen Alternativen zwischen einer Welt der Macht und einer Welt der Gerechtigkeit hinzunehmen, treten beide Welten ins Bild – als eine Beziehung zwischen zwei Metaphysiken: einer deleuze-freudianischen, die Transformationen auf der Ebene der Immanenz behandelt, und einer der begründungsbasierten Konventionen, wie sie in *De la justification* ausgearbeitet wurde." (Wagner 2004: 443) Entsprechend setzen Boltanski und Chiapello auf die Integration differenztheoretischer Aspekte in die strukturale Analyse und verbinden mit dieser die Sozialkritik. In Hinblick auf den Strukturwandel der Arbeitswelten wird dies besonders deutlich an den Vorschlägen, die sie zur Frage nach emanzipatorischen Wegen der Überwindung der Ungerechtigkeiten des Kapitalismus entwickeln.

Boltanski und Chiapello gehen davon aus, dass die Durchökonomisierung der Lebenswelten zwar zur Neutralisierung der Sozial- und der Künstlerkritik geführt hat. Doch müsse den Verwerfungen des Kapitalismus begegnet werden, indem „beide am Leben erhalten [...] und gleichzeitig die Fehlentwicklungen vermieden werden, zu denen jede der beiden führen kann, wenn sie ausschließlich in Erscheinung tritt und nicht durch ihren jeweiligen Gegenpart gemildert wird." (NGK: 575) Folglich interpretieren sie die Ökonomisierung des Sozialen und Kulturellen nicht nur als Niederlage der Kritik, sondern auch als ihren Erfolg. Die mangelnde Reflexion über die Erfolge der Sozialkritik hat zu einem Rückgang der öffentlichen Wahrnehmung ihrer Potenziale geführt, zu ihrer „Ent-Repräsentation", was auch auf die Soziologie zutreffe (vgl. NGK: 344). Weil die Gewerkschaften angesichts der De-Thematisierung des Klassenbegriffs dessen soziale Identitäten nicht mehr aufrecht erhalten konnten, wurden die mit ihm verbundenen Äquivalenzprinzipien nahezu hinfällig. Es bedarf daher einer Erneuerung der Kritik, die zu einer „Reduzierung der Ausbeutung in der Netzwelt" beiträgt (NGK: 422). Wie aber lassen sich solche Konzepte dergestalt in die projektbasierte *cité* integrieren, ohne bloß zu einer weiteren Optimierung der bestehenden Verhältnisse beizutragen, die Boltanski und Chiapello doch offenbar grundlegend zu kritisieren suchen? Hier liegt die Schwäche der Studie – sie formuliert einen Widerspruch, zu dessen Behebung sie Instrumente heranzieht, die eben diesen Widerspruch verursacht haben. Aus dem „Erfolg" der Kapitalismuskritik zu lernen, erweckt hier aus Sicht Lothar Peters in Anlehnung an Jacques Bidet den Eindruck, „paradoxerweise gleichzeitig eine prinzipielle Kritik und eine Therapie des Kapitalismus zu liefern." (Peter 2005: 23) Zumindest lässt sich sagen, dass ihre Vorschläge eher der *korrektiven* als der *radikalen* Kritik zuzuordnen sind, und damit den im Prolog formulierten Anspruch auf Zweitere nur bedingt einlösen.

So hoffen die Autoren, dass die Unsicherheiten, die mit der temporären Beschäftigungsdauer zusammen hängen, durch eine Sozialkritik gemildert werden könnten, die zugleich Elemente der Künstlerkritik aufgreift. Ein „Wiedererstarken der Künstlerkritik" (NGK: 506) könnte sich Boltanski und Chiapello zufolge an den Kategorien der „Sicherheit als Emanzipationsfaktor" (NGK: 508) und damit allgemeiner an der Begrenzung der Authentizitätsnorm innerhalb der Marktsphäre (vgl. NGK: 511ff.) entwickeln: „Die aktuellen Diskussionen um Begriffe wie ‚employability', ‚Kompetenz', ‚Aktivität', ‚Aktivitätsvertrag', oder auch ‚Basiseinkommen' verweisen auf die Möglichkeit, die Mobilitätsprobleme neu zu formulieren. Sie beinhalten einen neuartigen Kompromiss zwischen Autonomie und Sicherheit, wie er sich mit der Logik einer projektbasierten [*cité*, T.B.] vereinbaren lässt." (NGK: 423) Boltanski und Chiapello machen verschiedene Vorschläge zur Verbesserung des rechtlichen Status und setzen dabei auf das Primat der Reflexivität und des deliberativen Vertrauens der Führungseliten (vgl. NGK: 424ff.). Daran anschlussfähig wäre möglicherweise die auch innerhalb der Gewerkschaften umstrittene Einführung einer „Flexicurity" (vgl. Seifert/Keller 2007) zur Absicherung projektbasierter Arbeitsplätze. Die Verknüpfung der Regime des „Enthusiasmus", der „Sicherheit" und der „Gerechtigkeit" ließe sich damit über eine kritische Revision der Äquivalenzprinzipien der projektbasierten *cité* neu gestalten, indem die projektbasierte *cité* als gerechtigkeitsorientiertes selbstreferentielles kritisches System umdefiniert würde (vgl. NGK: 565). Sie erhoffen sich von dem Begriff der projektorientierten *cité* progressive Potenziale, von denen ausgehend Konvergenzkriterien einer „kommunikativen Vernunft" (im Sinne Habermas') entwickelt werden könnten. Die Autoren räumen zwar ein, dass entsprechend der Schumpeterschen Formel nicht die Kritik allein zu einer Transformation der ökonomischen Ungleichheitsstrukturen führt (vgl. NKG: 86ff.), bleiben aber hinsichtlich des empirischen Nachweises solcher Konvergenzkriterien vage. Auch können sie die Annahme eines vernunftbegründeten Willens auf Seiten der „Netzwerkmacher" zur Herstellung von Gerechtigkeit an keiner Stelle nachweisen, die über die idealtypische Analyse des neomanagerialen Diskurses hinausgeht. Damit erhält dieser Diskurs den Stellenwert einer strukturierenden Funktion des kapitalistischen Gesellschaftssystems, aus dem sich das Handeln der Akteure des „neuen kapitalistischen Geistes" ableitet.

**Kritik**

Trotz der Betonung der Neuartigkeit der netzwerkartigen Gesellschaftsstruktur halten Boltanski und Chiapello damit an einer genealogischen und damit letztlich strukturalistischen Perspektive fest. Dieses Vorgehen wirft verschiedene Fragen auf. Wenn es sich auch um eine „neue ideologische Konfiguration" handelt, die sich schon terminologisch deutlich von der „Herrschaftsideologie" unterscheidet, die Boltanski mit Bourdieu untersucht hatte, so ist auch diese Übersetzung zur projektbasierten *cité* nach Boltanski und Chiapello keine rein symmetrische, denn sie beruht auf einer spezifischen Genealogie. Hier verdeutlicht sich die von Boltanski im Nachhinein selbst konstatierte historische Begrenztheit der Rechtfertigungsregime, wie Boltanski und Thévenot sie in „Über die Rechtfertigung" beschrieben haben – und ihnen doch eine Ontologie, zumindest eine „deskriptive Metaphysik" zugeschrieben haben. Zum anderen stellt sich die Frage nach der Spezifizität der projektbasierten *cité* einerseits in ihrem Verhältnis zu den anderen *cités* und andererseits in Hinblick auf ihre emanzipatorischen Potenziale. Denn bereits in „Über die Rechtfertigung" war es das Anliegen Boltanskis und Thévenots, mit Hilfe der Idealtypologie der Rechtfertigungsregimes Techniken der Übersetzung und damit den transformatorischen Charakter pluralistischer Gegenwartsgesellschaften zu beschreiben. Wenn es zu den intrinsischen Eigenschaften der Handlungsregimes gehört, dass ihre normativen Funktionen durch eine nicht-reduzierbare Pluralität gekennzeichnet sind, sie sich verschieben können und Übersetzungen vornehmen, was unterscheidet sie dann praktisch von der projektbasierten *cité*? Bruno Karsenti sieht sowohl den Unterschied zu den anderen Rechtfertigungsregimen als auch ihren versammelnden Charakter in ihrer Unabgeschlossenheit in der Netzwelt: „Die Rechtfertigung, welche die projektbasierte *cité* fördert, ist durch ihre Unfertigkeit gekennzeichnet: sie kann durchaus einen hohen Motivationsgrad im Sinne der Begehrlichkeit darstellen, in dem die Freiheit und die Selbstverwirklichung die Hauptanziehung des Netzes bilden; so bleibt sie dennoch von der doppelten Unzulänglichkeit hinsichtlich der Sicherheit und der Gerechtigkeit betroffen." (Karsenti 2009: 429)

Weil sie sich also zeitweilig vom Zugriff der Kritik entziehen konnte, weil sie durch sie mit konstituiert war, unterscheidet sie sich von den anderen *cités* durch ihre immanenten Eigenschaften der stärkeren Affiziertheit durch die Kritik. Wenn nun allerdings gerade die projektbasierte *cité* als Forum der neuen Kritik umdefiniert werden sollte, so stellt sich die Frage, auf welche Weise ihre Schwachpunkte (Sicherheit und Gerechtigkeit) als Äquivalenzprinzipien geltend gemacht werden können. Der Bezug auf juristische Sicherheitsstandards zur Vermeidung von Prekarisierung und Ausgrenzung kann dann politisch brisant werden, wenn er sich entgegen der klassischen Sozialkritik nicht den Begehrlichkeiten selbstbestimmten Lebens und Arbeitens verschließt, sondern diese als selbstverständlichen Bestandteil einer neuen Kritik betrachtet. Dabei sind die Gefahren, die möglicherweise in der partiellen Affirmation von bereits einverleibten Äquivalenzen liegen, in der Hinsicht zu beachten, als dass die Herausforderungen, die durch die neue Kritik formuliert werden könnten, in eben diesem Differenzpotenzial liegen, das zwischen der Sozial- und Künstlerkritik einerseits und beiden gegenüber ihren tradierten Formen liegt. Die „Soziologie der Kritik" könnte demnach auf dieses Differenzpotenzial Bezug nehmen und nach den spezifischen, je nach Akteursgruppen und Wirkungskreisen variierenden Formen der Kritik Ausschau halten. Sie könnte mit Hilfe akteurszentrierter Analysestrategien, etwa im Rahmen arbeitsethnographischer Studien oder diskursanalytischer Verfahren kritische Praxisformen in den Blick nehmen, die darauf verweisen, mit welchen Mitteln Akteure ihr „Unbehagen" im Alltagshandeln zum Ausdruck bringen (vgl. Zimmermann 2006, Van Dyk 2010: 48ff.). Gleichwohl ist dabei von einer ungleichen Verteilung der Ressourcen auszugehen, aus denen sich kritisches Potenzial speisen lässt, meinen Kritiker. Nicht alle sozialen Akteure sind demzufolge gleichermaßen in der Lage, Kritik auszuüben (vgl. Celikates 2008: 129ff.) oder tun dies zwangsläufig aus einer grundsätzlichen Ablehnung der kapitalistischen Wertordnung (vgl. Peter 2005: 17). Es wäre daher in Anschluss an die Studie Boltanskis und Chiapellos stärker auszuarbeiten, welche Formen der Kritik sich an welchen Orten aus welchen Gründen artikulieren, und wie jene kritischen Handlungen einzuholen sein könnten, die sich den klassischen Beobachtungsfeldern – etwa dem kollektiven öffentlichen Protest – entziehen. Auch wäre hier die verstärkte Beobachtung „ausführender" Akteure hin zu einer Soziologie der Führungskräfte und ihrer Widersprüche wünschenswert, die seit ein paar Jahren zunehmend an Raum gewinnt. Cornelia Koppetsch formuliert Forschungsdesiderata, die sich aus dem Problem einer zu vereinheitlichenden Sicht auf die Leitungsebenen ergeben: „Es wäre genauer zu untersuchen, unter welchen Bedingungen die Behauptung konkurrierender Autoritätsansprüche gegen die neue Ideologie gelingt und unter welchen Bedingungen eine Assimilation dieser Akteure stattfindet. [...] Zur genaueren Eingrenzung der Rolle der Sozialkritik bei der Entstehung einer neuen Wertordnung des Kapitalismus wäre es [...] notwendig, die unterschiedlichen Konstituenten des kapitalistischen Geistes, vor allem den Einfluss ökonomisch-struktureller und kultureller Faktoren präziser voneinander abzugrenzen sowie ihre gegenseitige Wechselwirkung zu erfassen." (Koppetsch 2004: 353) Zynismus und Nihlismus, so Boltanski und Chiapello, seien angesichts der Herausforderungen und der Aufgabe der Kritik jedenfalls unangebracht: „Wenn man [davon] ausgeht, dass sich ein neuer kapitalistischer Geist bildet und in dauerhaften Prozessen verankert, dann hängt die Verwirklichung dieser ideologischen Formation und ihr Mobilisierungsvermögen weitgehend von der Zielgenauigkeit und der Intensität des Drucks ab, den die Kritik sinnvollerweise auf die Ordnung oder – um es genauer zu sagen – auf die fehlende Ordnung, wie sie für die gegenwärtigen Formen kapitalistischer Akkumulation kennzeichnend ist, ausüben wird." (NGK: 566)

**Weitere Verschiebungen: La condition fœtale**

Die Radikalität, mit der Luc Boltanski „Verschiebungen" der von ihm selbst entwickelten Modellen vornimmt, wird wohl nirgendwo so deutlich, wie in dem Wechsel vom „Neuen Geist des Kapitalismus" zur „Soziologie der Abtreibung". Nachdem Boltanski zusammen mit Ève Chiapello eine umfassende Gesellschaftsanalyse vorgelegt hat, die international ein breites Echo fand, wandte er sich einer Problematik zu, die ebenso fundamental ist wie marginalisiert – insbesondere in der Geschichte der soziologischen Theorie. Dabei befasst sich „La condition fœtale" (2004) (dt.: „Soziologie der Abtreibung. Zur Lage des fötalen Lebens") mit keiner geringeren Frage, wie Gegenwartsgesellschaften mit der Bestimmung des Mensch-Seins umgehen und wie diese Bestimmung auf die Bedingungen der Abtreibung wirken. Wie Bruno Karsenti feststellt, legt Boltanski damit, über hundert Jahre nach Émile Durkheims Werk „Der Selbstmord" (1897), die andere, gleichfalls aus dem öffentlichen Bewusstsein verbannte Seite des Umgangs mit dem menschlichen Leben vor, die zugleich die grundlegendsten Zusammenhänge soziologischer und sozialanthropologischer Fragestellungen auf den Punkt bringt (vgl. Karsenti 2005: 237). Dass dies an diesem Gegenstand besonders gut möglich ist, leitet Boltanski aus seiner fundamentalen sozialanthropologischen Widersprüchlichkeit ab: Die Praktik der Abtreibung bewegt sich in nahezu allen Gesellschaften zwischen Missbilligung und Toleranz. Sie bewegt sich damit auf der Schwelle zwischen dem „Offiziellen" und dem „Offiziösen". Letzteres meint eine Wissenspraxis, die im offiziellen Diskurs verpönt ist, doch um den jeder weiß – in sdiesem Fall insbesondere Frauen. Damit bezeichnet die Abtreibung einen soziologischen Gegenstand, der es erlaubt, zum einen „die Frage der sozialen Unaufrichtigkeit" aufzugreifen, wie Boltanski in Anlehnung an Pierre Bourdieu betont (Boltanski 2007: 18). Zugleich handelt es sich um einen Widerspruch, der stark normativ aufgeladen ist. Es gibt eine enorme Vielfalt an sozialen Dispositiven, die dazu entwickelt wurden, diesen „Widerspruch zu mildern oder zu umgehen." (Boltanski 2007: 19), was, anders als noch im Modell der Rechtfertigungsregimes erlaubt, verschiedene Praktiken zu ermitteln, die ihn in den Griff zu bekommen versuchen. Dazu geht Boltanski in drei Schritten vor:

Zunächst greift er das strukturalistische Paradigma – erstmalig sehr prononciert – auf, um eine Grammatik der Zeugung zu entwickeln. In einem zweiten Schritt verbindet er diese mit dem symmetrischen Analyseverfahren, indem er diese Grammatiken mit der Kategorie der „Erfahrung" zusammenführt – hier gemeint vor allem als die Erfahrung der Schwangerschaft und des Abbruchs. Boltanski fügt dieser Kombination „Kompetenzmodelle" hinzu, d.h. Entwürfe von Medizinern, der Öffentlichkeit, staatlichen Einrichtungen, Wissenschaftlern, Beratungsstellen etc., die an den oben genannten Dispositiven zur Verringerung des Widerspruchs arbeiten und weitere Formen der Rechtfertigung, die in den Berichten der Frauen zur Sprache kommen. Schließlich führt Boltanski noch die zeitlich-historisierende Dimension in den Analyserahmen ein, der in „Über die Rechtfertigung" ausgespart wurde. Dabei greift er aus dem „Neuen Geist des Kapitalismus" die „projektbasierte *cité*" auf, indem er diese in das „elterliche Projekt" als Ausdruck heutiger Praktiken der Zeugung und der damit verbunden Sozialtechnologien überträgt.

Die anthropologischen Dimensionen des fötalen Lebens werden also aus einer strukturalen, grammatikalischen Perspektive diskutiert, anhand derer erneut Boltanskis Interesse für die Kategorienbildung zum Tragen kommt, das ihn seit seiner Zusammenarbeit mit Bourdieu nicht mehr losgelassen hat. Es handelt sich dabei jedoch zugleich um eine Kritik an den marxistisch-psychoanalytischen Ausprägungen des Strukturalismus, die von dem sozialen Unbewussten ausgehen (vgl. Boltanski 2007: 17). Die historisierende Perspektive folgt stattdessen den politischen, juristischen und moralischen Konfliktlinien, die sich um die Praxis der Abtreibung ranken und dessen Differenz zu anderen Rechtfertigungsordnungen kennzeichnen. Hier wird in Anschluss an den „Neuen Geist des Kapitalismus" die Kritik als konstitutives Element der Möglichkeit bzw. Unmöglichkeit der Etablierung einer allgemeingültigen Rechtfertigungsordnung einbezogen. Schließlich überprüft Luc Boltanski diese Zusammenhänge anhand von empirischen Daten. Die besondere Herausforderung dieses Werkes besteht in der Tat in seiner methodologischen Neukombination, die die von ihm, Laurent Thévenot, Ève Chiapello und dem GSPM erarbeiteten Analysekategorien anhand einer spezifischen Praxis überarbeitet. Da die Abtreibung einen – aus Boltanskis Sicht – unauflösbaren sozialanthropologischen Widerspruch thematisiert, scheint er aus seiner Sicht besonders geeignet, Konvergenzen von strukturalistischen, symmetrischen und phänomenologischen Analyseverfahren auszuloten (vgl. Boltanski 2007: 21). Boltanski fragt daran anknüpfend nach den „anthropologischen Dimensionen der Abtreibung" (vgl. Boltanski 2007: 31ff.), den „zwei Zwängen des Zeugens", nämlich Reproduktion der Menschheit und dem Zwang, dem ungeborenen Fötus bereits den Status eines gesellschaftlichen Mitglieds zuzuweisen und damit eine monistische Perspektive auf die Zeugung zu legen (vgl. Boltanski 2007: 79ff.), den „Übereinkünften" zwischen den verschiedenen Personen, Instanzen und entsprechenden Rechtfertigungsregimes zur Minderung des Widerspruchs (vgl. Boltanski 2007: 115ff.), dem „elterlichen Projekt" als besondere Form der Übereinkunft zwischen Engagement und Arrangement, die sich um das fötale Leben konstituiert (vgl. Boltanski 2007: 167ff.) , nach der „Konstruktion der fötalen Kategorien" in der sozialen Welt (vgl. Boltanski 2007: 229ff.), nach der „Rechtfertigung der Abtreibung" in einer „ökologischen Totalität" (vgl. Boltanski 2007: 287ff.) und schließlich nach der „Erfahrung der Abtreibung" (vgl. Boltanski 2007: 349). Im Schlussteil stellt Boltanski die Frage, inwiefern der Widerspruch der Abtreibung auflösbar ist und welche Utopien an seiner Auflösung geknüpft sein könnten – kann jedoch nur mehr oder minder hilflose Versuche seiner Entdramatisierung oder des Ausblendens erkennen, die ihn nicht grundlegend abzuschaffen vermögen.

Luc Boltanski hat damit die Frage des ungeborenen Lebens sowie die biotechnologischen Umwälzungen im Bereich der menschlichen Fortpflanzung aus einer dezidert soziologischen Perspektive bearbeitet, nachdem in der internationalen Sozialanthropologie seit 2000 eine Reihe von lebenswissenschaftlich orientierten Strömungen sich insbesondere mit der Verbindung von Wissenschaft, Technik und Alltagspraxis im Bereich der künstlichen Befruchtung befassen (vgl. Beck et. al 2007). Aus diesem Fachgebiet, das sich durch seine Kompetenz auszeichnet, theoretische Erträge dicht am Material zu zeigen und zu entwickeln, zeigten sich Kritiker weitgehend enttäuscht über den tendenziell illustrativen Charakter der empirischen Bezüge Boltanskis. So kritisieren Birgit Heimerl et. al.: „[N] eben der rechtlich-moralischen Diskursproduktion sowie einer Reihe von ärztlichen Berichten, Interviews und Beobachtungen in Krankenhäusern und Familienplanungszentren stehen im Zentrum der Studie 40 ‚Gespräche' mit Frauen, die an unterschiedlichen Stellen ihrer Biographie mindestens einmal abgetrieben haben oder vor einer entsprechenden Entscheidung standen. [...] Männer wurden ‚mangels Geldmitteln' nicht interviewt." (Heimerl et. al. 2009: 31)

Hingegen liegt die Stärke der Studie zweifellos in ihren epistemologischen Ambitionen – aus Sicht Bruno Karsentis handelt es sich sogar um das in dieser

Beziehung herausragende Werk Boltanskis (vgl. Karsenti 2005: 323). Boltanskis Studie erweitert das Gebiet der Soziologie um die Frage nach dem pränatalen Status des ungeborenen Lebens und weist ihm eine konstitutive Bedeutung für die Verfasstheit der *conditio humana* zu. Hier entfaltet sich auch seine Rezeption Paul Ricœurs am eindringlichsten, da es ihm, wie er bemerkt, hier um eine systematische Verbindung von pragmatischer Soziologie, Strukturalismus und Phänomenologie geht (Boltanski 2006: 50). In „La condition fœtale" geht Boltanski in Hinblick auf die von ihm verfolgte klassifikatorische und epistemologische De-Ontologisierung am weitesten – sie betrifft nicht nur ausdrücklich die Dekonstruktion der Klassifikationsschemata des ungeborenen Lebens, sondern vor allem die Stellung des „Unbewussten", dem er hier die von den Akteuren gemachten „Erfahrung" entgegensetzt. Zugleich greift er die Frage der humanitären Moral wieder auf, die er 1993 in „La souffrance à distance" mit einer mediensoziologischen Thematik bearbeitet hatte. Im Vergleich zu „Über die Rechtfertigung", in dem die Erstellung der Rechtfertigungsordnungen ein normatives Ziel verfolgte, konnte er sowohl in „La souffrance à distance" als auch in seiner Auseinandersetzung mit dem Phänomen der Abtreibung feststellen, wie umstritten diese sind. Die Unwahrscheinlichkeit von Ordnungen wird wohl nirgends so deutlich wie in der moralisch höchst problematischen Situation, in der eine Frau entscheiden muss, ob sie gebären oder eine Abtreibung vornehmen lassen will. Die projektbasierte *cité* im „Neuen Geist des Kapitalismus" verwies bereits auf die Unabgeschlossenheit zeitgenössischer Äquivalenzprinzipien, die u.a. durch marktförmige Kontingenzen und die Kraftproben gekennzeichnet sind, die sie der Kritik aussetzen. Diese Unabgeschlossenheit wird durch eine Problematik wie die der Abtreibung noch dadurch radikalisiert, dass es sich um eine „nicht zu rechtfertigende Handlung" handelt (Boltanski in Basaure 2008: 21). Damit postuliert Boltanski kein moralisches Urteil, sondern stellt lediglich fest, dass hier eine Handlung bezeichnet ist, bei der die Akteure auf keine Rechtfertigungsordnung zurückgreifen können, die im Sinne einer allgemeingültigen humanitären Moral gültig wäre.

Weil es sich um eine Praxis handelt, die sich auf der Schwelle zwischen dem „Offiziellen" und dem „Offiziösen" bewegt – ein Konzept, das Boltanski den frühen Studien Pierre Bourdieus über die Heiratspraktiken der Bewohner im südfranzösische Béarn entlehnt – ist die Relationierung von Mikro- und Makroebene, sowie von Individuum und Kollektiv, von besonderer Bedeutung. Auch hier kombiniert Boltanski einerseits das deleuzianische Konzept der Verschiebung, um jene Relationierungen zu ermöglichen, mit einer strukturalen Analyse, welche die anthropologischen Dimensionen der Abtreibung auf die Herstellung von „Singularitäten" zuspitzt. Claude Lévi-Strauss ist neben Paul Ricœur einer der meistzitiertesten Autoren, und die Klassifizierungen des „wilden Denkens" (vgl. Lévi-Strauss 1973) werden auch herangezogen, um diese Kombination zu leisten: „Weit davon entfernt die Klassifizierung, die die Eigenart des Sozialen ist, der Singularisation, die sie angeblich nicht zu fassen bekommt, entgegenzustellen, trachtet diese Analyse also im Gegenteil danach, zu zeigen, daß der Prozeß der Singularisation eine der möglichen Operationen bildet, die sich dem klassifikatorischen Denken bieten. Oder genauer gesagt, weil das Erscheinen der Neugeborenen, die man benennen muß, für das Klassfizierungssystem ein Problem darstellt und es bedroht, denn der Name, den man ihm zuweist und der sie singularisiert, also zu Einzelwesen macht, ‚bringt immer ein bedeutungstragendes Element mit sich, das in einem System der Klassifizierungen zu anderen Elementen in eine differentielle Beziehung treten kann'." (Boltanski 2007: 73, Zitat Frédéric Keck) Er greift die in „Der neue Geist des Kapitalismus" entwickelte Rechtfertigungsordnung der projektbasierten *cité* auf und verschiebt diese auf einen spezifischen Aspekt der Zeugungs- und Abtreibungsthematik – dem „elterlichen Projekt" (vgl. Boltanski 2007: 167ff.). Zu den Praktiken der „Rechtfertigung der Abtreibung" fügt er der Relationierung der strukturalistischen mit der differenztheoretischen Perspektive noch die „Interpretation der Erfahrung" hinzu. In der Tat wählte Boltanski dieses schwierige Thema nicht zuletzt, um die Grenzen der zuvor entwickelten Handlungmodelle zu erkunden und erneut zu verschieben.

Das von Kritikern aufgeworfene Problem des beschränkten empirischen Bezuges und insbesondere die Abwesenheit von männlichen Interviewpartnern werfen Fragen auf, die dem starken erkenntnistheoretischen Beitrag der Studie gegenüber stehen. Die Neigung zur Fokalisierung des sozialen Drucks, der auf schwangeren Frauen lastet, verstärkt die Verlagerung der Äquivalenzprinzipien auf die Relation zwischen Frau – Fötus – Gesellschaft. Trotz der Referenzen auf die assoziative Analysetechnik der Akteur-Netzwerk-Theorie Bruno Latours fehlen sowohl Männer als auch die Maschinen und Technologien als unabdingbare Akteure innerhalb dieses Zusammenhangs. Demgegenüber fällt das diskursanalytische Gewicht der moralischen Kategorien ungleich schwerer aus und schreibt sich gleichermaßen in den Körper der Frauen ein. Im Ergebnis wird damit eine tendenziell naturalistisch-normative Perspektive auf die Kultur der Zeugung und Abtreibung kolportiert, obwohl Boltanski mittels der grammatikalisch-symmetrischen Analyse eigentlich an der Konstruktion ihrer Widersprüche gelegen ist. Eben weil die Widersprüche zwischen Missbilligung und Toleranz der Abtreibung, sowie ihrem zugleich zugleich „offiziellen" wie „offiziösen" Charakter im vorliegenden Fall nicht aufzulösen sind, kann das moralische Urteil nur entlang seiner Widersprüchlichkeit untersucht werden: „Eine Soziologie, die sich vor allem mit den normativen Dimensionen der menschlichen Tätigkeit befaßt (eine Moralsoziologie im Sinne Durkheims, das heißt nicht eine mit Moralismus durchtränkte Soziologie, sondern eine Soziologie, welche die ‚moralischen Tatsachen' ernst nimmt), muß vielleicht den Widerspruch – sowohl in seinen offensichtlichsten Formen [...] in den Mittelpunkt ihrer Überlegungen stellen." (Boltanski 2007: 422) In diesem Zusammenhang bietet es sich an, die hier so deutlich hervortretende Unwahrscheinlichkeit von Ordnungen stärker noch anhand der vielfältigen und hochkomplexen internationalen Politiken und Praktiken der Zeugung zu reflektieren, die aufgrund der Kritik an tradierten Verwandtschaftsvorstellungen und neuen Biotechnologien möglich wurden und sich zugleich auf der Ebene der Politik, der Kultur und des Rechts neu zu diesen positionieren (vgl. Beck et. al. 2007). Im Anschluss an die epistemologischen Ambitionen Boltanskis könnten damit widersprüchliche Äquivalenzprinzipien herausgearbeitet werden, die den transitorischen Charakter der ‚moralischen Tatsachen' kenntlich machen, die im Sinne der pragmatischen „Soziologie der Kritik" soziologische Erkenntnis am *premier jet* von den Praktiken und Wissensformen der sozialen Akteure ableitet sowie aus ihren Fähigkeiten, trotz der Widersprüche, kohärente Handlungszusammenhänge herzustellen. Das Verhältnis zwischen Normativität und Deskription, das in den Arbeiten des GSPM Boltanski zufolge mittels einer „deskriptiven Metaphysik" einen Beitrag zur Soziologie der Moral leisten sollte, kommt damit wieder auf die Fragestellungen zurück, die zu ihrer Gründungsphase bedeutend waren: Ist es möglich, die von starken Vorannahmen geprägte kritische Soziologie mit dem Anspruch auf eine möglichst voraussetzungsfreie und empiriegeleitete pragmatische „Soziologie der Kritik" zu verbinden?

## 5 Von kritischer Soziologie zu einer Soziologie der Kritik und zurück?

Die Verbindung der kritischen Soziologie in der Folge Pierre Bourdieus mit der „Soziologie der Kritik" des GSPM, die aus der Distanz zu Bourdieu hervorgegangen ist, bezeichnet den Schwerpunkt der Arbeiten, die Luc Boltanski in den letzten Jahren vorgelegt hat. Die Wiederauflage der Studie „La production de l'idéologie dominante", die er gemeinsam mit Bourdieu in den 1970er Jahren verfasst hatte und das diese Schrift begleitende „Making of" mit dem Titel „Rendre la réalité inacceptable" (beide 2008) verweist ebenso wie sein jüngstes Werk „De la critique"[20] auf eine zunehmende Konvergenzbewegung Boltanskis. Trotz seiner weiterhin bestehenden Kritik an den Engführungen des Habituskonzeptes Bourdieus kehrt er rund zwanzig Jahre später zur „Hommage durch Praxis" zurück, die er dem Lehrer und „patron" 1982 im Vorwort seiner Doktorarbeit über die französischen *cadres* gewidmet hatte. Die Thematisierung des Umgangs der Akteure mit Ereignissen, die sich nicht durch die strukturale Analyse antizipieren lassen, hält Boltanski für eines der wichtigsten post-bourdieusianischen Forschungsdesiderate. Er folgert daraus: „Man erweist Pierre Bourdieu und seinem Werk zweifellos die respektvollste Würdigung seiner eigenen intellektuellen Werte, indem man diesen Problemen nicht ausweicht und indem man versucht, Lösungen zu finden, die dazu bestimmt sind, entsprechend der Logik – um nicht zu sagen der Ethik – des wissenschaftlichen Handelns ihrerseits in Frage gestellt und kritisiert zu werden und damit neue Interpretationen und Synthesen hervorzubringen." (Boltanski 2003: 161) Die mit dem GSPM ins Werk gesetzten „Verschiebungen" der kritischen Soziologie Bourdieus hatten ähnlich wie dieser eine „Entfatalisierung" angesichts der bestehenden sozialen Ungleichheiten angestrebt, indem sie den positivistischen Anspruch aufrechterhielten und zugleich Möglichkeiten politischen Eingreifens eröffneten. Mit den politischen Veränderungen, die Boltanski in „Rendre la réalité inacceptable" Revue passieren lässt, stand die kritische Soziologie vor neuen Fragestellungen.

Der GSPM hatte es sich zur Aufgabe gemacht, das kritische Handeln von Akteuren zu beobachten und dessen Folgen sowohl für die gesellschaftliche Konstitution, als auch für die soziologische Analyse ernst zu nehmen. Was lässt sich heute,

---

20  In der deutschen Fassung „Soziologie und Sozialkritik" Frankfurt am Main: Suhrkamp 2010.

fast dreißig Jahre nach Gründung des GSPM über dessen Etablierung einer neuen Form kritischer Sozialforschung sagen und welche Aussichten bietet dieses Programm auf zukünftige Untersuchungen? In „De la critique"[21] zieht Boltanski Bilanz seiner langjährigen Reflexionen über die Stellung und Wirkung der Kritik in der Gesellschaft. Insbesondere die Bedeutung der kritischen Soziologie wird von ihm einer eindrucksvollen Betrachtung unterzogen, die zugleich, ähnlich wie in „Rendre la réalité inacceptable" (2008) in der Rückschau auf seine Zusammenarbeit mit Bourdieu und den Einfluss der Soziologie Bourdieus einem Resümee seines eigenen Schaffens gleichkommt. Es handelt sich um eine Adorno-Vorlesungsreihe aus dem Jahre 2008, die Boltanski auf Einladung des Frankfurter Instituts für Sozialforschung erstmalig in konzentrierter Form vor einem deutschen Publikum gehalten hat. Der anspruchsvolle Versuch, Bourdieus kritische Soziologie mit der pragmatischen Soziologie der Kritik zusammenzuführen, ist an diesem Ort auch mit der Stellung der Soziologie Boltanskis zur kritischen Theorie konfrontiert. Die ohnehin komplexe Zusammenführung strukturalistischer und differenztheoretischer Zugänge, die Boltanskis Werk kennzeichnet, wird somit weiterhin durch den Unterschied zwischen den kritischen Sozialwissenschaften in Deutschland und Frankreich – hier zwischen Bourdieu und die Frankfurter Schule – erschwert. Bekanntermaßen verhielt sich Bourdieu äußerst skeptisch gegenüber der Frankfurter Schule, deren idealistische und empirieferne Perspektive er trotz des geteilten Anspruchs auf eine elaborierte kritische Wissenschaft scharf kritisierte (vgl. Bourdieu 2001: 84ff; 324). Daher ist zu beachten, dass Boltanskis Rede von der kritischen Soziologie, die er mit seinem Programm zusammenzuführen beabsichtigt, auf zwei verschiedene Ansätze abzielt, deren gemeinsame Grundlage durchaus begrenzt ist. Die Frage, ob Boltanski in seinem Spätwerk womöglich doch wieder zur „kritischen Soziologie" zurückkehrt (vgl. Celikates 2008: 131), müsste daher ausgehend von dieser Ambivalenz gestellt werden.

### „Soziologie und Sozialkritik": Rückschau und Ausblick

In der Tat ist Boltanskis Schrift über das Verhältnis von Soziologie und Sozialkritik von dem fast unmöglich einzulösenden Anspruch geprägt, nicht nur vier einander widersprechende Ansätze miteinander zu vereinen (Strukturalismus und Differenztheorie; Sozialtheorie Bourdieus und kritische Theorie der Frankfurter Schule), sondern sie gleichsam in die Genealogie seines eigenen Programms einzuschreiben, das seinerseits auch hier wieder eine Verschiebung erfährt – diesmal in Richtung einer politischen Radikalisierung.

---

21  Ich beziehe mich im Folgenden auf die französische Originalausgabe.

Das Buch ist in sechs Teile gegliedert. Im ersten Kapitel befasst sich Boltanski mit der „Struktur der kritischen Theorien", die er mehr oder minder mit der soziologischen Disziplinengeschichte in eins setzt. Nachdem er ihre Positionierungen (Exteriorität) und ihre Ansatzpunkte (Macht, Herrschaft und Ausbeutung) als eine Wissenschaft kennzeichnet, die von ihrem Gegenstand her insofern kritisch ist, weil sie die gegebene Welt in ihrer Verfasstheit befragt, stellt er im zweiten Kapitel die „kritische Soziologie" der „pragmatischen Soziologie der Kritik" gegenüber. Es handelt sich im Wesentlichen um eine Rückschau und einen Ausblick auf Unterschiede und Übereinstimmungen zwischen der Soziologie Bourdieus und dem Programm des GSPM. Im dritten Kapitel folgt eine Wende zu den Institutionen, einem klassischen Thema der Sozialtheorie, das Boltanski allerdings für unterrepräsentiert hält, wenn es um ihre Bedeutung für die kritische Gesellschaftsanalyse geht. Denn in den Institutionen und ihren inneren Spannungsverhältnissen werden, so Boltanskis These, sowohl die Funktion als auch die Grenzen des Selbstverständnisses der kritischen Theorien offensichtlich. Im vierten Kapitel bleibt Boltanski bei den Institutionen und formuliert die „Notwendigkeit der Kritik", deren Ansatzpunkte er in der Ausschöpfung institutioneller Widersprüche sieht, die er, z.T. unter Verwendung der Instrumentarien der „Prüfung" und der Rechtfertigungsordnungen, als Auswege aus den gegenwärtigen Dilemmata der Sozialkritik beschreibt, wie er sie mit Ève Chiapello herausgearbeitet hatte. Im fünften Kapitel weitet er mögliche Ansatzpunkte der Kritik der institutionellen Widersprüche aus, indem er Widersprüche innerhalb der staatlichen und ökonomischen Führungsebenen untersucht. Auch sie sind von der Unsicherheit der konnexionistischen Welt betroffen und ihre Reaktionen darauf sind alles andere als einheitlich. Hier bietet sich ein weiteres Feld für die Kritik. Im sechsten und letzten Kapitel kehrt Boltanski zum Klassenbegriff zurück, dessen aktivistische Konnotation zu einer Radikalisierung seiner Position führt – so sollte die Soziologie zu einer Emanzipation beitragen, die den Widerspruch zwischen den Gerechtigkeitspostulaten demokratisch verfasster Gesellschaften und der Abwesenheit ihrer realen Umsetzung aufzeigt.

## Wie setzen sich kritische Theorien zusammen und wie unterscheiden sie sich voneinander?

Im ersten Kapitel des Buches untersucht Luc Boltanski die innere Beschaffenheit kritischer Theorien und arbeitet die historische Verwobenheit der soziologischen Wissenschaft mit der Kritik heraus. Hatte sich die Disziplin, insbesondere in Frankreich und in Deutschland zum Ende des neunzehnten Jahrhunderts in einer Phase akademische Anerkennung erworben, in der die großen kritischen Bewegungen, allen voran die Arbeiterbewegung und die intellektuellen Kräfte, eine enorme Bedeutung für die semantische Zugkraft des Begriffes des „Sozialen" hatten, so sah sich die frühe Soziologie Max Webers und Émile Durkheims bereits als eine zugleich deskriptive wie normative Wissenschaft. Sie sollte positives Wissen um die strukturell, religiös und kulturell bedingten gesellschaftlichen Missstände zur Verfügung stellen und zugleich im Sinne einer Moralwissenschaft zu deren Beseitigung beitragen. Dieses emanzipatorische Projekt hatte seinen Ausgangspunkt in den Kapitalstudien von Karl Marx, in denen wohl erstmalig Wirtschaftsanalyse und Sozialkritik in einer umfassenden Theoriearchitektur miteinander verbunden wurden. Dieses historische Erbe hat Boltanski zufolge eine ganze Reihe von erkenntnistheoretischen Problemen mit sich gebracht, von denen sich die Soziologie bis heute nicht erholt hat. Er unterscheidet daran anknüpfend spezifische methodologische Verfahrensweisen und Interpretationsformen, die kritische Theorien bislang geprägt haben.

Ausgehend von der Soziologie der Macht und der Herrschaft unterscheidet Boltanski zunächst die vier Konzepte „Macht" vs. „Herrschaft" sowie „Gesellschaft" vs. „Sozialordnung", die er in den Mittelpunkt seiner Studie über das Verhältnis von Soziologie und Sozialkritik rückt. Demnach neigt die kritische Theorie der Herrschaft dazu, strukturelle Totalitäten anzunehmen, auf deren Basis jenes Wechselspiel aus Herrschaftsausübung und Herrschaftsakzeptanz erst möglich scheint. Boltanski wendet dagegen ein, dass jedoch gerade die „Soziologie als eine empirische Tätigkeit verschiedene Dimensionen des Soziallebens beschreiben kann [...], ohne diese zwangsläufig in eine kohärente Totalität integrieren zu müssen." (DC: 17) Entsprechend der „Soziologie der Kritik" des GSPM gibt es aus Boltanskis Sicht keinen Zweifel daran, dass Menschen in Gegenwartsgesellschaften sich dadurch auszeichnen, dass sie sich auf ihre Handlungen rückbeziehen, indem sie diese bewerten. Das, was bei Weber als „Werturteil" bezeichnet wurde, gilt ihm zufolge im Sinne seiner pragmatistischen Sozialanthropologie als fundamentale kritische Kompetenz, wie er in seinen vorherigen Arbeiten immer wieder betont hatte. Aus diesem Grunde bezeichnet Axel Honneth Boltanskis Soziologie als eine „Soziologie der Moral". Dem empirischen Pragmatismus Boltanskis zufolge konstituiert sich diese Moral in der praktischen Aushandlung von Gerechtigkeitsordnungen, die versammelnde Referenzpunkte herausbilden. Daher stellt Boltanskis Pragmatismus nicht nur eine empirisch-relativistische, sondern auch eine universalistisch-metaphysische Konzeptualisierung des Sozialen dar.

Weil aber die kritische Herrschaftssoziologie von Totalitäten ausgeht, die soziale Akteure strukturell zur Konstitution von Herrschaft ins Verhältnis setzen, musste sie, um nicht der Meinungsmache bezichtigt zu werden, trennen zwischen Beschreibung und Bewertung, oder, wie Max Weber es definiert hatte, zwischen „Tatsachen-" und „Werturteilen". Eben dies ist ihr aus Boltanskis Sicht nicht gelungen, trotz aller methodischen und reflexiven Finessen, die sie im Laufe des zwanzigsten Jahrhunderts entwickelt hatte. Der Anspruch auf Reflexivität unterscheidet die kritische Theorie von allen anderen, „traditionelleren" Sozialtheorien. Aufgrund dieser Reflexivität, die sie für sich reklamiert und methodologisch einzuhalten sucht, bezeichnet Boltanski sie als „metakritische Theorien". Sie unterscheiden sich nicht nur von interaktionistischen kritischen Theorien, die ihr kritisches Potenzial aus punktuellen Beobachtungen extrahieren, sondern auch von den alltäglichen kritischen Praxisformen, die ohne einen umspannenden theoretisch-methodischen Rahmen auskommen, um ihre Kritik auszuüben. Boltanski unterscheidet daher diese Praxisformen mit dem Terminus „Sozialkritik" von der theoretischen „Metakritik" (vgl. DC: 22).

Das va-et-vient der Soziologen zwischen Beschreibung und Kritik erläutert Boltanski im Folgenden als *einfache* und *komplexe* Exteriorität des Soziologen vom Gegenstand. Aus sozialanthropologischer Perspektive dürfte es überraschen, dass er konstatiert, es handle sich in der Beschreibung um eine einfache Exteriorität und bei der Kritik um eine komplexe Exteriorität. Boltanski begründet diese Unterscheidung, indem er auf ein bestimmtes – sehr spezifisches – Modell der empirischen Sozialforschung Bezug nimmt: der soziologischen Expertise. Die soziologische Expertise greift bereits vorformatierte soziale Dispositive auf (insbesondere Statistiken), fügt ihnen weitere Analyseinstrumente hinzu und kombiniert diese in Hinblick auf eine spezifische Fragestellung. Diese Form der „von-außen-Kommenden" Beschreibung sozialer Tatbestände wurde insbesondere in den USA der 1930-1940er Jahre entwickelt. Sie reagierte damit auf staatliche Nachfrage und reihte die Soziologie in manageriale Strukturen der Herrschaftsausübung ein. Doch noch in dieser strukturell äußerst begrenzten Funktion führte die Soziologie die ihr selbst gestellte doppelte Aufgabe der Beschreibung und der Kritik weiter, da die Kritik als Mittel zur Verbesserung staatlicher Lenkung einerseits und wirtschaftlicher Profitmaximierung andererseits einen instrumentellen Charakter hatte, der zugleich erlaubte, spezifische Formen der Sozialkritik in die staatlichen und wirtschaftlichen Verwaltungssysteme in einer sozial verträglichen Weise einzuspeisen. Voraussetzung dafür war die Anerkennung struktureller Missstände – ansonsten hätte die Soziologie, auch und gerade in Form von Expertise, keinen Sinn. Für Boltanski folgt daraus: „Daher kann gesagt werden, dass die Soziologie schon von ihrer Konzeption her, zumindest potenziell kritisch ist." (DC: 25)

Diese Integration der Soziologie in die Führungsebenen des sich bereits vor dem Zweiten Weltkrieg abzeichnenden Wohlfahrtsstaates bildet Boltanski zufolge die Ausgangsbasis für die „metakritischen Theorien", die sich nach 1945 zunehmend internationale Geltung verschafften. Sie griffen das Konzept der Ausbeutung von Marx auf. Die Termini „Herrschaft" und „Ausbeutung" wurden vor allem semantisch, weniger wirtschaftswissenschaftlich miteinander verknüpft. Sie schufen das Bild von entfremdeten Arbeitern und Angestellten, die sich ihrer Ausbeutung nicht bewusst sind und somit die Soziologie zur Aufklärung benötigten. Das Postulat des „Unbewussten" verweist, so Boltanski, auf eine zentrale erkenntnistheoretische Vorannahme der metakritischen Theorien. Dabei wurde versäumt, zu erkennen, „wozu die Leute imstande sind", wie Boltanski in *L'amour et la Justice comme compétence* betont hatte: „[W]enn die Personen eine Welt bewohnten, die sie wie als gegeben akzeptierten, wenn sie durch Kräfte bearbeitet und beherrscht würden, die zu ihrem Nachteil auf sie einwirkten, könnte man weder den eminent problematischen Charakter der sozialen Welt verstehen, welche die permanente Verunsicherung von Gerechtigkeitsprinzipien aufweist, noch die Möglichkeit der Infragestellung und der Kritik selbst." (AJ: 50) Daran anknüpfend habe der GSPM kritische Praktiken im Vollzug untersucht und zeigen können, dass Akteure über einen in diesem Sinne „moralischen Sinn" verfügen, indem sie sich auf ihre Erfahrungen berufen und die Wirklichkeit aktiv gestalten (vgl. DC: 31). Statt von einer substanziellen Normativität auszugehen, handelte es sich hier um eine „prozedurale Normativität" des kritischen Bewusstseins (DC: 31). Auch wenn die Stellung der Deskription zur Kritik damit noch nicht ganz geklärt werden konnte, hätte diese Perspektive den entscheidenden Vorzug gehabt, dass sie „direkt von der Praxis ausgingen, vor allem in ihren produktiven Dimensionen." (DC: 33) Mag auch das Leiden an den Machtverhältnissen real sein, so ist die Intentionalität der Akteure, ihr Leben zu gestalten, nicht zu unterschätzen. An der in „Der neue Geist des Kapitalismus" mit Ève Chiapello hervorgehobenen Erfolgsseite der Kritik anknüpfend, folgert Boltanski: „Damit Kritik möglich ist, müsste auf diese erste (pessimistische) Beschreibung eine zweite (optimistische) Beschreibung folgen, die in Anlehnung an historisierte Formen des Projektes der Aufklärung die Abfolge sozialer Ordnungen in Richtung der Emanzipation lenken sollte, was nicht nur einen Bezug auf eine Geschichtsphilosophie erfordert, sondern auch auf eine philosophische Anthropologie, die mehr oder minder gebraucht wird, um der Idee der Befreiung einen Inhalt zu geben." (DC: 34)

Die Zusammensetzung kritischer Theorien erläutert Boltanski im zweiten Kapitel anhand der Beziehung zwischen kritischer Soziologie und der pragmatischen Soziologie der Kritik. Er kommentiert sein Verhältnis zur Soziologie Pierre Bourdieus und die Entstehungsgeschichte des GSPM. Doch bevor er zu seiner Kritik an der Soziologie Bourdieus kommt, verdeutlicht er ihren innovativen Charakter in der Phase der 1960-1970er Jahre: „In diesem Zusammenhang bestand die Besonderheit der *kritischen Herrschaftssoziologie*, die Pierre Bourdieu und seine Gruppe entwickelt hatten darin, sich von den maßgeblich philosophischen Ansätzen abzuheben und in ihrer Einbettung in eine soziologische Praxis, die als ein ‚Beruf' verstanden wurde, in dem konzeptuelle Kreativität und empirische Feldstudie auf das engste miteinander verbunden wurden. Die kritische Soziologie Pierre Bourdieus ist zweifellos die kühnste Unternehmung, die jemals durchgeführt wurde, um in einer einzigen theoretischen Konstruktion zwingende Anforderungen, welche die soziologische Praxis kennzeichnen, mit radikal kritischen Positionen zu vereinen." (DC: 39ff.) Die daraus resultierende herausragende Stellung und Faszination dieser Soziologie lag Boltanski zufolge darin, dass das Projekt der Emanzipation und der Beruf des Soziologen in eins gesetzt wurde: „Die Soziologie ist also in diesem Fall zugleich das Mittel zur Beschreibung der Herrschaft und das Mittel zur Emanzipation von der Herrschaft." (DC: 40). Doch eben aus diesem Grund tritt die innere Spannung zwischen Deskription und Kritik, Prozessualität und Normativität hier mit einer besonderen Schärfe zutage, wie Boltanski und Chiapello im „Neuen Geist des Kapitalismus" durch die Unterscheidung der *korrektiven* von der *radikalen* Kritik angedeutet haben. Die Kontingenzen der Praxis und die Mitwirkung der Akteure an ihrer Formatierung gehörten zu den Grundprinzipien, die Boltanskis Soziologie von der seines Lehrers insofern unterschied, als dass der Blick auf diese Kontingenzen in der Methodologie der Mitglieder der GSPM zweifellos eine zentrale Rolle spielte. Während die kritische Soziologie ihre Deutungsmacht zum einen überschätzte, unterschätzte sie andererseits die Wirkung ihres eigenen Diskurses auf die Gesellschaft und die damit verbundene Möglichkeit, dass sich die Akteure selbst Teile dieses Diskurses aneignen und ihn ihrerseits – insbesondere im Zusammenhang der von ihnen artikulierten Kritik – für ihre Belange einzusetzen verstehen. Da die kritische Soziologie dies ignorierte, erhöhte sie zugleich die Gegensatzspannung aus Deskription und Kritik, zumal sie im Frankreich der 1960er und Anfang der 1970er Jahre vor der Herausforderung stand, einer immer noch vorherrschenden konservativen Philosophietradition gegenüber zu stehen, die ihrerseits nur geringe Bereitschaft zeigte, die Bedingungen ihrer eigenen Deutungskompetenzen zu reflektieren. Die sich gegen sie auflehnende marxistische Perspektive betonte demgegenüber die Determiniertheit ihrer Erkenntnisgrundlagen, um dieser idealistischen und politisch-normativen akademischen Traditionslinie eine eigene politische Ontologie entgegenzusetzen.

Aus dieser Problematik heraus stand die französische kritische Soziologie vor dem Problem, eine normative Beschreibung des Sozialen zu liefern und damit ihren eigenen Anspruch auf weitest mögliche Objektivität nicht gerecht werden zu können. Die Gewahrwerdung der damit verbundenen politischen Determinismen und methodologischen Verkürzungen hatte für viele Intellektuelle der frühen 1980er Jahre eine Wende vom Marxismus zum Liberalismus zur Konsequenz. Die Gründer des GSPM konzentrierten sich stattdessen auf die Verbesserung der empirischen Werkzeuge, die u.a. durch Bourdieu entwickelt wurden, und taten dies im Sinne ihrer von ihm abweichenden Praxisauffassung: „Wir wollten unsere Verbindung zu einer streng empirischen Soziologie, die für uns eine fundamentale Errungenschaft der Arbeiten darstellte, die im Rahmen dieses Paradigmas entwickelt wurde, weiter verfolgen und sogar vertiefen, indem wir bessere Beschreibungen des Handelns der Akteure in Situationen lieferten. Es schien uns daher notwendig, ein zu starkes Erklärungsdispositiv in Klammern zu setzen, dessen mechanistische Anwendung Gefahr lief, über die Daten hinweg zu fegen (als ob der Soziologe das, was er herausfinden sollte, bereits wissen würde), um, gewissermaßen naiv, zu beobachten, was die Akteure tun, die Art und Weise, wie sie die Intentionen der anderen interpretieren, wie sie für ihre Sache streiten etc." (DC: 46) Ihre Abkehr vom Normativen brachte ihnen häufig die Kritik ein, keine kritische Soziologie mehr zu betreiben, wogegen Boltanski argumentiert: „Das Projekt einer kritischen Soziologie haben wir auf keinen Fall aufgegeben. [...] Unsere Strategie bestand darin, *zu den Dingen selbst zurückzukehren*, wie die Phänomenologie sagt." (DC: 47) Hier wird die Bedeutung Paul Ricœurs, der sich um eine Verbindung von Strukturalismus und Phänomenologie verdient gemacht hatte, ebenso deutlich wie die zu Bruno Latour. Von Ricœur übernahm Boltanski eine kritische Revision des Unbewusstheitspostulats, des „caché" (Boltanski 2006: 51). Von ihr leitete er die Aufgabe der Soziologie ab, die von den Akteuren selbst angewandten Methoden dieser Übereinstimmungen in den Fokus zu rücken: „Die Soziologie erreicht dann ihr Ziel, wenn sie ein zufriedenstellenden Überblick über die sozialen Kompetenzen der Akteure liefert." (DC: 49)

Boltanski und der GSPM hatten diese Frage anhand einer Auswahl verschiedenster Orte der Auseinandersetzung empirisch zu lösen gesucht und sich unterschiedlicher Theorieströme bedient: die Konzepte der „Erfahrung" nach John Dewey, der „kollektiven Moral" nach Durkheim und des Kommunitarismus nach Michael Walzer. Methodisch ging es dabei vor allem darum, die Differenz zwischen den Erwartungen der Akteure und den tatsächlichen Gegebenheiten der sozialen Welt als Grundlage der Praxis einer kritischen Moral zu erkennen und zu fixieren. Rückblickend stellt Boltanski jedoch fest, dass diese Studien von einer meritokratischen Gerechtigkeitsauffassung ausgingen, die wenig mit der wirklichen Welt gemein habe. Er reagiert damit auf diverse Kritiken an „Über die Rechtfertigung" (vgl. Honneth 2008: 99). So kommt er zu der Frage, was eigentlich die Bedingungen einer metakritischen Soziologie sein können, die eine adäquate, d.h. akteurs- und praxisbezogene Kritik an der sozialen Wirklichkeit formulieren könnte. Dabei greift er zunächst die Thematik der Kategorienkonstruktion auf.

In seinen Studien konnte Boltanski beobachten, dass Akteure im Vollzug ihrer kritischen Praktiken Prüfungsformate erstellen, die an mögliche Optionen angepasst sind, die realisiert werden können. Die Akteure fordern – es sei denn, sie befinden sich außerhalb der normativen Grenzen dessen, was als realisierbar gilt – nur selten Unmögliches, sondern meistens nur das, was sich vor ihrem Erfahrungshorizont an möglichen Optionen zu entfalten vermag. Dass sie dazu imstande sind, hängt nicht zuletzt damit zusammen, dass sie auch noch heute, in Zeiten, in denen soziale Klassen obsolet erscheinen und nicht mehr, wie in den 1960-1980er Jahren in Frankreich, selbstverständlicher Bestandteil der Alltagssprache sind, immer noch ein Gespür dafür haben, Angehörige einer bestimmten Klasse oder eines sozialen Kollektivs zu sein. Zugleich wäre die Kritik ihrerseits machtlos, könnte sie sich nicht auf ein Kollektiv berufen und damit in die soziale Allgemeinheit hineinragen (*montée en généralité*). In Hinblick auf sein eigenes Programm folgt für Boltanski daraus, dass die Grundannahme der Konstruktion der sozialen Wirklichkeit die Frage aufwirft: Woher kommen dann die totalisierenden Handlungseffekte und wie sind sie zu untersuchen? Denn sie sind es, so seine Annahme, welche die einflussreichsten Soziologien zu erklären trachteten und der sie ihre überragende Position verdankten.

Ähnlich wie zuvor im Rückblick auf die Anerkennung und Bedeutung der soziologischen Expertise als Merkmal der kritischen gesellschaftlichen Funktion der Soziologie, sucht Boltanski in der historischen Genese der Disziplin nach einer Erklärung für ihre Konzentration auf die totalisierenden Effekte. Insbesondere in der Phase nach 1945, in der die Expertise zum Standardrepertoire der soziologischen Kompetenz gehörte, stellte der nationale Wohlfahrtsstaat die Instrumente und Nachfrage bereit, eine Kultur der Selbstevaluation zu begründen, die vor allem in Frankreich auf der Basis einer aus heutiger Sicht verhältnismäßig klar strukturierten sozialen Ordnung zur Abhilfe von Irregularitäten beitragen sollte. Die relative Voraussehbarkeit und Beständigkeit von Lebens- und Karriereverläufen, Klassenzugehörigkeit und einer entsprechend eingeschränkten Mobilität bildete im zentralistischen Frankreich die Grundlage für staatliche Investitionen in exorbitante statistische Zentren, in denen sozioprofessionelle Kategorien erhoben und festgelegt wurden. Von einer solchen Gleichförmigkeit der klassenspezifischen

Dynamiken – die den Blick Bourdieus auf die unsichtbaren Reproduktionsformen der sozialen Ungleichheiten plausibel machte – kann in Gegenwartsgesellschaften keine Rede mehr sein. Mit dem „neuen Geist des Kapitalismus" trat eine Fragmentierung des sozialen, wirtschaftlichen und kulturellen Lebens auf die Tagesordnung, welche die klassische kritische Theorie mit ihren herkömmlichen Mitteln nur noch bedingt zu erfassen verstand. Hielt sie an der Theorie der Herrschaftsideologie fest, entließ sie die Akteure in einem demoralisierten Zustand der Resignation oder des Zynismus. Analytisch lief sie unterdessen Gefahr, die innere Ausdifferenzierung der Entfremdungsformen zu vernachlässigen und einfach überall „Herrschaft" zu sehen, so dass diese immer unkenntlicher wurde (vgl. DC: 79). Statt sich den neuen spezifischen Asymmetrien zu stellen, subsumierte sie sämtliche Phänomene unter eine einzige (je nach Einstellung die zwischen Frauen und Männern, Franzosen und Nicht-Franzosen, Arbeitern und Intellektuellen etc.), was die alte linke Problematik des Haupt- und Nebenwiderspruchs in unproduktiver Weise fortsetzte.

Boltanski plädiert daher für einen methodologischen Pluralismus und für eine Zusammenführung erhaltenswerter Aspekte der klassischen kritischen Theorie mit einer zeitgenössischen metakritischen Soziologie. Nur die analytische Exteriorität erlaubt, die gegebene Welt zu relativieren und Kollektive zu bilden, die spezifische Asymmetrien kritisieren können. Doch diese Exteriorität sollte durch eine stringente Aufmerksamkeit für die Weltkonstruktionen der Akteure und ein Wissen um die Vielschichtigkeit ihrer Erwartungen geprägt sein. Diese Vielschichtigkeit vorausgesetzt, erscheint es Boltanski als besonders erklärungsbedürftig, wie Äquivalenzprinzipien nicht nur produziert, sondern auch auf Dauer gehalten werden können. Von der ersten Frage war „Über die Rechtfertigung" geleitet; die zweite Frage glaubt Boltanski in „De la critique" durch ihre Vertiefung anhand einer eingehenden Reflexion über Institutionen beantworten zu können. Wenn Ordnungen – entsprechend des hier vorausgesetzten ersten Grundmotivs der Soziologie Luc Boltanskis – prinzipiell zu den unwahrscheinlichsten aller Möglichkeiten gehören, dann verlangt ihre Existenz nach einer Erklärung.

**Institutionen – eine neue Perspektive für die Kritik?**

Nachdem er die Herausforderungen der Kritik sowie die Reichweite zum Zweck der Herstellung von Äquivalenzprinzipien anhand allgemeiner Rechtfertigungsordnungen („Über die Rechtfertigung"), ihrer An- und Abwesenheit („Amour et Justice comme compétence"), ihrer Strittigkeit („La souffrance à distance"), ihrer Neuerfindung („Der neue Geist des Kapitalismus") und der Unmöglichkeit ihrer

Verwirklichung („Soziologie der Abtreibung") untersucht hatte, lenkt Boltanski den Blick auf ihren instituierenden Charakter. Die „Macht der Institutionen" vereint trotz der Schwierigkeit, verschiedene Gruppen und Individuen auf einen Konsens zu bringen, das Privileg der Sicherung und Auf-Dauer-Stellung von Handlungsorientierungen in sich, das dazu beiträgt, der kontingenten sozialen Wirklichkeit eine Basis zu geben, von der ausgehend Kritik möglich ist. In diesem Kapitel ist die Leserin überrascht über die Abwesenheit zentraler soziologischer Institutionentheorien in den Ausführungen Boltanskis, der behauptet, dass „das Konzept der Institution nur recht selten zum Gegenstand einer Definition oder gar genaueren Erläuterung" würde (DC: 85). Der in Frankreich breit rezipierte Cornelius Castoriadis und dessen bahnbrechendes Werk „Die Gesellschaft als imaginäre Institution" (zuerst 1975) wird erst viele Seiten später genannt und nicht systematisch aufgegriffen. Die im deutschen Sprachraum bekannten philosophisch-anthropologischen Institutionentheorien Arnold Gehlens, Helmut Schelskys und Karl-Siegbert Rehbergs tauchen wahrscheinlich deshalb nicht auf, weil das Werk Gehlens bislang noch kaum übersetzt wurde[22] – wenngleich der an der Sorbonne tätige Philosoph und Germanist Gérard Raulet sich seit vielen Jahren um eine Vermittlung in den französischen Sprachraum bemüht.

Es geht Boltanski um eine herrschaftssoziologische Institutionenanalyse, um die Verbindung von kritischer Soziologie und pragmatischer Soziologie der Kritik phänomenologisch zu begründen, was seinen etwas verkürzten Blick auf bestehende Institutionentheorien zumindest zum Teil erklären mag. Demnach werden Institutionen in herrschaftskritischen Soziologien zumeist als relativ monolithische Einheiten beschrieben, deren innere Spannung und Kontingenz wenig Aufmerksamkeit finden würden. Die kritische Soziologie sei daher vor allem eine „Kritik der Institutionen" (DC: 86). Die Annahme jedoch, es handele sich bei den Institutionen um reine Abbilder des *common sense*, ist aus Sicht der pragmatischen Soziologie der Kritik ebenso falsch wie die Idee, dass überhaupt von einem solchen *common sense* ausgegangen werden sollte, wenn die kritischen Praktiken der Akteure untersucht werden. Weil der in sie hineinprojizierte *common sense* Komponenten der Vagheit, Unsicherheit oder Beunruhigung übersah, schlägt Boltanski entsprechend seines Programms vor, von der „radikalen Unsicherheit" sozialer Ordnungen auszugehen, die er als Konstante des sozialen Handelns zugrunde legt. Diese Unsicherheit soll durch die methodologische (nicht metaphysische) Unterscheidung von „Wirklichkeit" und „Welt" nachvollzogen werden. Während „Wirklichkeit" einen konkret greifbaren und situationsspezifischen Ausschnitt des sozialen Lebens zeigt, repräsentiert sich „Welt" dem Individuum als eine nie ganz fassba-

---

22  Mit Ausnahme zweier Aufsatzsammlungen.

re Totalität. „Wirklichkeit" bezeichnet das Gebiet der Prüfungen und der Qualifizierungen, die auf die Dauer und die Ordnung hin ausgerichtet sind. „Welt" hingegen ist durch ständigen Wandel gekennzeichnet, der sich nicht auf das Soziale allein beschränkt. In der folgenden Passage findet sich erneut eine überraschende Nähe Boltanskis zur Lebensphilosophie: „Die Welt hat jedoch nichts Transzendentes. Im Gegensatz zur Wirklichkeit, die meist Gegenstand von Aufzählungen bildet (vor allem statistischer Art), die eine überragende Autorität vorgeben, ist sie die Immanenz selbst; sie ist das, worin jeder gefangen ist, sobald er in den *Strom des Lebens* eingetaucht ist, doch ohne notwendigerweise die sprachliche Ebene zu erreichen und noch weniger die willkürliche Handlung, worin die Erfahrungen wurzeln." (DC: 94) Trotz dieses Rekurses auf die Differenztheorie hält Boltanski an der Annahme fest, dass die Immanenz der Welt von sozialen Grammatiken durchzogen ist, die die Herstellung von Äquivalenz erschweren. Offenbar benötigt er diese Grammatiken, weil sie die Beschreibung der sozialen Ungleichheiten erlauben, die die Grundlage der Kritik bilden. Das erinnert an die von Bourdieu eingeforderte „differentielle Anthropologie" im Sinne einer Theorie der „Welterzeugung", die soziale Akteure vornehmen, um ihrer praktischen Beziehung zur Welt einen Sinn zu geben. (vgl. Bourdieu 2001: 26ff.) Zur Verfeinerung der Analyse dieses Zusammenhanges macht Boltanski auf die in der Interaktionsanalyse häufig übersehene Asymmetrie von Kontext und Situation aufmerksam. Akteure können sich im gleichen Kontext bewegen, befinden sich dabei jedoch häufig in sehr unterschiedlichen Situationen hinsichtlich ihrer persönlichen Lage. Diese Asymmetrie ist insbesondere für die Spannungsverhältnisse innerhalb von Institutionen von Bedeutung.

Boltanski schreibt der Kritik die Funktion zu, Unsicherheiten zu beseitigen und stellt die Frage, wie sie das tut. Er führt zu der Unterscheidung von „Welt" und „Wirklichkeit" weitere analytische Kategorien ein, indem er praktische Momente (die durch die pragmatische Studie untersucht werden) von den reflexiven Momenten (die durch die metapragmatische Studie untersucht werden) unterscheidet (vgl. DC: 98). In beiden Momenten nimmt die Kritik auch eine bestätigende Rolle ein, indem sie durch Einfordern anderer Praktiken oder anderer Reflexionsweisen gegebene Verhältnisse in Hinblick auf ihre Übereinstimmung mit ihren Repräsentationen überprüft, wenn die Unsicherheiten zu groß sind. Die Kritik kann dann dazu beitragen, die Unsicherheiten zu beseitigen, indem sie die Übereinstimmung nach eingehender Prüfung bestätigt. Boltanski betont damit den symmetrischen und dialogischen Charakter der Kritik, die auf das in den Institutionen gespeicherte Erfahrungswissen über die Welt zugreift; es sogar benötigt zur Selbstkonstitution.

Im Folgenden beschreibt Boltanski genauer, was er unter den „praktischen Momenten" empirisch versteht. Hier ließen sich stellenweise Parallelen zur philosophisch-anthropologischen Institutionentheorie Arnold Gehlens ziehen, insbesondere im Hinblick auf die Frage der Reflexivität. Da Praktiken der Übereinstimmung, die Boltanski als Hauptaufgabe der Institutionen bezeichnet, Regularitäten hervorbringen, entsteht ein spezifisches Maß an Toleranz in Hinblick auf diese Praktiken. Diese ist mit einem schwachen Reflexionsgrad verbunden, die zugleich soziale Koordination möglich macht. Das metapragmatische Moment setzt ein, sobald die Teilnehmer an einer Situation sich die Frage stellen, wie das, was gerade passiert, qualifiziert werden kann. In Konfliktsituationen wären auf der sprachlichen Ebene empörte Ausrufe wie: „Das nennen Sie ein Seminar?!", wenn der Professor träumt, die Studenten sich unterhalten etc. Es wird ein allgemeines Modell zugrunde gelegt (z.B. wie ein Seminar normalerweise ablaufen sollte; ein „richtiges" Seminar) und auf der metapragmatischen Ebene mit dem verglichen, was gerade praktisch stattfindet (die vorliegende Situation). Diese Qualifizierung von Alltagshandlungen bezeichnet, übrigens ähnlich wie die soziologische Analyse, zugleich einen beschreibenden wie normativen Prozess. Der sprachliche und metasprachliche Prozess ist einer der Relationierung von Praxis und Norm. Um Verallgemeinerbarkeit zu reklamieren, wird ein gewisses Maß an Öffentlichkeit gebraucht, die sich gleichfalls auf die angenommene Norm rückbeziehen kann. Welche Rolle spielen hier die Institutionen? Das als situative Relationierung beschriebene Verfahren der Wirklichkeitsaneignung findet im allgemeineren gesellschaftlichen Kontext in den Institutionen ihre Anlaufstellen, um Normen überhaupt im Sinne eines *common knowledge,* also als Ontologien vorauszusetzen. Als körperlose Wesen vermitteln Institutionen zwischen verschiedenen Sprechern mit unterschiedlichen Intentionen. Damit dies gelingt, reicht eine pure Normativität nicht aus, um Standpunkte abgleichen zu können, die letztlich immer an Individuen und Körper gebunden sind. Institutionen haben, und das hat die Kritik Boltanski zufolge lange unterschätzt, eine starke semantische Funktion. Sie erklären, was an dem, was ist, Wertigkeit besitzt. Sie bilden Referenzprinzipien und tragen zu ihrer Fixierung bei.

Das, was, wie Boltanski meint, zu Recht von der kritischen Soziologie, insbesondere von Bourdieu, als „symbolische Gewalt" bezeichnet wurde, liegt in eben dieser semantischen Funktion begründet, die zugleich das Diskontinuierliche durch die Kontinuität ersetzt, die Anomie durch die Norm, die Kontingenz durch die Einheit – und mehr noch: „Weit davon entfernt, lediglich einen Wert zu bestätigen, tragen sie weitgehend dazu bei, ihn zu schaffen." (DC: 122) Das institutionelle Ritual hat daher nicht nur die Funktion der Reproduktion, sondern vielmehr der Selbstvergewisserung und der Feststellung: „Die Ritualisierung enthüllt hier ihren objektiven Zweck, der darin besteht, die Entfernung aufzuheben, die in den einfachen Lebenssituationen die Modell-Situation von der tatsächlich gegebenen Situationen voneinander trennt, und entsprechend so zu tun, als ob sie in einer einzigen Handlung zusammenfielen [...]." (DC: 127)

Auf der Basis der unsicheren Ordnung, die durch die Institutionen repräsentiert werden, kommt der Kritik eine konstitutive Funktion zu. Hier vermisst die Leserin eine konkrete Definition der Institution ebenso wie der Kritik, die trotz der differenztheoretischen Ansätze nicht näher erläutert werden. Die „Notwendigkeit der Kritik" liegt demnach in dem Angriff auf die symbolische Gewalt der Institutionen. Die Kritik setzt dabei an dem an, was Boltanski den „hermeneutischen Widerspruch" der Institutionen bezeichnet. Er spezifiziert die methodologische Trennung von „Welt" und „Wirklichkeit" einerseits anhand der Zweiseitigkeit von Körper und Symbolik – die Institution repräsentiert auf der symbolischen Ebene überzeitliche und körperlose spezifische Werte, die andererseits durch konkrete Personen und ihre Körper repräsentiert sind. Andererseits ist die institutionelle Dynamik durch den Widerspruch zwischen Semantik und Pragmatik gekennzeichnet. Je nachdem, wie weit also „Welt" und „Wirklichkeit" voneinander entfernt sind, entfaltet sich die Kritik in der daraus hervorgehenden Leerstelle und entwickelt Möglichkeiten der praktischen Intervention. Ebenso wie die Kritik erhält aber auch die Institution ihre Daseinsberechtigung, denn es ist gerade die Verschiedenheit von Welt und Wirklichkeit, welche die Autorität körperloser Wesen als Relationierungsinstanzen plausibel macht. Kritik und Institutionen agieren also beide innerhalb der gleichen Leerstelle und bedingen sich gegenseitig: „[D]ie formale Genesis der Institutionen ist nicht von der formalen Genesis der Kritik zu trennen." (CD: 149) Die Politik, die Institutionen und Kritik semantisch stützt, muss sich zugleich innerhalb der Wirklichkeit verankern wie über sie hinausgreifen, wodurch das Spannungsverhältnis von Semantik und Pragmatik stets neuen Prüfungen ausgesetzt ist. Woran kann die Kritik, wenn sie doch einen so ähnlichen Daseinsgrund hat wie die Institutionen selbst, dann konkret ansetzen?

Weil die Institutionen symbolische Gewalt ausüben, indem sie sagen, auf welche Werte es ankommt, und damit Mittel bereit stellen, die als „wirkliche Wirklichkeit" repräsentiert werden, setzt die Kritik meistens an dem Widerspruch zwischen Semantik und Pragmatik an. Sie setzt also die Reflexivität an die Stelle der Pragmatik, oder mit den Worten Boltanskis, an die der Metapragmatik. In Frankreich ist diese historisch durch die Sozialfigur des kritischen Intellektuellen verkörpert, dessen bekanntestes Beispiel Émile Zola im Sinne einer individuell und zugleich öffentlich geäußerten individuellen Kritik zahlreiche Nachfolger gefunden hatte. Der kritische Intellektuelle setzt an der existenziellen Erfahrungsseite an, die ein Weltempfinden „für sich" reklamiert (wie der Titel des Zolaschen Manifestes „Ich klage an" deutlich macht), das schließlich im Prozess seiner öffentlichen Kollektivierung zu einem Weltempfinden „an sich" führt – hier also direkt entgegengesetzt zur von Marx beobachteten Definition des proletarischen Klassenkampfes, in dem das Proletariat von einer unbestimmten „Klasse an sich" zu einer „Klasse für sich" wird, d.h. von einer objektiven Größe im Produktionsprozess zu einer autonomen politischen Instanz.

Auf Seiten der Institutionen beobachtet Boltanski gleichfalls metapragmatische Reflexionen, doch beschränken sich diese auf ihre Aufgabe der Bestätigung im Sinne einer Selbstvergewisserung. Gleichwohl handelt es sich um ein objektiviertes Dispositiv, das hier bestätigt wird, nicht um eine subjektive Selbstvergewisserung. Zugleich ist sowohl bei den Institutionen wie auch der Kritik eine je spezifische Form des Unbewussten festzustellen: Während die Institutionen die Vergänglichkeit ihrer Grundlagen negieren, blendet die Kritik den Rechtfertigungszwang der Institutionen aus, ohne die sie wirkungs- und ziellos wäre (vgl. DC: 156). Während die Kritik also selbst von unbewusst gelenkten Praktiken ausgeht, die ihre Existenz rechtfertigt, unterschätzt sie die Widersprüchlichkeiten ihres Gegenstandes. Boltanski weitet damit die von ihm formulierte Kritik am Unbewusstheitspostulat auf die mangelnde empirische Präzision der kritischen Theorie aus. Hier reagiert Boltanski vermutlich auf Einwände gegen ein zu optimistisches Bild von der Kritik, die er mit Chiapello als konstitutiven Motor der neuen kapitalistischen Werteordnung definiert hatte. Er bekräftigt damit gleichwohl seine Annahme vom Rechtfertigungszwang auf Seiten der Herrschaftsausübung.

Die Institutionen praktizieren diese Vergewisserungs- und Rechtfertigungsarbeit mittels dreier Prüfungsarten, die Boltanski anschließend erläutert: „Wahrheitsprüfungen" (*épreuves de vérité*), „Wirklichkeitsprüfungen" (*épreuves de réalité*) und existenzielle Prüfungen („*épreuves existentielles*"), die zu einer Radikalisierung der Kritik führen können. Wahrheitsprüfungen manifestieren sich vor allem in Form von offiziellen Zeremonien (wie der Staatsakt, der religiöse Akt, Hochzeiten oder Beerdigungen). Sie sind dazu da, zu sagen, „was ist" und haben bestätigenden Charakter. Zugleich stellen sie dennoch Prüfungen dar, weil sie immer auch fehlschlagen können: Alles „aus-der-Reihe-Tanzen" von Teilnehmern und nicht-menschlichen Akteuren kann die Zeremonie ins Lächerliche ziehen, die gebotenen Handlungsformen desavouieren, die Akteure kompromittieren etc. Dass es sich um Prüfungen und nicht um Rituale handelt, begründet Boltanski mit der Allgegenwärtigkeit ihres potenziellen Scheiterns, die sich in der Nervosität der Beteiligten bei ihrer Vorbereitung ausdrückt. Trotz ihrer Vorliebe für Tautologien und Wiederholungen der Handlungsakte haben die Wahrheitsprüfungen wenig gemein mit der Routine, da sie zeigen sollen, „dass es eine Norm gibt [...]." (DC: 157) Dies scheint auch deshalb plausibel, weil es sich meist um zugleich außeralltägliche wie allgemein verpflichtende Gemeinschaftsakte handelt.

Wirklichkeitsprüfungen stehen dagegen in direkter Interaktion mit der Kritik. Sie sind ebenfalls Formen der Vergewisserung, doch anders motiviert als in den Wahrheitsprüfungen: Hier geht es vor allem darum, von der Kritik artikulierte Divergenzen zwischen proklamierten Werten und ihrer praktischen Umsetzung zu überprüfen, um zu vermeiden, dass die Kritik in Gewalt umschlägt. Boltanski bezeichnet sie daher auch mit dem englischen Ausdruck „Tests". Diese Divergenzen werden nicht, wie bei den Wahrheitsprüfungen, unter eine Norm subsumiert, die jegliche Unsicherheiten ausschalten soll. Im Gegenteil: Eben die Verunsicherung ist die Ausgangsbasis der Wirklichkeitsprüfung und sie dient der Vergewisserung im Sinne der Rechtfertigung. Es wird nicht festgestellt, sondern argumentiert (vgl. DC: 160). Weil diese Kritik störend wirken kann, werden Beweise zu ihrer Widerlegung erbracht. Häufig aber, so Boltanski, bestärken diese Tests die von den Institutionen proklamierte Wirklichkeit. Wenn sie die Tests bestehen, gehen sie gestärkt aus ihnen hervor. Ordnungen können und werden damit auch bestätigt. Hier wird die stabilisierende Praxis von Institutionen wirksam.

Die existenziellen Prüfungen schließlich bezeichnen nach Boltanski die bereits beschriebenen Formen, die häufig durch Künstler und Intellektuelle geäußert werden, aber auch durch die neueren sozialen Bewegungen, durch spezifische Kollektive wie die Frauenbewegung der 1970er Jahre oder die der Homosexuellen der 1980er Jahre. Es überrascht gleichwohl, dass die von Boltanski und Chiapello ausgearbeiteten Konzepte der Künstler- und Sozialkritik in diesen Prüfungen keine konzeptuelle Rolle mehr spielen und insbesondere die historische Sozialkritik nicht im Zusammenhang mit den traditionellen Kämpfen der Arbeiterbewegung gebracht wird. Stattdessen zieht Boltanski erneut das Beispiel der öffentlichen Affären heran, die er verschiedentlich untersucht hat, um alltägliche Formen der Kritik und des Protestes zu untersuchen. Demnach dekonstruiert die existenzielle und radikale Kritik die allgemein akzeptierten Beziehungen zwischen symbolischen Formen und tatsächlichen Tatbeständen (vgl. DC: 164). An den benannten Widersprüchen ansetzend, wird die Kritik durch Grammatiken der Qualifizierung dessen, „was ist", herausgefordert. Sie nimmt daher häufig die Figur der Provokation an, indem sie dazu quer liegende Deutungen öffentlich macht.

Alle drei Prüfungsarten stellen Verfahrensweisen der Enthüllung dar, dies gilt selbst für die Wahrheitsprüfung, da hier das, was ist, enthüllt werden soll (wodurch zugleich dessen innere Kontingenz verhüllt wird), worüber sich die Teilnehmer meist bewusst sind. Allerdings ist es vor allem die existenzielle Prüfung, welche die meisten Chancen hat, über die kritische Theorie hinauszuführen, sich mit den von den Akteuren gemachten Erfahrungen zu verbünden und an den von ihnen geschaffenen Optionen zu orientieren, um auf diese Weise einen Zugang zur Welt zu erlangen. Wenn die Wirklichkeitsprüfung nicht zur reinen Stabilisierung dessen, was ist, beiträgt, sondern darüber hinausweisen soll, können die von ihnen formierten Interessenverbände als öffentliche Kollektive auftreten, die als Welterfahrung manifest werden, in denen „Leiden und Begehren als Ausdruck des Lebensstroms" geltend gemacht werden können (vgl. DC: 171). Die Entfremdung der Kritik besteht in der beschränkten Geste oder auch „Politik des Verdachts", die auf ihrer nachteiligen Stellung gegenüber den Institutionen beruht, denen sie gegenüber steht. Die Emanzipation der Kritik liegt dagegen in ihrer Fähigkeit der Verbindung ihrer Ziele mit den Erfahrungen der Akteure, denen sie eine „politische Orientierung" zu bieten hätte (vgl. DC: 173).

## Zwischen Anspruch und Wirklichkeit: Herrschaftsregimes und Emanzipation

Im fünften Kapitel über die „Politischen Regime der Herrschaft" untersucht Boltanski Verbindungslinien zwischen dem hermeneutischen Widerspruch von Semantik und Pragmatik und den Formatierungen politischer Herrschaft durch Institutionen und Kritik. Davon ausgehend, dass Kritik und Selbstvergewisserung, verkörpert in den Institutionen, in modernen westlichen Gesellschaften nicht nur miteinander zusammenhängen, sondern sogar, im Rahmen der Wirklichkeitstests, aufeinander angewiesen sind, stellt sich nunmehr die Frage, welche Formen politischen Handelns aus dieser Wechselbeziehung abzuleiten sind.

Zunächst geht Boltanski davon aus, dass sich der hermeneutische Widerspruch in vielfältigen und unterschiedlichen politischen Regimes kenntlich macht. Er geht dabei erwartungsgemäß nicht von einem substanzialistischen, sondern von einem prozessualen Herrschaftsbegriff aus, der sich entsprechend des Postulats grundsätzlicher Unsicherheit stets aufs Neue definieren und begründen muss. Das Hauptziel politischer Herrschaft ist, vergleichbar der Wahrheitsprüfungen, die zu ihrem Tagesgeschäft gehören, das Feld der Kritik einzugrenzen und zu verhindern, dass der hermeneutische Widerspruch so groß wird, dass die Kritik nicht nur Wirklichkeitsprüfungen, sondern existenzielle Prüfungen herbei zwingt. Die Schwierigkeit, die sich hier eröffnet, besteht in modernen neoliberalen politischen Systemen maßgeblich darin, den Balanceakt zwischen Beschränkung der Kritik auf das Terrain der Optimierung des Politischen, die immer auch ein repressives Moment benötigt, und ihrer konstruktiven Einverleibung zum gleichen Zweck so auszutarieren, dass die politischen Institutionen gleichsam auf Dauer gestellt werden. Hatten Boltanski und Bourdieu dieses Paradoxon in seinen Anfängen im Frankreich Giscard d'Estaings beobachten können, so entfaltet es sich heute, fast vierzig Jahre später, in einer überwältigenden Komplexität.

Die Eigenheit politischer Regimes zeichnet sich durch ihren Umgang mit dem hermeneutischen Widerspruch aus. Zwischen Semantik und Pragmatik befinden sie sich stets dem Wandel unterworfen, der Welt und Realität gleichermaßen prägt und zu einer spezifischen Verunsicherung, dem bereits im „Neuen Geist des Kapitalismus" beschriebenen Unbehagen führt. Institutionen und Kritik bieten unterschiedliche Wege an, mit diesem Wandel fertig zu werden. Während die Institutionen daran interessiert sind, das Unbehagen einzudämmen und Ordnung zu gewähren, ist die Kritik daran interessiert, den Wandel zum Anlass zu nehmen, jene Ordnung in Frage zu stellen. Daraus resultieren aus Boltanskis Sicht zwei Handlungsregimes, die mit Blick auf das Gesamtwerk mehr als überraschen. Das erste besteht darin, idealistische und universalistische Grundprinzipien aufzurufen. Diese Rolle wird vornehmlich durch Wissenschaftler und Philosophen eingenommen. Die Politik erhofft sich Orientierung durch sie. Boltanski geht sogar so weit, ihnen eine friedensstiftende Rolle zuzusprechen, ohne die das Kollektiv im ewigen Streit versinken würde.

Eine zweite Möglichkeit zur Eindämmung der Unsicherheiten, die mit dem Wandel zusammenhängen, sieht Boltanski in Anlehnung an die Arbeiten des französischen Anthropologen Philippe Descola zur Dichotomie Natur versus Kultur in der Herstellung lokaler Analogien, die den hermeneutische Widerspruch überbrücken, indem sie ein dichtes Korrespondenznetz zwischen semantischen und pragmatischen Entitäten erzeugen (vgl. DC: 181ff.; Descola 2008). Hier wird der Terminus des Äquivalenzprinzips zugunsten einer strukturalistischen Perspektive aufgegeben – was ein Anknüpfen an die vorherigen Arbeiten erschwert, da Boltanski nicht näher ausführt, wie das empirisch aussehen könnte und welchen Zugewinn die Herstellung von lokalen Analogien zu den latourschen „Übersetzungen", den deleuzeschen „Verschiebungen" oder der projektbasierte *cité* konzeptuell einbringt. Für die Kritik sieht Boltanski das Problem, dass sie sich schwer tut, aus lokalen Analogien allgemeinere Schlüsse zu ziehen, die sie benötigt, um von den Institutionen gehört zu werden. Sie habe sich stattdessen meist auf die universalistische Lösung konzentriert. Eben diese ruft Boltanski jedoch selbst auf, wie seine Einschätzung zur Rolle und Funktion der gesellschaftlichen Geistesarbeiter zeigt. An diesen Stellen wird deutlich, dass sein Vorhaben der Zusammenführung von kritischer Theorie, der Soziologie Bourdieus und der Differenztheorie nur zum Teil gelingt – er kann die Dichotomie von universalistischem Anspruch und Anti-Substanzialismus nicht überzeugend auflösen, rekurriert auf verhältnismäßig klassische Ansätze der Sozialkritik und lässt offen, inwieweit die von ihm und dem GSPM vertretene Ablehnung des Unbewusstheits-Postulats noch Gültigkeit hat. Alle drei Prüfungsarten zielen auf der Idee des „caché" ab, die von der Kritik Enthüllung erwartet – das entspricht nicht dem ursprünglichen Ansatz des GSPM und ihrer Kritik an der kritischen Soziologie, sondern scheint eher ein Zugeständnis an die kritische Theorie der Frankfurter Schule auszudrücken.

Im Folgenden unterscheidet Boltanski einfache von komplexen Herrschaftseffekten. Die einfachen Herrschaftseffekte weisen in graduellen Abstufungen Formen auf, die von der fast völligen Eliminierung der Kritik bis zu ihrer minimalen Akzeptanz reichen (in politischen Diktaturen), wobei Boltanski die Wirkung der Kritik als gering bis nicht vorhanden einschätzt. Die komplexen Herrschaftseffekte in den westlichen Staaten der Gegenwart erkennen die Bedeutung und den Wert der Kritik an und profitieren von ihr, wie Boltanski bereits zeigen konnte. Die von ihm und Bourdieu in den 1970er Jahren untersuchte herrschaftstheoretische Paradoxie der „Stabilität durch Wandel", die den Wandel als zentrales Merkmal zeitgenössischer Herrschaftsideologie Frankreichs in den Mittelpunkt stellte, führte in den darauf folgenden Jahrzehnten zu einer Pluralität betriebswirtschaftlicher, psychologischer, kultureller und sozialer Interventionen in nahezu sämtlichen gesellschaftlichen Feldern. Das verwirrte und paralysierte die Kritik. Im Vergleich zur Bedeutung staatlich repräsentierter und institutionalisierter Wahrheitsprüfungen, die auf der Differenzierung von Repräsentant und Repräsentiertem beruhte, gewannen impersonelle Kräfte deutlich an Machtzuwachs. Dies bewirkte eine radikale Verschiebung der etablierten Prüfungsformen. Während die Wahrheitsprüfungen, die auf „Welt" Bezug nahmen, unwichtiger bis überflüssig wurden, wurde die Zuschreibung von Verantwortlichkeit immer diffuser, was Boltanski dazu veranlasst, von einer stärker systemischen Herrschaftsform auszugehen (vgl. DC: 213). Da Verantwortlichkeiten sich zwar nach wie vor institutionell, d.h. in Form von Organisationen manifestierten, jedoch zugleich in plurale Netzwerke verlagert wurden – von der Politik aus den ökonomischen und managerialen Sozialtechnologien übernommen –, präsentierte sich der Staat zunehmend als Unternehmen, demgegenüber die Unternehmen des zweiten kapitalistischen Geistes sich als „Kleinstaaten" verstanden. Im Folgenden differenziert Boltanski die in „Der neue Geist des Kapitalismus" stark vereinheitlichte Perspektive auf die neuen Dynamiken aus und hebt ihre inneren Widersprüche hervor. Das gleichzeitige Agieren in Organisationen, die häufig durch starke Strukturen gekennzeichnet sind, und immateriellen Netzwerken führt innerhalb der herrschenden Klasse zu einem Performativitätszwang, der eine Reihe von Konflikten und Spannungen produziert. Dieser Performativitätszwang griff auch auf das Soziale über. Die Folgen dieser Verschiebungen werden, so Boltanski, besonders offensichtlich in Krisenzeiten. Diese zeichnen sich dadurch aus, dass Verantwortung stets hin- und hergeschoben werden und durch einen neuen Umgang mit institutionell festgelegten Regeln.

Am Verhältnis der Akteure zu den Regeln, so folgert Boltanski, lässt sich ihre Stellung im sozialen Raum veranschaulichen. Während er in seinem Aufsatz von 1973 bereits davon ausging, dass klassenspezifische Positionierungen stets mit der Verfügung über multiple soziale Räume einhergehen, so ließe sich heute feststellen, dass diese Eigenschaft noch um die Möglichkeit des Regelbruchs erweitert ist. Boltanski unterscheidet die sozialen Klassen in drei grobe Stufen: Die erste Gruppe verfügt nicht nur in Hinblick auf ihr eigenes Leben, sondern auch auf das Leben anderer, über eine großes Reservoir an menschlichen und nicht-menschlichen Ressourcen, die zweite Gruppe verfügt darüber nur in Hinblick auf ihr eigenes Leben und die dritte Gruppe weder über die eine noch die andere Form (vgl. DC: 224). Diese Perspektive ist konsequent und durchgängig in seinem Werk zu beobachten. Was dann aber erstaunt, ist die analytische Konsequenz aus dieser Annahme, die seiner Kritik an den kritischen Theorien diametral zu widersprechen scheint: So geht er davon aus, dass die Position im sozialen Raum davon abhängt, ob an die Regeln geglaubt wird oder nicht. Er unterstellt damit den Akteuren, die sich außerhalb der herrschenden sozialen Zone bewegen, dass sie, da sie weniger vielfältige Handlungsmöglichkeiten im Umgang mit Regeln haben, eine mangelnde Fähigkeit, ihre Lage zu erkennen. Auch hier stellt sich die Frage, ob Boltanski meinte, Erwartungen seines Frankfurter Publikums entsprechen zu müssen. „Wozu die Leute fähig sind" bleibt hier offen.

Im Ablösungsprozess der Wahrheitsprüfung durch die Wirklichkeitsprüfung, die auf wissenschaftlich unterfütterte Expertise und Evaluation setzt, relativieren politische Wahlen, die „Wahrheitsprüfung" par excellence, die „tatsächliche" Politik (deutlich etwa an den in den Medien inzwischen immer mitberechnete Wahlmaschinerie, die nicht einmal mehr versucht, Ungleichheiten im Wettstreit zu verbergen). In der betriebswirtschaftlich organisierten Welt entfalten Wirklichkeitsprüfungen insbesondere in ihrer konkreten, d.h. lokalen Dimension eine bislang unterschätzte Bedeutung, da sie die Basis der Netzwerkstrukturen bilden, auf denen politische Verantwortlichkeiten verhandelt werden. Nicht mehr der Habitus einer spezifischen herrschenden Klasse, der die Grundlage der Wahrheitsprüfungen bildete, kann die ausdifferenzierten Formen der Teilhabe an Herrschaft erfassen; vielmehr sind es die spezifischen Verbindungslinien zwischen den – sozial und kulturell sehr heterogenen – Mitgliedern derjenigen, die im oben genannten Sinne über eine hohe Zahl an menschlichen und organisatorischen Ressourcen verfügen, die es nach Boltanski empirisch zu untersuchen gälte. In Anlehnung an Yann Moulier Boutangs Studie über den „kognitiven Kapitalismus" setzt Boltanski im Hinblick auf mögliche Ansatzpunkte für die Kritik an der Semantik an, was mit seinem empirisch Material konform geht, das häufig – und zuweilen ausschließlich – diskursanalytisch orientiert ist. Die allgemeine Internationalisierung der herrschenden Netzwerke führt zu immer feiner ausdifferenzierten Verbindungslinien, die zu ziehen und zu bestimmen auf der Grundlage gleichfalls sehr spezifischer Praktiken der Regelbefolgung und des Regelbruchs, mithin von Anpassung und Abweichung, Konstruktion und Dekonstruktion bzw. von Kritik und Affirmation gestützt und lebendig gehalten werden. Boltanski bemerkt dazu: „Zur herrschenden Klasse zu gehören, heißt vor allem, davon überzeugt zu sein, dass man die Regel formal überschreiten kann, ohne ihren Geist zu verraten. Doch diese Art des Glaubens fällt nur denen ein, die davon ausgehen, die Regel zu verkörpern, aus dem guten Grund, dass sie sie machen." (DC: 219) Dies geht von einer starken Rationalitätsannahme innerhalb der Führungsebenen aus, die bereits mehrfach kritisiert wurde und schwächt das von Boltanski selbst vorgebrachte Argument gegen eine Überbewertung der Konformität von Herrschaftsstrukturen.

Daraus folgt die aus der vorangehenden Argumentation nur bedingt überzeugende Hoffnung, dass ausgerechnet die politischen und wirtschaftlichen Führungskräfte durch die Kritik dazu gebracht werden könnten, ihre eigenen Kontingenzen und Unsicherheiten öffentlich zu machen. Das aktuelle unternehmerische Denken könnte, so die Annahme Boltanskis am Ende seines Buches, durch neue Formen der Skandalisierung des hermeneutischen Widerspruchs in Frage gestellt werden, die jene prinzipielle Unsicherheit, Fragilität und Unbestimmbarkeit nicht mehr allein in die Domäne des Welterlebens verschieben, sondern in die Domäne der Wirklichkeitsprüfungen so zurückholt, dass sie für alle Akteure gleichermaßen als genereller sozialer Tatbestand fassbar werden. Dann könnte etwa das Problem der Individualisierung struktureller Ungleichheiten auf die Ebene einer Kritik geführt werden, die eine „minimale semantische Sicherheit" (DC: 229) einfordert. Boltanski verspricht sich von einem solchen Zugeständnis viel. Indem die prinzipielle Unwahrscheinlichkeit sozialer Ordnung zur allgemeinen Ausgangslage gemacht würde, hätte die Kritik die Chance, vermeintliche Kohärenzen gezielter anzugreifen und ihre Nicht-Existenz kollektiv zu bearbeiten. Dies hätte zur praktischen Folge, dass – obwohl Boltanski immer wieder betont, dass Institutionen notwendig erhalten bleiben müssen – der Nationalstaat in seiner alten Version endgültig obsolet würde. Dass dies zumindest von Vertretern der Wirtschaft schon lange gefordert wird und die projektbasierte *cité* in dieser Hinsicht wirkt, ohne die Ungleichheitsverhältnisse auch nur im Geringsten zu hinterfragen, findet keine Erwähnung. Der Appell zur Gerechtigkeit, der sich maßgeblich als Widerstand gegen Prüfungen artikuliert, würde erhebliche Kräfte gegen den Kapitalismus mobilisieren können und könnte dem Wort „Kommunismus" wieder einen emanzipatorischen Sinn geben (vgl. DC: 235).

Weil, wie er gehofft habe zu zeigen, die Wirklichkeit nicht stabil ist, so Boltanskis Fazit, habe die kritische Soziologie schwer überwindbare Spannungen zu bearbeiten. Ihre Rolle ist und bleibt ihm gleichwohl eindeutig: Sie hat „der Gesellschaft zu helfen", d.h. ihr dabei zu helfen, mit dieser prinzipiellen Instabilität leben zu können, die den Vorteil hat, der Herrschaft nie eine totale Handlungs- und Definitionsmacht zuzugestehen, die sie sich anderweitig ohne viel Federlesens einverleiben würde. Inwieweit die Vorschläge Boltanskis zur Überwindung der sozialen Ungleichheiten, der Ökonomisierung der Lebenswelten und des unternehmerischen Denkens in unseren Gesellschaften beitragen können, bleibt eher zu bezweifeln. Boltanskis Soziologie der Kritik scheint in den Frankfurter Vorlesungen eine Bewegung hin zu den Perspektiven der kritischen Theorie genommen zu haben, die nicht nur den Prämissen des GSPM, insbesondere das der weitestgehenden Voraussetzungslosigkeit der soziologischen Reflexion, und damit ihrem experimentalistisch-empirischen Impuls widersprechen, sondern auch in der Analyse selbst weitgehend abstrakt bleiben. Selbst wenn man sie eher der politischen Theorie als der Sozialtheorie zuordnen wollte, fehlt eine eingehende Differenzierung der kritischen Theorien, die ja neben der Bourdieus, des GSPM und der Frankfurter Schule weitere Strömungen und Schulen aufzuweisen hat – etwa die *Cultural Studies*, die *Social Anthropology* oder die *Gender Studies*, deren Abwesenheit in den Vorlesungen ihr mangelndes Prestige innerhalb der sozialtheoretischen und epistemologischen Reflexionen der „kritischen Theorien" zu bestätigen scheint.

Wichtiger noch erscheint mir folgender Punkt: Die Zusammenführung strukturalistischer, pragmatistischer und phänomenologischer Konzepte, die Boltanskis Werk geprägt hat, ist zum Einen aus seiner Reibung mit dem Werk Bourdieus hervorgegangen und erfuhr zum Anderen durch die vielfältigen Konfrontationen und Debatten, die Bruno Latours sozialanthropologische „Wissenschaft der Assoziationen" hervorgerufen haben, eine Reihe von „Übersetzungen" und „Verschiebungen". Davon ausgehend, wäre die Frage zu stellen, wie die genannten Forschungsfelder, zu denen die Arbeiten Boltanskis animieren (insbesondere „Der neue Geist des Kapitalismus" und „Soziologie der Abtreibung"), im Hinblick auf eine kritische und empirische Wissenschaftsforschung auszuweiten wären. „De la critique" stellt wichtige Ansatzpunkte für eine Selbstreflexion der Sozialwissenschaften zur Verfügung, indem Boltanski nicht nur eine ganze Reihe normativer Vorannahmen herausarbeitet, welche diese Fächer und insbesondere die Soziologie geprägt haben, sondern auch methodologische Wege aufzeigt, wie mit diesem Erbe umzugehen sein könnte. In der deutschen Diskussion kann das zu einer Auseinandersetzung um die Interventionsmöglichkeiten soziologischen Wissens beitragen, die in den letzten Jahren wieder aufgenommen wurde (vgl. Dörre et. Al 2009; Becker et. Al. 2010). Doch läuft Boltanskis „deskriptive Metaphysik", die sich selbst zum Ziel gesetzt hatte, der praxistheoretischen Konzeption der Sozialtheorie Bourdieus eine verfeinerte Methodologie pragmatischer Sozialforschung hinzuzufügen, in den Frankfurter Vorlesungen Gefahr, sich seiner empirischen Grundlagen zu entledigen – vielleicht, weil sie eher dem Gebiet der politischen Soziologie zuzurechnen sind und sich insofern von den vorherigen Arbeiten im Sinne einer epistemologischen Auseinandersetzung abheben. Es scheint daher fraglich, ob die Schlussfolgerung von Robin Celikates in der Sache zutreffend ist: „Auch wenn man [...] den Weg von der kritischen Soziologie zur Soziologie der Kritik mitzugehen bereit ist, scheint doch derselbe Weg von der Soziologie der Kritik zur kritischen Theorie zu führen." (Celikates 2008: 131) Die pragmatische Soziologie der Kritik des GSPM hätte eine Menge zu verlieren, wenn sie diesen Weg gehen würde – nicht weniger als das Bezugssystem der französischen Soziologiegeschichte mit all ihren Kontingenzen, Konfliktlinien und Kontinuitäten; nicht zuletzt einer Geschichte, die sich immer über den Anspruch definiert hat, Erfahrung, Praxis und Erkenntnis zusammen zu denken. Für diesen Anspruch steht zweifellos auch das jüngste Werk Luc Boltanskis.

# 6 Schlussbetrachtung: Unwahrscheinliche Ordnungen

Die Soziologie Luc Boltanskis ist beunruhigend. Sie ist geprägt von einem nicht enden wollenden Erstaunen darüber, dass so etwas wie soziale Ordnungen existieren, *obwohl* Gesellschaft ein Phänomen darstellt, in dem Akteure sich ständig in die Quere kommen, sich widersprechen oder auch offen bekämpfen. Ordnung ist für ihn die unwahrscheinlichste aller Möglichkeiten und sie ist es, die sich rechtfertigen muss. In einer solchen Welt bietet Boltanskis Soziologie keine Anleitung zur erkenntnistheoretischen Verallgemeinerung, mit deren Hilfe soziologische Fragestellungen aller Art analysiert werden könnten. Sie zeigt vielmehr, wie nötig es ist, stetige Verschiebungen am entwickelten Theoriemodell vorzunehmen sowie Widersprüche und Übersetzungen auszuhalten, die möglicherweise auch zu einer grundlegenden Revision führen können. Damit betont sie die Spezifizität und den Eigensinn eines jeden Untersuchungsgebietes und der in ihm handelnden Akteure und Dinge.

Boltanski ist an viele Orte gegangen, um zu zeigen, wozu diese fähig sind und hat ihnen damit eine Eigenständigkeit verliehen, die ihre Verflechtung mit sozial ungleichen und ungerechten Strukturen keineswegs leugnet. Das Werk dieses Chronisten der gesellschaftlichen Transformation und der kontinuierlichen Revision des Verhältnisses zwischen Gesellschaft, Wissenschaft und Kritik zeichnet sich seit den 1960er Jahren durch thematische Heterogenität und einer stetig zu beobachtenden methodologischen Ausdifferenzierung der von ihm mit begründeten „Soziologie der Kritik" aus. Nachdem er sich in der Zusammenarbeit mit Pierre Bourdieu die methodologischen Kompetenzen zur kritischen Reflexion von Klassifikationssystemen angeeignet hatte, baute er die erkenntnistheoretischen Grundlagen der Praxistheorie hin zu einer pragmatischen Handlungstheorie aus. Dabei hielt er trotz seiner Distanz zum Strukturalismus an dessen Grundprinzipien fest, die er durch eine differenztheoretische Perspektive zu de-ontologisieren suchte. Genau genommen baute Boltanski damit den Bereich aus, der bei Bourdieu zwar thematisiert, doch nie erschöpfend ausgeleuchtet wurde: Der „Raum der Möglichkeiten" (*espace des possibles*) bildet in der Feldtheorie Bourdieus zwar einen konstitutiven Bestandteil der praxistheoretischen Perspektive, die er in den Algerienstudien entwickelt hatte, doch sein heuristischer Zweck verlor in der Zuspitzung des Habitus-Konzeptes an Bedeutung. Der „Raum der Möglichkeiten" ist hingegen genau der Ort, an den Boltanski sich begibt, um das für die französische Soziologie so zentrale Spannungsverhältnis von Erfahrung, Praxis und Erkenntnis zu entschlüsseln.

Boltanskis Distanzierung vom Strukturalismus Pierre Bourdieus hatte es nie nötig, in die öffentlichen Polemiken gegen seinen einstigen Lehrer einzustimmen. Stattdessen tat er das, was er von Bourdieu gelernt hatte: Eine empirische Epistemologie zu betreiben, und damit eine außergewöhnliche „Hommage durch Praxis" an das Programm seines „patrons" abzulegen. In den Reflexionen über die Entwicklung, welche die Theorie Bourdieus im Laufe der Jahrzehnte genommen hatte, gilt ihm die Anwendung eines abgeschlossenen Analyserahmens auf verschiedene Felder als erkenntnistheoretisches Haupthindernis, dem er durch stetige methodologische Öffnungen zu entkommen sucht. Die dadurch hergestellte Unabhängigkeit seines Werkes bewahrt er sich in der konzeptionellen Umsetzung jener durch Gilles Deleuze inspirierten Verschiebungen, die er nicht nur an der Praxistheorie vollzog, sondern auch am eigenen Programm – darin liegt sicher der mutigste Ausdruck seiner Soziologie. Sie ist eklektizistisch, indem sie entlang ihrer verschiedenen Gegenstände die Situiertheit der theoretischen Arbeit herausarbeitet. Diese Verschiebungen entsprechen der von ihm reklamierten pragmatischen Perspektive, deren einziger Mangel vielleicht darin liegt, dass sie nicht noch systematischer auf ihre historischen Vorläufer Bezug nimmt – insbesondere auf den „radikalen Empirismus" William James und der praxistheoretischen Erkenntnisauffassung John Deweys.

Trotz dieser programmatischen Ausdifferenzierung reiht sich Luc Boltanskis Soziologie in die strukturalistische Sozialtheorie ein, indem sie anerkennt, dass das Ausloten von Möglichkeitsräumen mit ökonomischen, kulturellen und symbolischen Grenzen rechnen muss und zu kämpfen hat. Doch „im Unterschied zu den rein strukturalen Herangehensweisen bezweckt sie, die grammatikalische Arbeit mit einer ganz anderen Art und Weise der Datengebung zu verbinden, weil sie von der Erfahrung der Personen ausgeht und dem Verhältnis, das sie zu der Erfahrung entwickeln." (Boltanski 2009a: 19) Boltanski erweist sich in diesem Sinne als Pragmatist in der Folge von William James, der sich als Psychologe der Moderne dafür einsetzte, statt vom „Bewusstsein" im Sinne einer Entität auszugehen, den konstitutiven Charakter der „Erfahrung" anzuerkennen und für die Erkenntnistheorie fruchtbar zu machen. Statt von einer substanzialistischen Essenz des Bewusstseins auszugehen, gelte es, „sein pragmatisches Äquivalent in der Erfahrungswirklichkeit zu vermitteln." (James 2006: 8) In der Erfahrung, so James, entfaltet das Bewusstsein seine Funktion in der Erkenntnis um die Beschaffenheit der Wirklichkeit; sie aber, die Erfahrung, unterliegt nicht der dualistischen Trennung von Subjekt und Objekt, auf der die Bewusstseinsphilosophien beruhen, sondern hebt diese auf. Boltanskis Werk kann damit als eine fortschreitende De-Ontologisierung des (Un-)Bewusstseinsparadigmas aufgefasst werden, das den französischen Strukturalismus, mit einigen wenigen Ausnahmen dominiert hatte.

Ging es bei den *cadres* um die aktive Selbstzuschreibung einer neu entstehenden sozialen Kategorie, so folgt in „Über die Rechtfertigung" das entsprechende Analysemodell, anhand dessen Praktiken untersucht werden können, deren Validität von einer an dem Primat der „Situation" orientierten Untersuchungspraxis abhängig gemacht wurde. Wie Nicolas Dodier in einem Essay von 1991 betont, bestand die Leistung der Soziologie Boltanskis und Thévenots darin, dass sie die prinzipielle Unsicherheit bzw. Unbestimmtheit des sozialen Handelns zur Grundlage ihrer Methode gemacht hatten. Daher handelte es sich in „Über die Rechtfertigung" Dodier zufolge „tatsächlich um eine ‚Pragmatik', aber um eine ‚architekturierte' Pragmatik, die nicht den Versuchungen des empathischen Aufrufs zur Kontingenz erliegt." (Dodier 1991: 441). Aus pragmatischer Sicht könnte auch gesagt werden: Diese Soziologen haben die methodologischen Konsequenzen aus der Beobachtung John Deweys gezogen, derzufolge die „Suche nach Gewissheit" zu einer erkenntnistheoretischen Unterminierung der Praxis geführt hat, die ihre wirklichkeitskonstituierende Bedeutung unter die Übermacht kognitiv-rationalistischer Selbstvergewisserungen subsumiert hatte (vgl. Dewey 2001:196ff.).

Die Rekurswelten, die von ihnen definierten *cités* decken ein breites Spektrum ab, das die kulturelle bzw. symbolische Welt bei weitem überschreitet. Nicht nur kulturelle oder wissenschaftliche, sondern auch administrative, juristische, arbeitsweltliche und mediale Orientierungen werden aufgerufen. Daher, so Dodier, evozierte ihre Soziologie „einen *pluralistischen und pragmatistischen Realismus*: pluralistisch, weil er die Unterschiedlichkeit verschiedener Welten anerkennt, die nicht aufeinander reduzierbar sind; pragmatisch, weil die Beurteilung der Dinge als Handlung aufgefasst wird." (Dodier 1991: 442) Als Untersuchungsdispositiv kann dieses induktive Vorgehen Dodier zufolge als „soziologische Experimentation" (*expérimentation sociologique*) beschrieben werden, welches das Erfahren und das Experimentieren als wissenschaftliche Praxis aufgreift: „Dieses experimentelle Beobachtungskonzept ist eine Art und Weise, Untersuchungsformen anzugehen, welche die Erfordernisse der direkten Beobachtung von Handlungssegmenten ernst nehmen, indem mit der Idee gebrochen wird, die in der Ethnographie gängig ist, dass man im Feld schließlich ‚konkrete', ‚natürliche' Situationen, das ‚wahre Leben' erreichen kann." (Dodier 1991: 449) Die Soziologie Boltanskis und Thévenots reagierte also auf die von Bourdieu entwickelte konstruktivistisch-strukturalistische Grammatik der impliziten kulturellen Repräsentationen mit der experimentalistisch-symmetrischen Methode ihrer Spezifizierung und Differenzierung. Dass es allerdings kaum ausreichte, den Pragmatismus auf die Aussage zu beschränken, derzufolge das Urteil eine Handlung darstellt – was letztlich nichts anderes als die Übertragung der linguistischen Pragmatik auf die Sozialtheorie bedeutet –, zeigte sich an Boltanskis seither zunehmenden Interesse für den Zusammenhang von praktizierter Sozialkritik und ihrer Bedeutung für Epistemologie und Anthropologie. Wenn die Praxis in das Zentrum der soziologischen Studie rücken sollte, so stellte sich konsequenterweise die Frage, welche Verschiebungen dann an den Bedingungen von Erkenntnis vorgenommen werden müssen. Boltanski beantwortete sie nach „Über die Rechtfertigung" anhand einer empirischen Soziologie, in der das Verhältnis von Kritik, Erfahrung und Erkenntnis zunehmend in den Mittelpunkt rückt. Er hat damit den postmarxistischen Analyserahmen, den Bourdieus Praxistheorie entfaltet hatte, von der Sphäre der unbewussten Reproduktion sozialer Ungleichheiten auf die Sphäre einer Wissensgesellschaft ausgedehnt, in der die Frage der unbewussten Reproduktion sozialer Ungleichheiten (im Sinne der von Ricœur kritisierten „Hermeneutik des Verdachts") insofern an Erklärungskraft verlor, als die politische und wirtschaftliche Gestaltungsmacht der Kritik, d.h. ihre ethischen und kulturellen Konsequenzen für den Kapitalismus nach 1968 zu einem fundamentalen Bestandteil westlich-demokratisch verfasster Gesellschaften wurde.

Der junge Boltanski hatte in dem kreativen und dynamischen Forscherverbund Pierre Bourdieus in der Soziologie eine Möglichkeit gesehen, den Vereindeutigungen politischer Missstände zu entkommen und sie mit Hilfe soziologischen Wissens auf ihre empirische Validität hin zu prüfen (vgl. Boltanski 2008b: 175ff.). Dies liegt in der Tradition der Durkheim-Schule und der republikanisch-aufklärerischen Aufgabenstellung einer Soziologie, die in den 1960er Jahren von einem großen Wissenschafts-Optimismus getragen wurde, der sowohl den erfolgreichen sozialen Bewegungen zu verdanken war, als auch der Institutionalisierung dieses noch jungen Wissenschaftszweiges nach 1945, unterstützt durch das französische Forschungsministerium und US-amerikanische Stiftungen. Die Distanzierung Luc Boltanskis von Pierre Bourdieu Ende der 1970er/Anfang der 1980er Jahre fiel in eine Zeit, in der Bourdieu mit „Die feinen Unterschiede" international bekannt wurde. Bourdieu, bestärkt durch diesen großen Erfolg der von ihm verfolgten Kombination einer durkheimianischen mit einer weberianisch-marxistischen Soziologie, war nicht zu unrecht von der wissenschaftlichen Deutungskraft einer determinierten Methodologie überzeugt. Diese aber beruhte auf der Prämisse der Bewusstseinskritik, die Boltanski bereits in seinem Aufsatz von 1973 über die soziokulturelle Zusammensetzung der Professoren am Pariser Sciences Po vorsichtig in Frage gestellt hatte (vgl. Boltanski 1973: 26). Die Grundthese des Wissens der Akteure um die Praxis der Übersetzung ihrer jeweiligen Positionen im sozialen Raum baute Boltanski daraufhin in seiner ersten eigenen großen Studie über die *cadres* aus. Diese Studie verdankte ihren Erfolg der virtuosen Weiterentwicklung der Bourdieuschen Methodologie, ihrer Zuspitzung auf die historische und politische Genese einer sozioprofessionellen Kategorie und ihrer Transformation über die Jahrzehnte, die weit darüber hinaus ging, das Modell Bourdieus auf einen spezifischen Fall zu übertragen. Sie nahm vielmehr die vom frühen Bourdieu selbst eingeklagte reflexive Konstruktion der sozialen Kategorien ernst, ebenso wie die von Bourdieu stets postulierte Historisierung des Gegenstandes – im Sinne einer Situierung der gewaltigen Konstruktions- und Dekonstruktionsarbeit, die an der Kategoriebildung geleistet wird, d.h. in ihrem spezifischen gesellschaftlichen Kontext.

Boltanskis Arbeit über die französischen Führungskräfte ist aber aus noch einem weiteren Grund grundlegend für die werkgeschichtliche Entwicklung von Konvergenzkriterien von kritischen Praxisformen mit einer epistemologischen und anthropologischen Neuorientierung der kritischen Soziologie: An ihr bezeugt sich erstmalig der Effekt der Kritik am entstehenden französischen Wohlfahrtsstaat; zum einen der Überlebenden des Holocausts, d.h. hier vor allem des kritischen jüdischen Bürgertums gegenüber den Traditionalisten des Vichy-Regimes, das gegenüber seinen einstigen Verfolgern einen legitimierbaren Anspruch auf Modernität und Fortschritt zur Geltung bringen konnte, und zum anderen der kritischen Psychologie und ihr Einzug in die Managementstrukturen der 1950er und 1960er Jahre. Boltanskis Auseinandersetzung mit diesen Effekten konturierte damit nicht zuletzt die Spezifizität einer Kritik, die aus der Erfahrung mit dem Faschismus entstanden war. Er zeigte, auf welcher moralisch-ethischen Grundlage sich die antiautoritären Bewegungen Ende der 1960er stützen konnten und damit die ideologische Integration der Kritik in die „herrschende Ideologie" des Liberalismus und des Neoliberalismus ermöglichte, d.h. diese vor dem Hintergrund diktatorischer und stark hierarchisierter politischer Regime zu einem akzeptablen Gesellschaftsmodell machten. Die durch den Faschismus obsolet gewordenen politisch-moralischen Handlungsregime hatten vor dem Hintergrund einer Geschichte, die nach 1945 jegliche Legitimation verloren hat, eine Eigendynamik entfaltet, die von ihren Akteuren häufig unterschätzt wurde und an deren paradoxale Effekte Boltanski ansetzte. Das Thema der Kritik enthält daher bereits in Boltanskis Reflexionen über die Zeit vor und nach 1945 Elemente der Bewusstseinskritik, die dann vor allem im „Neuen Geist des Kapitalismus" und in „Soziologie und Sozialkritik" zugespitzt werden.

Boltanski sah in der Tendenz Bourdieus, Möglichkeitsräume unter die verinnerlichten Unbewusstheitsmomente zu subsumieren, das ungelöste Problem der Gegensatzspannung von *sens pratique* und Unbewusstem, das sich in Bourdieus Habitus-Konzept widerspiegelte (vgl. Boltanski 2003). Wenn das Handeln jedoch Ergebnis des Zusammentreffens von Sozialstruktur und Erfahrung ist, so mindert sich die Bedeutung des Unbewussten, das bei Bourdieu phänomenologisch aus der Gemengelage einer Sozialpsychologie der Inkorporation und politisch aus der marxistischen Grundannahme der Non-Diskursivität der Reproduktionsformen sozialer Ungleichheiten resultierte, insbesondere aus dem Interesse der herrschenden Fraktionen, diese Reproduktionsformen zu verdecken. Das Unbewusste ist dann zwar in die Sozialstrukturen eingelassen, doch aufgrund ihrer permanenten Über-„Prüfung" durch die praktischen Erfahrungen, wie Boltanski und Thévenot gezeigt haben, de-ontologisiert. Gegen die Enthistorisierung der Äquivalenzprinzipien, doch nach wie vor an der Bewusstseinskritik festhaltend, entwarf Boltanski im Folgenden erweiterte Untersuchungsfelder in Hinblick auf die Frage nach der Funktion des Bewusstseins, wenn es in spezifischer Weise zur Anrufung kommt: In „Amour et Justice" maßgeblich in der Abwesenheit einer zweckgeleiteten Handlungsorientierung (der „Agapè") und in der Möglichkeit des pragmatischen und symbolischen Wechselns von Handlungsorientierungen; in „La Souffrance à distance" in der Rationalisierung des Mitleids durch dessen Ästhetisierung und in dem „Neuen Geist des Kapitalismus" in der Zugkraft der „projektorientierten *cité*", die als Kulminationspunkt der Netzwerkgesellschaft als ins Werk gesetztes Autonomieversprechen zur Geltung kommt. Immer wird Erfahrung in ihrer zugleich übersetzenden wie erkenntnisstiftenden Funktion, als de-ontologisierte Bewusst-Werdung valorisiert und in ein spezifisches Äquivalenzprinzip umgewandelt. Und anhand so grundlegender Fragen wie Geburt und Tod wird deutlich, dass Boltanskis Interesse für eine a-moralistische Moralsoziologie (Boltanski 2009a: 16) mit dem Interesse für eine epistemologisch begründete Sozialanthropologie verbunden ist. Weil Boltanski die Möglichkeit der Negation der Zeugung – die Abtreibung – als Teil der Zeugungsmöglichkeit betrachtet, ist sie als latente Struktur stets Teil der Erfahrung – in diesem Fall des Herstellens von Verwandtschaft. Doch im Gegensatz zu Lévi-Strauss' „Elementare Strukturen der Verwandtschaft" wird hier „überhaupt keine Logik des Unbewussten aufgerufen. Im Gegenteil, die Erfahrung der Negation ist eine strukturelle Bedingung der Grammatik der Rechtfertigung, die bewusst von den Akteuren umgesetzt wird." (Karsenti 2005: 334)

Boltanskis Moralsoziologie behält gleichwohl normative Komponenten bei, von denen sich die symmetrische Soziologie Bruno Latours aus Gründen verabschiedet hat, die Boltanski selbst zur Konstitution der Soziologie der Kritik des

GSPM anführt. Insbesondere in *De la critique* kehrt Boltanski zu einer kritischen Soziologie zurück, dessen Ambition, die Soziologie wieder zu einem Instrument der politischen Kritik zu machen, so deutlich wird, dass die zuvor entwickelten methodologischen Instrumentarien der De-Ontologisierung Gefahr laufen, hinfällig zu werden. Möglicherweise reagiert Boltanski damit auch auf Latours zuweilen recht selbstgewisse Verabschiedung der Sozialkritik, die Boltanski durch eine politische Radikalisierung seiner Position zu retten sucht. Die Verbindung von Pragmatismus und der öffentlichen Thematisierung sozialer Ungerechtigkeiten im Sinne einer interventionistischen Wissenschaft ist auch unter Beibehaltung einer experimentellen und de-ontologisierten Perspektive möglich, wie das Beispiel John Deweys zeigt. Allerdings ist dies schwer vereinbar mit einer politischen Ontologie, deren Radikalisierung zwangsläufig von normativen Motiven getragen ist. Boltanskis Stärke erweist sich in dem Nachweis der strukturellen Nachhaltigkeit der Kritik. Bruno Latour scheint dagegen geschickter darin, die politische Epistemologie des Pragmatismus für eine radikal-relativistische Soziologie zu nutzen, die ganz ohne Sozialstruktur und Klassengegensätze auszukommen meint. Tatsächlich erscheint das Programm Boltanskis in seinen jüngeren Stellungnahmen deutlicher als zuvor in der Linie Durkheims und Bourdieus, da sie die Analyse der sozialen Physik zum Anlass nehmen, die uneingelösten Demokratieversprechen der aus der französischen Revolution hervorgegangen Gesellschaft zu erheben und sie angesichts der erschwerten Bedingungen für die Kritik um so nachdrücklicher zu thematisieren. Doch folgte Boltanski den von ihm selbst aufgestellten Prämissen der Soziologie der Kritik, müsste der ihr zugrundeliegende radikale Relativismus auch die ihr eigene Normativität zur Sprache bringen.

In der Gegenüberstellung von „Welt" und „Wirklichkeit", die Boltanski schließlich in *De la critique* vornimmt, enthält das Bewusstsein jene erkennende Funktion – nicht als Entität, sondern als Erfahrung von und Erfahrung in der sozialen Wirklichkeit, die spezifische Praktiken der Verschiebung und Übersetzen auslösen kann, indem sie ihr pragmatisches Äquivalent in Form von Kritik zur Sprache bringt. In dem Konflikt zwischen Boltanski und Bourdieu ging es um die präzise Verschiebung der Stellung des Bewusstseins von einer Entität hin zu einer Funktion. Und weil das Bewusstsein in seiner erfahrungsgesättigten Funktion als kritische Praxis zur Wirkung kommt, hat sein negatives Pendant, das „Unbewusste" keinerlei Effekt auf die Analyse der Herstellung von Äquivalenzprinzipien – es ist wirkungslos geworden. Der Intellektuelle als politischer Prophet hat damit ausgedient – nicht, wie Bourdieu gegen Sartre argumentierte, weil er seine eigene Verwobenheit mit den Instanzen der Macht nie verleugnen kann, sondern weil es nichts „aufzudecken" gibt. Die soziologische Arbeit wird damit Boltanski zufolge

Bestandteil einer beschreibenden wie interventionistischen Anthropologie der Akteure, d.h. ihrer eigenen Deutungskonzepte: „Da das Programm darin besteht, sich die Untersuchung der Handlung zur Aufgabe zu machen und, durch ein *va-et-vient* zwischen der Modellierung und der empirischen Feldstudie zugleich die Kompetenzen, über welche die Akteure verfügen, und die Dispositive zu beschreiben, innerhalb derer ihre Handlungen verortet sind, sollte ihm ein Ort innerhalb einer allgemeinen Anthropologie zugestanden sein." (Boltanski 2009a) In diesem Sinne zeigt das Werk Boltanskis, welche Gewinne für die soziologische Theorie und für die Sozialanthropologie aus der Kombination von strukturalistischen, symmetrischen, und pragmatischen Reflexionsverfahren auch zukünftig zu erwarten sind.

Boltanski hat die Lehren Bourdieus weitergedacht wie kaum ein anderer, indem er die Frage nach strukturellen Differenzen und Konstruktionen mit einer radikalen Abkehr vom strukturalistischen Unbewusstheitspostulat verbunden hat. An ihre Stelle trat die Erfahrung als praxisorientierte Kompetenz, als Kritik, die zu einer Mobilisierungsressource des Handelns und der Wissensproduktion wird. Die Kritik ist es, die ohne Unterlass spezifische Dynamiken und Verschiebungen innerhalb spezifischer wie allgemeinster Sozialräume in Bewegung bringt. Solange Kritik in diesem Sinne wirkmächtig bleiben kann, enthält Boltanskis Behauptung der Unwahrscheinlichkeit von Ordnungen immer auch die optimistische Antizipation von Möglichkeitsräumen, die es erst noch zu erkunden gilt – nicht nur in der Soziologie.

# Danksagung

Im Frühjahr und Herbst 2008 war ich zu eigenen Forschungszwecken Gast beim GSPM sowie im Frühjahr 2010 als Gastdozentin an der EHESS tätig. Ich bin Nicolas Dodier und Emmanuel Désveaux zu tiefem Dank für ihre Einladungen und für ihr Vertrauen in meine Arbeit verpflichtet. Ich lernte viel in den Gesprächen und Diskussionen mit ihnen und mit Bruno Karsenti und ich freue mich jetzt schon auf die Fortsetzung. Auch Laurent Thévenot, Michel de Fornel, Bruno Latour, Nathalie Heinich und Jean-Louis Fabiani danke ich für ihre Diskussionsfreude in Paris, Budapest und New York. Didier Debaise war mir in Berlin ein kontinuierlicher und wertvoller Gesprächspartner. Jörg Potthast half mir mit Kritik und wichtigen systematischen Anregungen. Und schließlich danke ich Estrid Sørensen und Jörg Niewöhner ganz herzlich für ihre klugen Einwürfe zum dritten Kapitel sowie Thomas Scheffer für die vielen spannenden Diskussionen bei uns am Institut über das Verhältnis zwischen Soziologie und Sozialanthropologie.

Ganz besonders aber möchte ich Luc Boltanski für die ausführlichen Gespräche und seine Unterstützung bei der Klärung offener Fragen danken. Nie werde ich das Abendessen in fröhlicher Runde bei ihm und Elisabeth Claverie im März 2010 vergessen, und am wenigsten die wunderbare Suppe nach dem Rezept seiner Großmutter aus Odessa, die er für uns zubereitet hat.

# Bibliographie

## Primärliteratur Luc Boltanski (zitierte und weitere Auswahl)

### Monographien

[1976] 2008a (mit Pierre Bourdieu): La production de l'idéologie dominante. Paris: Demopolis
1977: Prime éducation et morale de classe. La Haye: Mouton/Centre de Sociologie Européenne Paris
[1982] 1990: Die Führungskräfte. Die Entstehung einer sozialen Gruppe. Frankfurt am Main/New York: Campus (**FK**)
1988 (mit Laurent Thévenot): Les économies de la grandeur. Paris: Presses Universitaires de France
1989 (Hg. mit Laurent Thévenot): Justesse et Justice dans le travail. Paris: Presses Universitaires de France
[1991] 2001 (mit Laurent Thévenot): Über die Rechtfertigung. Eine Soziologie der kritischen Urteilskraft. Hamburg: Hamburger Edition (**ÜR**)
1993 La souffrance à distance. Morale humanitaire, médias et politique (zweite, erweiterte Auflage 2007)
1999 (mit Ève Chiapello) Le nouveau esprit capitaliste. Paris: Gallimard
2003 (mit Ève Chiapello): Der neue Geist des Kapitalismus. Konstanz: UVK Verlag (**NGK**)
2008b: Rendre la réalité inacceptable. A propos de „La production de l'idéologie dominante". Paris: Demopolis
2009: De la critique. Précis de sociologie de l'émancipation. Paris: Gallimard (**DC**)
2010: Soziologie und Sozialkritik. Frankfurter Adorno-Vorlesungen 2008. Frankfurt am Main: Suhrkamp

### Aufsätze (zitierte und weitere Auswahl)

1970: „Taxinomies populaires, taxinomies savantes: Les objets de consommation et leur classement". In: Revue française de Sociologie XI (1) 1970, S. 34-44
1971: „Les usages sociaux du corps". In: Annales (1), Februar 1971, S. 205-233
1973: „L'espace positionnel. Multiciplicité des positions institutionnelles et habitus de classe". In: Revue française de Sociologie XVI (1), 1973, S. 3-26
1973: „Erving Goffman et le temps du soupçon". In: Informations sur les sciences sociales XLL (3), 1973, S. 127-147
1978 (mit Pierre Bourdieu): „Changes in social structure and changes in the demand for education". In: Archer, Margaret / Giner, Salvador (Hg.): Contemporary Europe. Social Structures and Cultural Patterns. London: Routledge and Keagan, S. 197-227
1984 (mit Darré, Yann, Schiltz, Marie-Ange): „La dénonciation". In: Actes de la Recherche en

Sciences Sociales Nr. 51. März 1984, S. 3-40
1996: „Endless Disputes. From Intimate Injuries to Public Denunciations". Working papers in networks and interpretation, Cornell University, Dpt. Of Sociology nr. 96-2, 1996
2003: „Usages faibles, usages forts de l'habitus". In: Encrevé, Pierre / Lagrave Rose-Marie: Travailler avec Bourdieu. Paris: Flammarion, S. 153-161
2006: „L'effet Ricœur dans les sciences humaines. Table ronde avec Luc Boltanski, François Dosse, Michael Foessel, François Hartog, Patrick Pharo, Louis Quéré, Laurent Thévenot". In : Esprit. La pensée Ricœur. Mars-Avril 2006, S. 43-67
2009a: „Autour *De la justification*. Un parcours dans le domaine de la sociologie morale". In: Breviglieri, Marc / Lafaye, Claudette / Trom, Danny: Compétences critiques et sens de la justice. Colloque de Cérisy. Paris: Economica 2009, S. 15-35

## Weblinks

2000: http://boltanski.chez-alice.fr/biographie.htm. Zugriff am 23.3.2010)

## Interviews und Weiteres

Boutang, Yann Moulier (2000): Vers un renouveau de la critique sociale. Gespräch mit Luc Boltanski und Ève Chiapello. http://multitudes.samizdat.net/Vers-un-renouveau-de-la-critique. Zugriff am 23.11.2009. Deutsche Übersetzung von Stefan Nowotny: Für eine Erneuerung der Sozialkritik. www.transform.eipcp.net. Zugriff am 23.11.2009
Le Monde, 25 janvier 2002, "Les réactions de nombreux compagnons de route"
Basaure, Mauro (2008): Die pragmatische Soziologie der Kritik heute. Luc Boltanski im Gespräch mit Mauro Basaure. In: Berliner Journal für Soziologie 2008, Nr. X, S. 1-23
Gespräch der Autorin mit Luc Boltanski am 7.4.2008: **I08** (Aufzeichnung in Privatbesitz)
E-Mail Luc Boltanskis an die Autorin am 2.11.2009 **I09** (privates Dossier)

## Sekundärliteratur zum Werk Luc Boltanskis und dem GSPM

Bogusz, Tanja (2010b): „Epistemologische Konvergenzen in 'Unsicheren Zeiten'? Zur aktuellen Beziehung von kreativer Handlungstheorie und Praxistheorie im französischsprachigen Raum". In: Unsichere Zeiten. Kongressband der Deutschen Gesellschaft für Soziologie, Jena 2008 (Im Erscheinen)
Breviglieri, Marc / Stavo-Debauge, Joan (1999): Le geste pragmatique de la sociologie française. Autour des travaux de Luc Boltanski et Laurent Thévenot. In: Antropolitica 1999, Nr. 7, S. 7-22
Breviglieri, Marc / Lafaye, Claudette / Trom, Danny (2009): Compétences critiques et sens de la justice. Colloque de Cérisy. Paris: Economica
Celikates, Robin (2008): Von der Soziologie der Kritik zur kritischen Theorie? In: WestEnd. Neue Zeitschrift für Sozialforschung. 5. Jg. Heft 2, 2008, S.120-132
Corcuff, Philippe (1995): Les nouvelles sociologies. Constructions de la réalité sociale. Paris: Nathan
De la Vega, Xavier (2005): „Le devenir du rhizome". In: Pensées rebelles. Foucault. Derrida, Deleuze. Sonderausgabe Sciences Humaines / Spécial Nr. 3. Mai-Juin 2005. S. 88-91
Dodier, Nicolas (1991): „Agir dans plusieurs mondes". In: Critique No. 529-530 „Sciences Humaines – sens social", S. 427-458

Dodier, Nicolas (1993): „Les appuis conventionnels de l'action. Éléments de pragmatique sociologique". Réseaux Nr. 62. cent 1993, S. 63-85

Dodier, Nicolas (2005): „L'espace et le mouvement du sens critique." In: Annales. Histoire et Sciences Sociales 2005/1, S. 7-31

Esquerre, Arnaud (2010): „État des lieux de la justification". In: Webseite „La vie des idées" am 4. März 2010. Referenz: http://laviedesidees.fr/Etat-des-lieux-de-la-justification.html. Zugriff am 7.6.2010

Fabiani, Jean-Louis (2002): „Theory and Practice in French Sociology after Pierre Bourdieu". Unveröffentlichtes Vortragsmanuskript zum World Congress of Sociology in Brisbane / Australia. July 2002

Heimerl, Birgit / Hoffmann, Anika / Hofmann, Peter / Hirschauer, Stefan (2009): „Soziologische Embryonenforschung. Ein Aufbruch und ein Abbruch". In: Soziologische Revue, Jg. 32, Heft 1, S. 30-38

Honneth, Axel (2008): „Verflüssigungen des Sozialen. Zur Gesellschaftstheorie von Luc Boltanski und Laurent Thévenot". In: WestEnd. Neue Zeitschrift für Sozialforschung. 5. Jg. Heft 2, 2008, S. 84-103

Illiouz, Eva (2009): Le regard de la souffrance. Une sociologie spéculaire de la moralité. In: Breviglieri, Marc/Lafaye, Claudette/Trom, Danny: Compétences critiques et sens de la justice. Colloque de Cérisy. Paris: Economica, S. 413-424

Karsenti, Bruno (2004): „Arrangements avec l'irréversible. À propos de *La condition fœtale* de Luc Boltanski". Critique, 695. April 2005, S.321-336

Karsenti, Bruno (2009): „Le capitalisme au présent. Une lecture du *Nouvel esprit du capitalisme*". In: Breviglieri, Marc/Lafaye, Claudette/Trom, Danny: Compétences critiques et sens de la justice. Colloque de Cérisy. Paris: Economica, S. 425-436

Koppetsch, Cornelia (2004): „Über den neuen Geist des Kapitalismus. Besprechungsessay." In: Kölner Zeitschrift für Soziologie und Sozialpsychologie. Heft 2, Jg. 2004, S. 350-354

Latour, Bruno (2009): „Dialogue sur deux systèmes de sociologie". In: Breviglieri, Marc/Lafaye, Claudette/Trom, Danny: Compétences critiques et sens de la justice. Colloque de Cérisy. Paris: Economica, S. 359-374

Peter, Lothar (2005): „'Der neue Geist des Kapitalismus'. Stärken und Schwächen eines Erklärungsversuchs". In: Zeitschrift Marxistische Erneuerung. Vierteljahresschrift. 16. Jg. Heft 62 (Juni 2005), S. 7-24

Potthast, Jörg (2001): „Der Kapitalismus ist kritisierbar. *Le nouvel esprit du capitalisme* und das Forschungsprogramm der „Soziologie der Kritik". In: Berliner Journal für Soziologie, Jg. 11/4, S. 551-562

Thévenot, Laurent (2006): L'action au pluriel. Paris: La Découverte

Thévenot, Laurent (2008): „Regimes of Engagement with the World and the Extension of Critique. In comparison with Dewey's pragmatism and Bourdieus critical Sociology". Unveröffentlichtes Diskussionspapier zum Workshop „Pragmatism, Practice Theory and Social Change", September 2008 am Institute for Public Knowledge / New York University, organisiert von Tanja Bogusz und Craig Calhoun

Trom, Danny (2008): „La crise de la critique sociale vue de Paris et de Francfort". In: Esprit, Juli 2008, S. 108-127. Deutsche Fassung: „Zwei Tropismen. Die Krise der Gesellschaftskritik aus Pariser und Frankfurter Sicht". In: Mittelweg 36. Zeitschrift des Hamburger Instituts für Sozialforschung Heft 2, 19. Jg. 2009. Literaturbeilage

Vandenberghe, Frédéric (2009): „Structures, grandeurs et platitudes dans la nouvelle sociologie française". In: Breviglieri, Marc / Lafaye, Claudette / Trom, Danny: Compétences critiques et sens de la justice. Colloque de Cérisy. Paris: Economica, S. 375-387

Wagner, Peter (2004): „Soziologie der kritischen Urteilskraft und der Rechtfertigung". In: Moebius, Stephan / Peter, Lothar (Hg.): Französische Soziologie der Gegenwart. Konstanz: UVK, S. 417-448

## Weitere Literatur

Beck, Stefan / Cil, Nevim / Hess, Sabine / Klotz, Maren / Knecht, Michi (2007): Verwandtschaft machen. Reproduktionsmedizin und Adoption in Deutschland und der Türkei. Berliner Blätter. Ethnographische und Ethnologische Beiträge Bd. 42, 2007

Becker, Karina / Gertenbach, Lars / Laux, Henning / Reitz, Tillmann (2010): Grenzverschiebungen des Kapitalismus. Umkämpfte Räume und Orte des Widerstands. Frankfurt/New York: Campus

Belliger, Andréa / Krieger, David J. (Hg.) (2006): ANThology. Ein einführendes Handbuch zur Akteur-Netzwerk-Theorie. Bielefeld: Transcript

Bogusz, Tanja (2001): „Soziologie ist die Kunst der Verteidigung". Interview mit Pierre Bourdieu. Wochenzeitung Jungle World, 23. 5. 2001, S. 28-29

Bogusz, Tanja (2007): Institution und Utopie. Ost-West-Transformationen an der Berliner Volksbühne. Bielefeld: Transcript

Bogusz, Tanja (2010a): Rezension zu „Pragmatismus – Philosophie der Zukunft?" Herausgegeben von Andreas Hetzel, Jens Kertscher und Marc Rölli. Velbrück Wissenschaft 2008. In: Sozialer Sinn. Zeitschrift für hermeneutische Sozialforschung 1/2009, S. 215-221

Bogusz, Tanja (2010b): „La pratique en disposition. Bourdieu et Dewey". In Karsenti, Bruno / Fornel, Michel de / Ogien, Albert: Bourdieu. Théoricien de la pratique. Paris: Raisons pratiques / Editions de l'EHESS (im Erscheinen)

Bourdieu, Pierre/Darbel, Alain/Schnapper, Dominique (1966): L'amour de l'art. Les musées d'art européens et leur public. Paris: Minuit

Bourdieu, Pierre [1972] (2000): Esquisse d'une théorie de la pratique. Précédé de trois études d'ethnologie kabyle. Paris: Seuil

Bourdieu, Pierre (1974): „Strukturalismus und soziologische Wissenschaftstheorie. Die Unerläßlichkeit der Objektivierung und die Gefahr des Objektivismus". In ders.: Zur Soziologie der symbolischen Formen. Frankfurt am Main: Suhrkamp, S. 7-41

Bourdieu, Pierre [1979] (1987): Die feinen Unterschiede. Kritik der gesellschaftlichen Urteilskraft. Frankfurt am Main: Suhrkamp

Bourdieu, Pierre (1980): Le sens pratique. Paris: Éditions de Minuit

Bourdieu, Pierre / Passeron, Jean-Claude (1981): „Soziologie und Philosophie in Frankreich seit 1945: Tod und Wiederauferstehung einer Philosophie ohne Subjekt". In: Lepenies, Wolf (Hg.): Geschichte der Soziologie. Studien zur kognitiven, sozialen und historischen Identität einer Disziplin. Frankfurt am Main: Suhrkamp, S. 496-551.

Bourdieu, Pierre (1993): La misère du monde. Paris: Seuil

Bourdieu, Pierre [1997] (2001): Meditationen. Zur Kritik der scholastischen Vernunft. Frankfurt am Main: Suhrkamp

Bourdieu, Pierre (2001): Science de la science et réflexivité. Cours du Collège de France 2000-2001. Paris: Raisons d'agir

Boltanski, Christian / Grenier, Cathérine (2008): La vie possible de Christian Boltanski

Bröckling, Ulrich (2007): Das unternehmerische Selbst. Soziologie einer Subjektivierungsform. Frankfurt am Main: Suhrkamp

Callon, Michel/Latour, Bruno [1981] (2006): Die Demontage des großen Leviathans: Wie Akteure die Makrostruktur des Realität bestimmen und Soziologen ihnen dabei helfen. In: Belliger, Andréa / Krieger, David J. (Hg.) (2006): ANThology. Ein einführendes Handbuch zur Akteur-Netzwerk-Theorie. Bielefeld: Transcript, S. 75-101

Canguilhem, Georges (1979): Wissenschaftsgeschichte und Epistemologie. Frankfurt am Main: Suhrkamp

Chenu, Alain (2002): „Une Institution sans intention. La sociologie en France depuis l'après-guerre". In: Actes de la recherche en sciences sociales, S. 46-61

Debaise, Didier (2005): Un pragmatisme des puissances. In: Multitudes 23, S. 103-111

Debaise, Didier (Hg.) (2007): Vie et expérimentation. Peirce, James, Dewey. Paris: Vrin

Debaise, Didier (Hg.) (2010): Philosophie des possessions – Anthologie. Dijon: Les presses du réel (im Erscheinen)

Deleuze, Gilles [1988] (2000): Die Falte. Leibniz und der Barock. Frankfurt am Main: Suhrkamp

Descola, Philippe (2008): Die zwei Naturen bei Lévi-Strauss. In: Kauppert, Michael / Funcke, Dorett (Hg.): Wirkungen des wilden Denkens. Zur strukturalen Anthropologie von Claude Lévi-Strauss. Frankfurt am Main: Suhrkamp, S. 227-247

Désveaux, Emmanuel (2008a): Au-delà du structuralisme. Six méditations sur Claude Lévi-Strauss. Bruxelles: Editions complexe

Désveaux, Emmanuel (2008b): „Lévi-Strauss und das Schicksal der Anthropologie". In: Kauppert, Michael / Funcke, Dorett (Hg.): Wirkungen des wilden Denkens. Zur strukturalen Anthropologie von Claude Lévi-Strauss. Frankfurt am Main: Suhrkamp, S. 139-157

Désveaux, Emmanuel (2010): „Durkheim versus Lévi-Strauss: Metaphorischer versus metonymischer Naturalismus". In: Bogusz, Tanja / Sørensen, Estrid (Hg.): Naturalismus – Konstruktivismus. Produktive Debatten in Theorie und Praxis. Bielefeld: Transcript (im Erscheinen)

Dewey, John (1995): Erfahrung und Natur. Frankfurt am Main: Suhrkamp

Dewey, John (1996): Die Öffentlichkeit und ihre Probleme. Herausgegeben von Hans-Peter Krüger. Bodenheim: Philo

Dewey, John (1998): Die Suche nach Gewissheit. Eine Untersuchung des Verhältnisses von Erkenntnis und Handeln. Frankfurt am Main: Suhrkamp

Durkheim, Émile [1895] (1999): Die Regeln der soziologischen Methode. Frankfurt am Main: Suhrkamp

Durkheim, Émile [1900] (1975): „La Sociologie et son domaine scientifique. In ders.: Textes 1. Éléments d'une théorie sociale". Paris: Éditions de Minuit, S. 13-36. Deutsche Fassung: Die Soziologie und ihr Wissenschaftsbereich. In: Berliner Journal für Soziologie. Bd. 19, Heft 2/2009, S. 164-180

Durkheim, Émile (1903): „La sociologie et les sciences sociales. Confrontation avec Tarde". Webseite: „Les classiques des sciences sociales": http://classiques.uqac.ca/classiques/Durkheim_emile/textes_1/textes_1_06/socio_tarde.html. Zugriff am 13.4.2010

Durkheim, Émile (1987): La science sociale et l'action. Paris: Presses Universitaires de France

Durkheim, Émile [1912] (1994): Die elementaren Formen des religiösen Lebens. Frankfurt am Main: Suhrkamp

Durkheim, Émile [1955] (1993) : Schriften zur Soziologie der Erkenntnis. Frankfurt am Main: Suhrkamp

Dörre, Klaus / Lessenich, Stephan / Rosa, Hartmut (2010): Soziologie – Kapitalismus – Kritik. Eine Debatte. Frankfurt am Main: Suhrkamp

Van Dyk, Silke (2010): „Grenzüberschreitung als Norm? Zur ‚Vereinnahmung' von Gegenstrategien im Kapitalismus und den Konsequenzen für eine Soziologie des Widerständigen. In: Becker, Karina et. Al: Grenzverschiebungen des Kapitalismus. Umkämpfte Räume und Orte des Widerstands. Frankfurt/New York: Campus, S. 33-54

Fabiani, Jean-Louis (2002): „La généralisation dans les sciences historiques: obstacle épistémologique ou ambition légitime?", In: Annales 2007 (1), S. 9-28
Fabiani, Jean-Louis (2006): „À quoi sert la notion de discipline?" In: Boutier, Jean / Passeron, Jean-Claude / Revel, Jacques (Hg.) Qu'est-ce qu'une discipline? Paris: Enquête/Éditions de l'EHESS
Gurvitch, Georges (1958): Traité de Sociologie. Paris: Presses Universitaires de France
Heinich, Nathalie (1998): Ce que l'art fait à la sociologie. Paris: Minuit
Heinich (2007): „Bruno Latour. Une sociologie très catholique". In dies: Comptes rendus. Bruxelles: Les impressions nouvelles, S. 136-156
Hetzel, Andreas / Kertscher, Jens / Rölli, Marc (2008): Pragmatismus – Philosophie der Zukunft? Weilerswist: Velbrück
James, William [1904] (1996): Was ist Pragmatismus? Weinheim: Beltz Athenäum Verlag
James, William [1912] (2006) : Pragmatismus und radikaler Empirismus. Frankfurt am Main: Suhrkamp
Joas, Hans (1992): Pragmatismus und Gesellschaftstheorie. Frankfurt am Main: Suhrkamp
Karsenti, Bruno (1995): „Le sociologue dans l'espace des points de vue". In: Critique. „Pierre Bourdieu". Août-Septembre 1995, S. 661-673
Karsenti, Bruno / Quéré, Louis (Hg.) (2004): La croyance et l'enquête. Aux sources du pragmatisme. Paris: Éditions EHESS
Karsenti, Bruno (2006): Politique de l'esprit. Auguste Comte et la naissance de la science sociale. Paris: Hermann
Karsenti, Bruno (2007): „Une alternative au-délà du pragmatisme: La pratique en suspens". In: De Fornel, Michel/Lemieux, Cyril : Naturalisme versus constructivisme. Paris: Enquête/Editions EHESS, S. 133-140
Kauppert, Michael / Funcke, Dorett (Hg.) (2008): Wirkungen des wilden Denkens. Zur strukturalen Anthropologie von Claude Lévi-Strauss. Frankfurt am Main: Suhrkamp
Keller, Berndt / Seifert, Hartmut (Hg.) (2007): Atypische Beschäftigung - Flexibilisierung und soziale Risiken. Berlin: Sigma 2007
Laborier, Pascale / Trom, Danny (Hg.) (2003): Historicités de l'action publique. Paris: Presses Universitaires de France
Lahire, Bernard (2001): L'homme pluriel. Les ressorts de l'action. Paris: Hachett
Lapoujade, David (2008): „William James – Von der Psychologie zum radikalen Empirismus". In: Hetzel, Andreas/Kertscher, Jens/Rölli, Marc: Pragmatismus – Philosophie der Zukunft? Weilerswist: Velbrück, S. 171-186
Latour, Bruno (1988): The Pasteurization of France. Cambridge/London: Havard University Press
Latour, Bruno (2006a): „Die Macht der Assoziation". In: Belliger, Andréa / Krieger, David J. (Hg.) (2006): ANThology. Ein einführendes Handbuch zur Akteur-Netzwerk-Theorie. Bielefeld: Transcript, S. 195-212
Latour, Bruno (2006b) [1998]: „Über den Rückruf der ANT". In: Belliger, Andréa / Krieger, David J. (Hg.) (2006): ANThology. Ein einführendes Handbuch zur Akteur-Netzwerk-Theorie. Bielefeld: Transcript, S. 561-572
Latour, Bruno (2007a): Eine neue Soziologie für eine neue Gesellschaft. Frankfurt am Main: Suhrkamp
Latour, Bruno (2007b): „La connaissance est-elle un mode d'existence? Rencontre au muséum de James, Fleck et Whitehead avec des fossiles de chevaux". In: Debaise, Didier (Hg.) (2007): Vie et expérimentation. Peirce, James, Dewey. Paris: Vrin, S. 17-43
Latour, Bruno (2009): „Eine andere Wissenschaft des Sozialen? Vorwort zur deutschen Ausgabe von Gabriel Tardes Monadologie und Soziologie". In: Tarde, Gabriel: Monadologie und Soziologie. Frankfurt am Main: Suhrkamp, S. 7-15
Lepenies, Wolf (1981): „Normalität und Anormalität. Wechselwirkungen zwischen den Wissenschaften

vom Leben und den Sozialwissenschaften im 19. Jahrhundert". In: ders. (Hg.): Geschichte der Soziologie. Studien zur kognitiven, sozialen und historischen Identität einer Disziplin. Frankfurt am Main: Suhrkamp, S. 227-251.

Lepenies, Wolf [1985] (2002): Die drei Kulturen. Soziologie zwischen Literatur und Wissenschaft. Frankfurt am Main: Fischer

Lepenies, Wolf (2002): „Ernst und Elend des sozialen Lebens. Theorie aus Verantwortung. Zum Tode von Pierre Bourdieu." Süddeutsche Zeitung 25.1.2002

Lévi-Strauss, Claude (1977) [1958]: Strukturale Anthropologie I. Frankfurt am Main: Suhrkamp

Lévi-Strauss (1973) [1962]: Das wilde Denken. Franfurt am Main: Suhrkamp

Marx, Karl (1987) : „Der 18. Brumaire des Louis Bonaparte". In: Marx, Karl / Engels, Friedrich: Werke. Institut für Marxismus-Leninismus beim ZK der SED. Berlin: Dietz Verlag 1987 / MEW Bd. 8, S. 111-207

Peirce, Charles Sanders (1992): The Essential Peirce. Volume 1, Indiana University Press

Reckwitz, Andreas (1997): Grundelemente einer Theorie sozialer Praktiken. Eine sozialtheoretische Perspektive. In: Zeitschrift für Soziologie, Jg. 32. H. 4. S. 282-301

Schillmeier, Michael (2009): „Jenseits der Kritik des Sozialen: Gabriel Tardes Neo-Monadologie". In: Tarde, Gabriel: Monadologie und Soziologie. Frankfurt am Main: Suhrkamp, S. 109-153

Schmid, Bernhard (1998): Die Rechten in Frankreich. Von der Französischen Revolution zum Front National. Berlin: Elefanten Press

Seyfert, Robert (2007): „Barbaren, Despoten, Zivilisierte, Klassen und Minderheiten. Formen der Vergesellschaftung aus lebenssoziologischer Perspektive". In: Gebhard, Gunther / Heim, Tino / Rehberg, Karl-Siegbert: „'Realität' als Klassengesellschaft – ‚Klassengesellschaft' als Realität?". Dresdner Beiträge zur Soziologie. Münster: MV Wissenschaft, S. 321-344

Simms, Timothy (2004): „Soziologie der Hybridisierung: Bruno Latour". In: Moebius, Stephan / Peter, Lothar: Französische Soziologie der Gegenwart. Stuttgart: UTB/UVK

Sismondo, Sergio (2010): Introduction to Science and Technology Studies. London: Wiley-Blackwell

Stengers, Isabelle (2008): Spekulativer Konstruktivismus. Berlin: Merve

Tarde, Gabriel [1893] (2009): Monadologie und Soziologie. Frankfurt am Main: Suhrkamp

Tarde, Gabriel (1898): „Les lois sociales. Esquisse d'une sociologie". Webseite: Les classiques des sciences sociales»: Une édition électronique réalisée à partir du livre de Gabriel Tarde (1898), Les lois sociales. Esquisse d'une sociologie. Paris : Alcan, 1898. http://classiques.uqac.ca/classiques/tarde_gabriel/les_lois_sociales/les-lois_sociales.html. Zugriff am 13.4.2010

Traue, Boris (2010): Das Subjekt der Beratung. Zur Soziologie einer Psycho-Technik. Bielefeld: Transcript

Zimmermann, Bénédicte (2006): „Dire la flexibilité. Entre performance et implication de soi." In: Mots. Les langages du politique Nr. 82. Novembre 2006, S. 95-109

# Sachregister

Abtreibung 8, 111, 120-124, 137, 148, 156
Aktanten 54, 66-67, 72, 74, 85, 169
Akteur-Netzwerk-Theorie (ANT) 72, 82, 85, 108, 124
Anarchismus 13
Anomie 139
Anthropologie 14, 15, 17, 19, 38, 43, 51, 132, 138, 154, 158
Arbeit 28, 55, 106-107
Arbeitnehmer 54, 104-107, 114
Assoziation 70, 72-74, 82, 83, 148
Autonomie 96, 100, 111-112, 117

Beobachtung 20, 29, 38-41, 52, 56, 68, 74, 85, 97, 119, 153
Beruf 99, 133
Bewusstsein 9, 42, 48, 75, 90, 112, 120, 152, 157

Cité 47-48, 52, 58, 68, 82, 96, 101-105, 107-109, 112, 115-119, 121, 123-124, 144, 147, 156, 171

De-Ontologisierung 10-11, 24-25, 32, 45, 47, 74, 95, 97, 110, 123, 153, 157
Deregulierung 7, 28, 31, 96, 102, 112
Differenzierung 18, 145, 154
Differenztheorie 8, 71-94, 128, 138, 144
Diskursanalyse 22, 25, 108, 147
Dispositionen 42, 43

Emanzipation 107, 129, 132, 133, 143
Empirie 83, 85, 98, 107
Empirismus 8, 39, 75, 82, 85-89

Entfremdung 100, 106, 143
Epistemologie 34, 41, 71, 78, 152, 154, 157
Erkenntnistheorie 8, 72, 76, 80, 85, 152
Ethnographie 153
Ethnologie 14, 15, 37, 71
Ethnomethodologie 36, 38-40
Ethos 18, 27, 97
Expertise 20, 102, 131, 135, 146
Exteriorität 67-68, 131, 136

Faschismus 22, 27, 155
Feld 17-18, 30, 52, 96, 153
Fötus 122, 124
Führungskräfte 8, 12-13, 21, 25, 32-33, 52, 95, 98-99, 119, 147, 155

Gewerkschaften 31, 52, 54, 102, 111, 113-114, 116-117

Habitus 21, 26, 33, 35, 40, 105, 146, 152, 156
Handlungsregime 10, 39, 42, 58-61, 66-69, 74, 82, 88, 90, 97-98, 101, 155-156

Ideologie 8, 22-25, 28, 119, 155
Institutionen 136-143
Interaktion 40, 142
Interaktionismus 39, 40

Klasse 21, 72, 115, 135, 141, 145-147
Klassifikationsstrukturen 8, 74
Kollektiv 40, 48, 54, 79, 123, 135, 144
Kollektivität 48

Kompetenz 28, 45, 52, 56, 91, 117, 130, 158
Kommunismus 13, 148
Konflikt 41, 52, 57, 59, 65
Konkurrenz 46, 54
konnexionistisch 89, 104

Lebensphilosophie 15, 76, 138
Lebenswissenschaften 75-76, 78, 84
Linguistik 91

Management 23, 27, 52, 102, 105-106
Markt 48, 51
Marxismus 19, 63, 134
Medien 53, 68, 100, 106, 146
Metaphysik 10, 47-48, 59, 74, 78, 93, 118, 125, 149
Moderne 48, 75-76, 83, 110, 152
Multipositionalität 21

Netzwerkgesellschaft 156
Normativität 8, 91, 125, 132-133, 139, 157

Objektivierung 91, 164
Objektivismus 19, 73
Objektivität 44, 134
Objekte 54-55, 57, 60
Ökonomie 48-49, 54
Ontologien 43, 47, 90, 139
Organisationen 65, 67, 145

Phänomenologie 15, 19, 63, 91, 123, 134
Pluralismus 22, 39, 41, 136
Polis 47, 96
Praxistheorie 33-34, 63, 151-152, 154
Prekarität 96
Projekt 105, 109, 121-122, 124
projektbasierte cité 96, 101-105, 107, 109, 115-119, 121, 123, 144, 147
Professionsethos 27-28, 97, 99-100, 106
Protest 119

Prüfung 47, 51-52, 55, 58, 86, 129, 138, 143, 156
Psychologie 14, 51, 62, 75, 77, 82, 155

Qualifikation 115

Rationalität 66, 101
Realismus 153
Rechtfertigungsordnungen 47, 50, 55, 67, 82, 88, 96, 101, 103, 108, 121, 123-124
Reflexivität 117, 131, 139-140
Relationierung 24, 42, 45, 50, 88, 123-124, 139
Relativismus 9, 36, 44, 74, 77, 88, 92, 157
Reproduktion 21-22, 43, 53, 114, 122, 139, 154

Selbstentfremdung 106
sens pratique 46, 63, 90, 156
Sozialanthropologie 60, 108, 122, 130, 156, 158-159
Statistik 15, 41
Subjekt 55, 100, 106, 153
Subjektivierung 54, 99-100
Subjektphilosophie 17, 19, 43
Symmetrie 8, 88

Transformation 18, 30, 52, 78, 95, 99, 111, 117, 151, 155

Übersetzungen 35, 42, 50, 59, 85, 88, 110, 118, 155

Verinnerlichung 99-100
Vichy-Regime 14-15, 23, 155

Wirtschaftswissenschaften 8, 49
Wohlfahrtsstaat 22, 45, 135, 155

# Zeittafel

- 1940 Geburt in Paris
- 1962-1984 Mitglied des *Centre de Sociologie Européenne* unter der Leitung von Pierre Bourdieu
- seit 1965 Mitarbeiter der *EHESS* Paris, zunächst als Tutor (ab 1965), dann als Dozent (ab 1970), seit 1982 als Forschungsdirektor
- 1966-67 Soziologiedozent an der Université d'Amiens
- 1968 *Thèse de troisième cycle* (entspricht dem deutschen Magisterabschluss) nach dem Studium der Soziologie an der Pariser Sorbonne unter der Leitung von Raymond Aron
- 1969 PRIME D'EDUCATION ET MORALE DE CLASSE
- 1970-76 Leitung eines Forschungsseminars am *Centre de Sociologie Européenne*
- 1976 LA PRODUCTION DE L'IDÉOLOGIE DOMINANTE (MIT PIERRE BOURDIEU) (NEUAUFLAGE 2008)
- 1980-81 Soziologiedozent an der Université de Genève
- 1981 Promotion Soziologie unter der Leitung von Pierre Ansart
- 1982-1999 Forschungsseminare an der EHESS
- 1982 LES CADRES. LA FORMATION D'UN GROUPE SOCIAL (dt. 1990: DIE FÜHRUNGSKRÄFTE)
- 1984 Gründung des *Groupe de Sociologie Politique et Morale* an der EHESS und dem CNRS, Leitung der Gruppe bis 1992, seither forschendes Mitglied
- 1988 LES ÉCONOMIES DE LA GRANDEUR (MIT LAURENT THÉVENOT)
- 1991-92 Mitglied des Institute for Advanced Study, Princeton, USA
- 1990 L'AMOUR ET LA JUSTICE COMME COMPÉTENCES. TROIS ESSAIS DE SOCIOLOGIE DE L'ACTION
- 1991 DE LA JUSTIFICATION (dt. 2001: ÜBER DIE RECHTFERTIGUNG)
- 1993 LA SOUFFRANCE À DISTANCE. MORALE HUMANITAIRE, MEDIAS ET POLITIQUE

- 1999 LE NOUVEL ESPRIT DU CAPITALISME (MIT ÈVE CHIAPELLO). (dt. 2003: DER NEUE GEIST DES KAPITALISMUS)
- 2004 LA CONDITION FŒTALE. SOCIOLOGIE DE L'ENGENDREMENT ET DE L'AVORTEMENT (dt. 2007: SOZIOLOGIE DER ABTREIBUNG. ZUR LAGE DES FÖTALEN LEBENS)
- 2008 RENDRE LA RÉALITÉ INACCEPTABLE. À PROPOS DE „LA PRODUCTION DE L'IDÉOLOGIE DOMINANTE"
- 2009 Emeritierung
- 2009 DE LA CRITIQUE. PRÉCIS DE SOCIOLOGIE DE L'ÉMANCIPATION (dt. 2010: SOZIOLOGIE UND SOZIALKRITIK. FRANKFURTER ADORNO-VORLESUNGEN 2008)

If you have any concerns about our products,
you can contact us on
**ProductSafety@springernature.com**

In case Publisher is established outside the EU,
the EU authorized representative is:
**Springer Nature Customer Service Center GmbH
Europaplatz 3, 69115 Heidelberg, Germany**

Printed by Libri Plureos GmbH
in Hamburg, Germany